가치관이 혼란한 이 시대
가정교육의 최적화 교양도서!

문학사랑 수필선
130

같이 가시유

Let's go together

최수룡 수필집

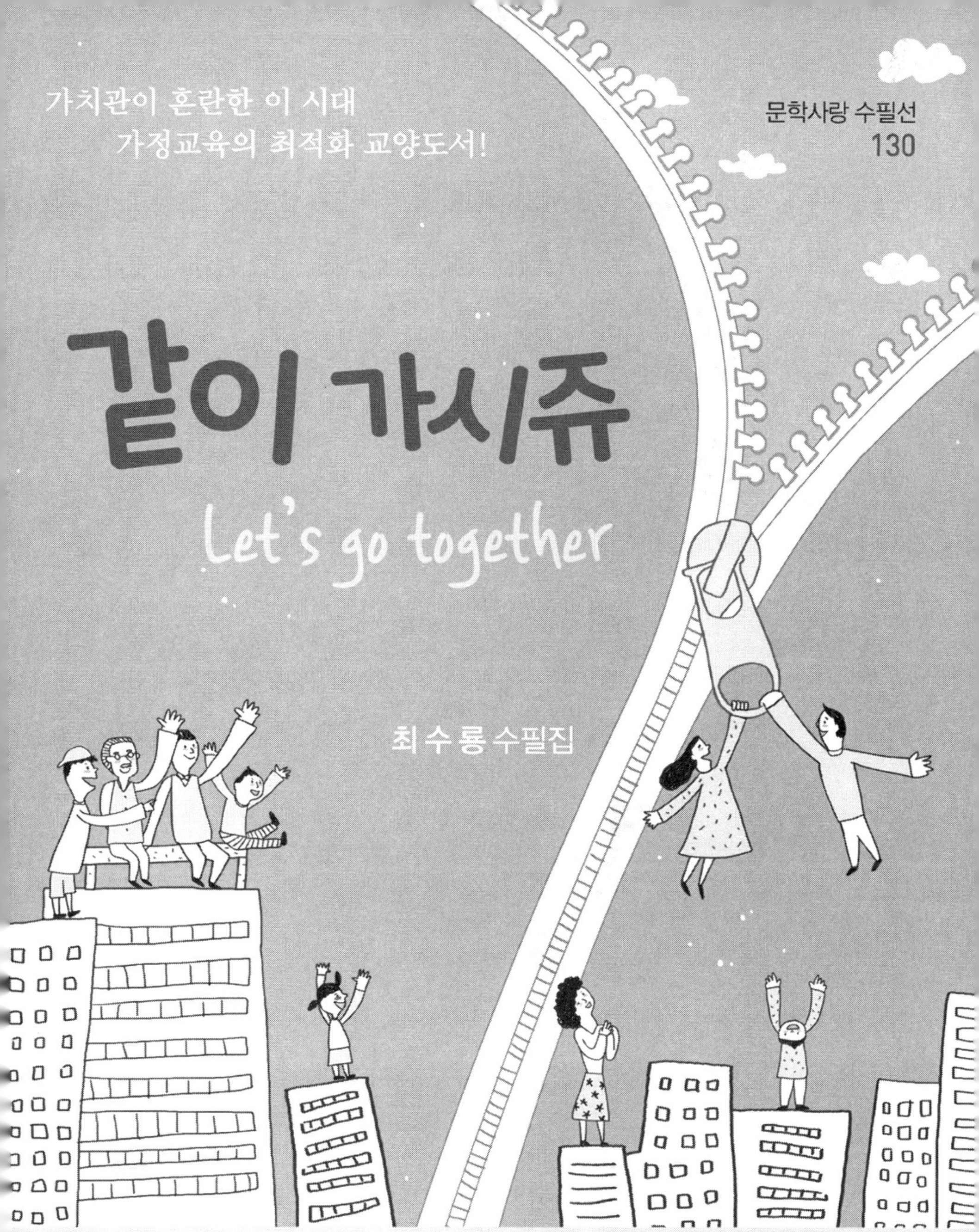

나와 내 이웃이 생각하고 있는 바를 함께 공유하면서,
소소한 이야기를 통해 세종시의 아름다운 자연과 문화적인 정서를 나누며,
살기 좋은 공동체 삶의 풍토를 조성하기 위해 함께 노력한 주민께 박수를 보낸다.

국립중앙도서관 출판시도서목록(CIP)

같이 가시쥬 = Let's go together : 최수룡 수필 / 지은이:
최수룡. -- 대전 : 오늘의문학사, 2017
p. ; cm. -- (문학사랑 수필선 ; 130)

ISBN 978-89-5669-857-1 03810 : ₩15000

한국 현대 수필[韓國現代隨筆]

814.7-KDC6
895.745-DDC23 CIP2017027050

같이 가시쥬

여는 말

같이 가시쥬

아파트는 단절된 공간 속에서 입주 후 이웃도 모른 체 각자의 삶의 전선에서 바쁘게 살아가고 있다. 이웃 간에 공중도덕과 공공질서, 층간 소음문제, 담배연기 피해, 주정차 문제 그 외 계층 및 세대 간의 갈등 등으로 감정싸움이 격화되어 이웃 간의 정은 더욱 메말라 가는 것이 공동체 삶의 현세태다. 이와 같이 단절된 공간, 소통이 이루어지지 않는 아파트 생활에서 정겨운 이웃사촌으로 아름다운 풍토를 조성하고 싶었다. 우리 아파트는 세종시 소담동 새샘마을3단지 1200여 세대로 전국에서 이주한 사람들이다. 전국에서 이주한 사람들이기 때문에 성향도 다르고 생활모습도 각양각색이다. 그래서 리버시티 카페와 세종시닷컴에 가입을 하여 이웃과 소통하는 삶의 일환으로 필자의 글을 공유하기로 했다.

필자가 쓴 글이 문인이나 지인들이 읽는 것으로 만족할 것이 아니라 함께 사는 주민들과 소통을 하면서 정서를 공유하는데 의미가 있다. 일상생활에서 이웃과 더불어 생활을 하면서 보고 듣고 느낀 내용을 나의 감성과 표현방식을 통해 정다운 이웃과 아름다운 정서로 정겨운 삶을 살아가기를 바라는 마음에서다. 다행이 금강수변공원은 자연의 모습을 그대로 간직하고 있기에 사계절의 아름다운 자연과 함께 하는 삶으로 자연에 대한 사랑도 같이 나누고 싶었다.

살기 좋은 아파트는 아파트 매매가의 상승도 중요하지만 더 중요한 것은 입주민들이 살기 좋은 아파트에 걸 맞는 생활을 하느냐에 달려있다고 본다. "빨리 가려면 혼자 가고 멀리 가려면 함께 가야한다."는 말이 있듯이 우리는 모두 함께 멀리 보고 가야한다. 다양한 사람들의 생각이나 의견을 공감하고 수렴하면서 함께 가는 것이다. 잘한 것은 잘 했다고 칭찬하며, 내 뜻과 다른 의견은 상대편 입장에서 생각해 보고 여러 사람이 원하는 곳으로 함께 가는 것이다. 공동체 삶의 소통에 대한 어려움이 따를 때에는 '세종의 마음으로' 다가가고자 하였다.

본 수필집은 리버시티 카페나 세종시닷컴과 금강일보 칼럼 및 동호회 밴드에 글을 올려서 그들과 함께 소통을 하였던 글들이다. 글의 내용에 따라서는 4,000~5,000명의 독자가 읽고, 댓글도 달며 그들의 의견을 올리기도 한 글이다. 이와 같이 함께 소통하였던 글을 어떻게 편집하는 것이 좋을까 많은 고민을 하게 되었다. 고민 끝에 독자의 이해를 돕기 위해 입주를 하면서부터 글을 쓴 순서대로 금강의 사계를 함께 나타내는 것이 좋을 것 같아서 가을, 겨울, 봄, 여름 순서로 글을 실었다. 수필의 말미에는 카페나 밴드 및 문학지 등에 공유한 [댓글의 수], 날짜, 독자의 수를 표시하여 소통의 의미를 부여하였다. 리버시티 카페 외에는 출처를 표시하여 이해하기 쉽도록 하였다.

공동체 생활에서 개인의 행복한 삶이 소원해지기 쉬운 이때 공동체 생활을 이해하고 그들이 행복한 삶을 이루기 위해 살기 좋은 아파트 풍토를 조성하는데 의미가 있다. 입주 후 1년 동안의 생활에서 살기 좋은 아파트를 향해 노력한 삶을, 본 수필집을 통해 독자들과 공유하고자 본 수필집을 발간하게 되었다. 이 자리를 빌려 살기 좋은 아파트 삶의 공동체 풍토조성을 위해 노력하신 리버시티 아파트 입주민과 산하 단체 및 입주민 대표님들께도 감사의 말씀을 드린다.

2017. 09

강마을 월봉서재에서

PART 1 가을

PART 2 겨울

PART 3 봄

PART 4 여름

PART 1

가을

아쉬움이 있기에

나는 세종시 모아미래도 리버시티 아파트 분양을 받은 이후 건설현장에 종종 들리는 편이다. 퇴직 후에 여가 시간이 많은 탓도 있지만 20여 년 만에 새 아파트로 이사를 간다는 사실이 처음 집을 장만한 것처럼 기분이 좋기 때문이다. 대전에서 40여 년이나 살았기에 오랜 동안 친지들과의 만남이 불편하지 않을까? 노후의 생활은 편안한 생활이 이곳에서 잘 이루어질까? 재난 사고에 잘 대비할 수 있을까? 등 나이가 들수록 별의 별 생각을 다하는 것 같다. 다행히 BRT 버스노선도 바로 아파트 앞에 승강장이 있고, 조경이 너무 맘에 들어서 이곳으로 이사를 해야겠다는 생각을 하고 있던 차에 우리 아파트가 제20회 매일경제 살기 좋은 아파트 선발대회에서 최우수상 수상을 받은 후 이사하기로 확신을 하게 되었다.

리버시티 아파트에 대한 애착심으로 몇 번 아파트단지 외곽을 드나들기는 하였지만, 오늘은 이사와 관련하여 관리사무소를 찾아보기로 하였다. 입주에 대한 기대가 너무 큰 탓 이었을까? 사무소에 몇 분이 계셨지만 첫 느낌이 사무적이었다. 입주 예정자라고 말을 건넸지만 반가운 내색도 없이 서로 멀뚱하게 쳐다보기만 하였다. 이사 전 청소와 줄눈 시공에 대해서 물어 보았는데, 8월 4일 날 확실하게 알려준단다. 이사하는 날 시간만 알려주고 나오려고 하니 허전한 것이 무엇인가 아쉬움이 앞섰다. 그래도 모처럼 시간을 내어 찾아온 관리사무소인데 말이다. 아쉬움에 물 좀 달라고 하였더니 아직 시설이 안돼서 사무실 직원들도 불편을 겪고 있단다.

살기 좋은 외형만 가지고 살기 좋은 아파트라고 할 수는 없다. 함께 살고 있는 모든 분들 또한 삶의 공동체를 위해 상호 노력을 하여야 한다고 생각한다. 서로 이웃 간에 공공질서와 예의를 지키며 밝고 명랑한 집단공동체가 이루어지도록 함께 노력해야 하는 것이다. 물론 관리사무소 직원들도 더욱 밝은 미소로 반갑게 맞이하여 주었으면 좋겠다. 새로 입주하는 모든 이에게 희망찬 미래의 삶이 함께하는 살기 좋은 리버시티 아파트로 삶의 질이 향상되도록 하는데 선도적인 서비스가 이루어지길 간절히 소망해 본다.

[29] 2016.08.03. 710

이사를 한다는 것은

이사를 한다는 것은

새로운 보금자리를 마련하는 것이다. 보금자리란 무엇인가. 살기에 편안하고 아늑한 곳을 이르던 말이 아니던가. 지금 주거 환경의 변화는 자연환경과 얼마나 친화적인지, 얼마나 여유로운 삶을 살 수 있는 공간인지, 삶의 질을 생각하는 공간으로 바뀌어 가고 있다. 이러한 곳을 마련한다는 것은 개인의 삶에서 하루 이틀 만에 쉽게 이루어지지 않는다. 생애주기에서 새로운 보금자리를 마련한다는 것은 쉽지 않기 때문에 오랜 기간을 기대하며 입주할 날을 기다려 왔다.

이사를 한다는 것은

버려야 할 것과 취해야 할 것을 분류하며 일상의 틈바구니에서 오래 묵은 때를 지우는 것이다. 사람이 살다보면 삶의 찌꺼기가 쌓이게 마련이다. 직장생활이나 자녀들의 학교생활, 취미 여가 생활을 오래 하다보면 삶의 방편으로 살아왔던 가전제품이나 생활용품들 중에서 몇 년 동안 먼지를 소복이 쓰고 사용하지 않고 쌓여있는 제품은 정리를 하기 마련이다. 문제는 쌓여있는 생활찌꺼기를 어떻게 재활용하고 쓰레기를 줄일 수 있는가 이것이 문제인 것이다. 지혜로운 사람은 쓰레기로 그냥 투기하는 것이 아니라 자원을 재활용을 할 수 있도록 한다는 점이다.

이사를 한다는 것은

새로운 환경에 적응하는 것이다. 내가 살던 자연환경과 생활환경 및 가정생활의 변화로 새로운 환경에 적응을 의미한다. 환경의 변화는 어른들에게도 적응에 대한 많은 부담을 갖게 되지만 자라나는 아이들에게는 더욱 큰 영향을 미치게 된다. 서두르지 말고 차근차근 새로운 환경에 적응을 잘 할 수 있도록 가족 간에 충분한 대화를 통해 소통이 충분히 이루어져야 한다. 이것이 제대로 이루어지지 않으면 적응을 위한 스트레스로 인하여 오랜 기간 동안 고통을 받게 되는 것이다.

이사를 한다는 것은

희망찬 삶의 계획을 세우는 것이다. 새로운 꿈과 희망을 가지고 새로운 환경에서 희망찬 삶을 살아가야 하는 계획을 세우는 것이다. 이와 같은 삶을 이루기 위해서는 가족 구성원이 새로운 삶에 대한 계획을 세우고 주위 여건을 어떻게 활용을 할 것인가 고려해 보아야 한다. 건강생활과 직장생활 그리고 취미와 여가생활을 위해 어떻게 할 것인가에 대한 희망찬 삶의 계획을 세우는 것이다. 가정이 건강해야 가정을 이루는 구성원 모두가 행복해 질 수 있다는 점을 유념할 필요가 있다.

삶에서 행복이란 어디에서 기인하는가.

개인의 목표 성취도 중요하지만 이웃과 함께 할 때 쉽게 얻을 수 있다고 한다. 다행히 모아미래도 리버시티는 자연환경과 생활환경의 여건이 우수하다는 평가를 받았다. 이제 함께 하는 이웃들이 더불어 사는 즐거움을 느끼게 된다면 명품 아파트 주민으로서 손색이 없을 것이다. 이는 상대방의 배려에 있다. 역지사지로 상대방의 처지에서 입장을 바꾸어 생각해 보면 답이 나올 것이다. 서로 배려하는 삶 속에서 생활하게 된다면 그야말로 명품아파트단지에 어울리는 리버시티 주민으로 보다 멋진 삶을 살아가게 될 것임을 확신하는 것이다.

입주민 여러분 입주하셔서 모두 행복한 삶을 사시길 축원 드린다.

[7] 2016.08.08. 326

쉬셨다 가시쥬

나는 아침마다 산책을 한다. 산책길에 70대 중반의 어르신 내외를 매일 만나게 된다. 매일 빠짐없이 산책길에서 다정하게 다니는 두 분을 보면 삶을 건강하게 참 잘 사신다는 생각을 하게 된다. 그리고 늘 밝은 모습에 주고받는 덕담은 하루 중 가장 큰 즐거움이고 기쁨이다.

오늘 아침에는 산책길에 길을 막아서 미안하다며 송구스러워하는 할머니를 만났다. 지나가는 길에 얼핏 살펴보니 등에는 등짐을 지고 양손에 들고 가는 짐이 무거워 지나가는 좁은 산책길에 놓게 되어 불편함을 주었다며 사과하는 말이었다. 공손한 말씀에 내려가는 길에 짐을 들어드려야 하겠다는 생각을 하면서도 되돌아가서 들어드리지 못하는 나 자신에 대해 용기가 없음을 한탄하며 반성을 하였다. 생각하는 것과 실천하는 것이 이렇게도 어려운 것인가를 다시 한 번 깨닫게 된다.

어제는 모아미래도 리버시티 아파트에 갔다. 입주를 하기 전에 구경하는 집을 둘러보고 기본적인 것이라도 시공하고 이사를 해야 하겠다는 생각에 들린 것이다. 구경하는 집을 몇 군데 돌아보면서 보는 시각에 따라서 주거공간을 다양하고 편리하게 꾸밀 수 있다는 점에서 많은 것을 느낄 수 있는 시간이었다. 사람의 욕망은 끝이 없나보다. 구경하는 곳마다 실내공간을 최대한 활용하여 아늑하고 분위기 있는 공간으로 꾸밀 수 있다는 점에서 욕심이 생기며 우리 집만의 개성 있는 공간을 그려보게 하는 것이다.

중요한 것은 우리 식구에 맞는 공간으로 얼마나 잘 활용할 수 있도록 하는 것이 중요하다고 본다. 충동구매에 휘둘려 격에 어울리지 않는 지나친 치장은 깨끗하지 않은 얼굴에 화장을 진하게 하는 것과 별반 다를 것이 없다는 생각을 한다.

아직도 뙤약볕의 따가운 말복 더위는 시원한 그늘을 찾게 한다. 303동 앞의 분수대 옆에서 쉬다가 숲길을 걷고 있는데 반가운 인사를 하는 사람이 있다.

"안녕하세요? 어디서 오셨어요? 저는 조경을 담당하고 있는 000입니다." 하는 것이 아닌가. 반갑게 웃으면서 인사를 하는 바람에 덩달아 신났다. "예, 저도 305동 입주 예정자입니다. 조경을 너무 잘 하셔서 내가 페이스북에 가끔 사진을 올립니다. 노고에 늘 감사하게 생각하고 있습니다."

"네 편히 쉬셨다 가십시오."

몇 마디 인사말에 덩달아 기분이 좋아졌다. 불쾌감이 높은 더운 날씨에 몇 마디 인사말이 엔도르핀을 돌게 하며 기분이 좋아진 아내와 나는 서로 마주 보며 싱긋 웃었다. 더위에 입주를 하신 주민 여러분 행복은 멀리 있는 것이 아니고 바로 내 옆에서 항상 맴돌고 있다는 것을 잊지 마시고 행복하시길 축원합니다.

[20] 2016.08.17. 662

입주민 여러분 통통통 하셔유

근래에 모아미래도 리버시티 카페에 자주 들리게 된다. 나이 들어서 이사를 하려하니 소소한 일까지 신경이 많이 쓰이기 때문일 것이다. 입주와 관련하여 정보를 알아야 하는데 본 카페만큼 정보를 잘 알 수 있는 곳이 없다. 알고 계시는 바와 같이 다양한 내용을 일목요연하게 분류하여 누구든지 정보를 찾기 쉽게 하였다는 점이다. 그리고 입주민에게 필요한 다양한 정보가 탑재되어 있고, 공유할 수 있도록 하였다는 점에서 자주 들리게 되는 것이다. 아마 본 카페가 없었다면…, 생각만 해도 아찔하다.

본 카페의 장점은 공유하고자 하는 정보를 입주민이면 어느 누구나 생각하고 있는 다양한 의견을 탑재하여 입주민의 의견을 알 수 있다. 어떠한 정형화된 틀에 의해 의도적으로 나아가는 것이 아니고 다양한 의견을 수렴하면서 나름대로 자정의 능력이 엿보인다는 점이다. 우리는 집단의 의사를 소통하는 곳에서 나와 의견이 다르다하여 이분법적 논리로 적대시 하며 매도하는 경우를 많이 보아왔다. 그러나 본 카페에서는 나와 다른 의견일지라도 서로 보듬으며 함께 배려하는 삶을 통해 바른 삶을 살고자 하는 흐름을 읽을 수 있었다.

그동안 예비입주자협의회나 입주준비위원회의 열정적인 노력이 이와 같은 풍토를 이루게 하였다고 믿으며, 앞으로도 명품아파트로 발돋음 하고자하는 그들의 노력에 많은 기대를 갖게 하는 것이다. 아시는 바와 같이 우리 아파트는 금강 조망권과 세종시의 특성을 살린 특화된 아파트단지이다. 특히 입주민의 생활을 세심하게 배려한 설계와 공사 등에 예비입주자 협의회에서 요구사항을 제안하여 반영이 되었기 때문에 매일경제신문 살기 좋은 아파트경진대회에서 최우수상을 수상하였다고 본다. 또 삶의 질을 개선하기 위해 노력하는 그들의 모습에서 믿음이 가는 것이다. 이를 이루기 위해서 아낌없이 노력한 그들에게 박수를 보낸다.

살기 좋은 아파트는 최우수상 수상 못지않게 얼마만큼 입주민들이 최우수상 아파트에 걸 맞는 생활을 하느냐에 달려있다고 본다. 빨리 가려면 혼자 가고 멀리 가려면 함께 가야한다는 말이 있듯이 우리는 모두 함께 멀리 보고 가야한다. 다양한 사람들의 생각이나 의견을 제시하여 수렴하면서 함께 가는 것이다. 잘한 것은 잘 했다고 칭찬하며, 내 뜻과 다른 의견은 상대편 입장에서 생각해 보고 여러 사람이 원하는 곳으로 함께 가는 것이다.

지난 여름에는 무척 더웠다. 그래도 우리는 열심히 살아오지 않았던가. 이제 아파트 입주자도 거의 50%에 이른다고 본다. 모두 본 카페를 통해 소통을 많이 나누시고, 입주하셔서 만사형통하여 운수대통으로 이르시길 축원하는 것이다. 모아리버시티 입주민 모두 통통통하시길 기도드린다.

[13] 2016.09.02. 621

분노조절 장애

요즈음은 텔레비전이나 신문을 보기 겁이 난다. 불특정 다수에 대해 무차별적 폭력행위나 살인 및 살상을 하여 인간이 얼마나 잔인한 것인가를 보여주는 듯 불안하다. 문제는 이와 같은 행위가 기하급수적으로 해마다 늘어난다는 데에 있다. 그만큼 인간이 정서적으로 메말라 있기 때문에 감정에 치우쳐 행동을 자제하지 못하기 때문일 것이다. 이제 불특정 다수를 상대로 하는 것은 말할 것도 없고 가족에게 까지 가리지 않고 분노조절장애가 끝 모를 나락으로 떨어지고 있다. 최근 우리 사회에 일어난 끔찍한 범죄들 중에는 충동과 자기감정을 조절하지 못해 일어난 사건들이 유독 많다. 대한정신건강의학회의 조사에 따르면, 우리나라 성인의 절반 이상이 분노조절장애를 경험했으며, 10명 중 1명은 치료가 필요한 상태라고 한다.

분노조절장애는 일종의 뇌 질환으로 간헐성 폭발장애라고도 한다. 분노조절장애는 전두엽의 기능이 순간적으로 마비되어 일어나는 것으로, 부당한 대우를 받았다는 생각에 근거한 증오와 분노의 감정상태가 오랫동안 지속적으로 나타나는 부적응 상태를 말하며, 분노조절장애의 원인은 여러 가지가 있지만, 어렸을 때 가정 내에서 체벌과 훈육과정에서 깊은 상처를 올바르게 치유하지 못하고 자라 사회생활을 시작하면서 부당함과 같은 스트레스로 인해 생기는 것으로 알려져 있다. 이 얼마나 어릴 때 가정교육이 아이의 성향에 큰 영향을 미치는 것인지 새삼 되돌아보게 하는 것이다.

아파트 입주를 앞두고 정리해야 할 것이 참으로 많다. 그 중에 급히 해야 할 것이 신문이나 거래 관계 등 사전에 연락을 하여 정리를 하여야 한다. 그래서 D신문사 지국에 연락을 하여 9월에 이사를 하기 때문에 신문을 넣지 말았으면 좋겠다고 연락을 하였다. 그랬더니 1년을 채워야 한다는 것이다. 신문을 볼 때 분명히 이사를 가기 때문에 볼 수 없다고 하였는데도 갈 때까지만 이라도 보아주면 된다며 사정을 하여 보았는데 엉뚱한 소리를 하는 것이다. 이제 와서 언제 그랬느냐며 9월 10월분 구독료를 내고 가란다. 그러면서 양심운운 하며 인신공격적인 말을 하여 그야말로 분노 조절이 되지 않았다. 딴에는 미리 알려주고 깨끗이 정리하려고 사전에 연락하였는데, 오히려 말도 안 되는 소리에 그만 나도 모르게 고함을 꽥 지르고 말았다. 순간적으로 분노조절장애란 말이 뇌리에 스쳐지나갔다.

분노란 아주 자그마한 일에서 기분 나쁜 정서가 엄청나게 큰 회오리를 몰고 오는 나비 효과가 있다. 나비효과란 무엇인가. 브라질에 있는 나비의 날갯짓이 미국 텍사스에 토네이도를 발생시킬 수도 있다는 과학이론이다. 여러 사람이 생활하는 아파트에 살다보면 위층에서 들려오는 발자국소리에 말싸움이 발단이 되어 감정싸움으로 비화하여 살인까지 저지르는 상황을 너무나 많이 보아 왔다. 어디 위층의 소음뿐이겠는가. 공동체 생활을 하면 서로 다른 성향의 사람들이 집단생활을 하는 아파트단지이기 때문에 사물을 대하는 방식이 서로 다르다. 이를 알지 못하면 나의 잣대로 재단을 하기 때문에 서로의 감정싸움으로 돌이킬 수 없는 상황에 이르게 되는 것이다.

언급한 바와 같이 분노조절장애는 엄청난 피해를 부르기 때문에 분노조절은 서로 얼굴이 다르듯 생각하는 방식이 다름을 이해하고, 역지사지의 입장에서 생각해 보는 것이 좋을 것이다. 특히 감정싸움은 처음에 언행으로 이루어지는 일이니 "가는 말이 고와야 오는 말이 곱다"라는 속담을 명심할 일이다. 아파트단지 내 이웃사촌 간에 사소한 말싸움으로 인해 불상사가 일어나지 않기를 간절히 바라는 것이다. 자주 대하는 가까운 이웃사촌이 멀리 있는 친척보다 낫다하지 않던가.

[9] 2016.09.06. 604

칭찬

칭찬의 힘은 위대하고 무한하다. 칭찬으로 인해 인생역전을 이룬 사람이 너무나 많다. 칭찬의 효력은 이루 말할 수 없을 만큼 큰 기적을 이룬다. 리우 올림픽 펜싱 남자 에페 경기 결승전에서 세계 3위 헝가리 선수에게 9:13 으로 지다가 마지막 3라운드에서 극적인 승리로 국민들께 큰 감동을 주었던 박상영 선수가 있다. 학교 다닐 때 잘하는 것이 아무것도 없었다고 한다. 초등학교 6학년 다닐 때 펜싱을 하면서 처음으로 칭찬을 듣고 새벽 6시부터 텅 빈 연습장에 나왔고 혼자 밤늦게까지 강변을 달렸다고 한다. 이 칭찬이 바로 오늘에 올림픽 우승이라는 금자탑을 쌓은 것이다. 오죽하면 칭찬은 고래도 춤추게 한다고 하지 않던가. 나도 어릴 때 칭찬을 받았던 일이 지금도 생생하게 떠오른다. 아래 글은 "교육은 칭찬이다." 라는 교육에세이에 올렸던 글이다. 아이 교육에 도움이 되길 간절히 기원하며 올려본다.

내가 초등학교 2학년 때 입니다. 그 때는 무척이나 생활이 어려운 때였습니다. 엄마 아빠는 늘 논밭에 나가셔서 일을 하셨기 때문에 친구들과 실컷 놀다가 혼자서 슬며시 들어와 밥을 먹는 경우가 많았습니다. 학교에서 돌아와 책보(책을 보자기에 싸서 가지고 다님)를 마루의 귀퉁이에 팽개쳐 두었다가, 그 다음날 학교에 갈 때면 그대로 둘러메고 학교에 가는 일이 다반사였습니다. 그러다 보니 초등학교 2학년 1학기 때까지도 한글을 제대로 읽지 못하여 나머지 공부를 했던 기억이 있습니다. 남아서 나머지 공부를 하는데 동네 언니들이 교실에 구경을 하러 오기도 하였습니다. 그래도 창피한 줄을 별로 몰랐던 것 같습니다.

어느 날 감기에 걸려 학교에 가지 못하고 결석을 하고 말았습니다. 다음날 6학년에 다니는 누나가 글씨 쓰기와 미술 그림그리기를 그려준 과제물을 가지고 학교에 갔습니다. 두 시간을 마치고 숙제검사를 하는 것이었습니다. 선생님이 누나가 숙제해준 것을 알면 어떻게 할까? 하고 겁이 나서 내 가슴은 쿵쾅거리며 숨도 제대로 쉬지 못할 정도였습니다. 앞에서부터 차례로 숙제검사를 해 오시던 선생님은 내 그림 숙제를 유심히 살펴보시더니,

"여러분 이 그림을 보세요. 이 그림은 수룡이가 숙제로 해온 그림입니다. 잘 그렸지요? 그리고 어제 결석을 했는데도 이렇게 숙제를 잘 해 왔어요. 모두 칭찬을 해 줍시다."

처음으로 선생님과 친구들한테 칭찬을 받아보는 것이었습니다. 얼마나 기분이 좋았던지 지금도 그때의 선생님 모습이 생생합니다. 그 후 내가 당번이 되는 날 미술시간이 되었습니다. 나는 칭찬을 또 듣기 위해 열심히 그림을 그렸고, 심지어는 체육시간까지 운동장으로 나가지도 않고 그렸습니다. 색칠한 위에 또 색칠을 하고 또 칠하고 덕지덕지 칠하여 다른 친구들 그림 위에 내 그림을 올려서 선생님께 제출 했지만, 칭찬을 받지 못하여 조금은 실망했던 기억이 납니다. 그래도 선생님의 칭찬 한마디가 먼 훗날 그림에 관심을 갖게 되었고, 또 공부에도 자신감을 갖게 되었던 것입니다. 아마 선생님이 누나가 대신 그림을 그려 주었다는 것을 모를 리는 없을 것이라고 생각을 합니다.

이제 내가 아이들을 가르치는 선생님이 되었습니다. 그때의 칭찬이 너무나 좋았기 때문에 칭찬으로 아이들을 지도해 왔고, 앞으로도 칭찬을 통해 아이들을 가르칠 것입니다. 엄한 선생님한테는 아이들이 눈치를 보며 자라지만, 칭찬을 받으며 자란 아이들은 밝고 명랑하며, 자신감을 가지고 씩씩하게 잘 자란다고 생각을 합니다. 그래서 칭찬은 잠자는 고래도 춤을 추게 한다는 말이 있는 듯합니다.

인간은 누구나 자기 나름의 장점이 있습니다. 서로 남의 장점을 찾아서 그것을 드러내어 칭찬해 주어야 합니다. 칭찬이 오고 가면 주변은 반드시 밝고 명랑하며 따뜻해집니다. 칭찬은 우리의 잠재의식의 밭에 씨를 뿌리고, 뿌리를 내려서 강한 신념의 힘이 되며 부단한 향상의 원천이 됩니다. 자라나는 아이들에게 가장 큰 교육이자 선물은 칭찬입니다. 어디 아이들뿐이겠습니까? 어른도 칭찬을 들으면 기분이 좋고 성취도 쉽게 이루어 낼 수 있을 것입니다. 사람들은 입에 발린 말이라고 할지라도 자기를 칭찬하는 사람을 좋아합니다.

아무리 못된 행동을 하는 학생일지라도 앞으로는 바른 행동으로 고쳐지리라는 기대를 버리지 말고 참고 기다리며, 끊임없이 아이들이 가는 길에 걸리는 돌부리를 치워주는 심정으로 보살펴 주어야 합니다. 훌륭한 교사는 꿈을 실어주는 사람입니다. 아무리 어려운 상황에서도 교사는 학생들에게 용기를 북돋아 주고 잘 할 수 있다고 격려해 주어야 합니다. 이때 필요한 것이 칭찬인 것입니다. 칭찬의 힘은 강하고 크며, 칭찬은 사람들에게 기쁨과 자신감, 그리고 용기를 줍니다. 칭찬을 받은 사람은 행복해 할 것이며, 행복한 사람은 세상의 배려에 고맙고 감사할 것입니다. 칭찬은 꿈과 희망을 이루는 최고의 교육입니다.

[9] 2016.09.11. 572

어머니

우리 집은 봄이면 뒷동산에 진달래꽃이 흐드러지게 피고, 매화꽃이 골짜기 마다 만발하는 아름답고 자그마한 면 소재지 동네의 한가운데 초가집으로 본채와 헛간으로 되어있었다. 헛간은 집 안쪽에서 보아 사립문 왼쪽으로 있고, 오른 쪽에는 조그만 앞집의 초가집이 있었다. 본채는 안방과 작은방 마루, 나뭇간을 지나면 부엌으로 들어가게 된다. 항상 나뭇간에는 솔가리(말라서 땅에 떨어진 솔잎)로 가득하여 가끔은 닭이 알을 품고 나오는 모습을 볼 수 있었다.

본채의 왼쪽 옆으로 감나무가 큰 것이 있었고, 바로 옆에 우물이 있다. 여름에는 매미를 잡아 실로 매미다리를 묶어 날아가지 못하도록 감나무에 동여매어 놓았다가 다음날 매미가 죽은 것을 보고 크게 낙담하였었다. 또 가끔은 감나무에 올라가 우물에 비추어지는 모습을 보고 소리를 지르고 감이 홍시가 되면 긴 장대(감을 따는 긴대나무)를 가지고 홍시도 따고, 잘 못하여 감을 우물에 빠뜨리기도 하여 우물 안에는 몇 개의 감과 나뭇잎이 잠겨있었다.

우리 집에는 거위가 두 마리 있었다. 이 거위는 내가 외가 집에 갔을 때 거위를 워낙 좋아하고 따라다니니까 외할머니가 선물로 나에게 주셨다고 한다. 선물로 받은 거위가 말을 안 듣는다며 나는 큰 막대기를 가지고 따라 다니면서 괴롭혔다. 암놈보다는 수놈이 훨씬 컸는데, 수놈은 낯모르는 사람이 오면 목을 길게 빼곤 낯선 사람을 물기위해 따라 다니는 모습을 보고 우리는 무척 즐거워했다. 그래서 앞집 아주머니는 물을 길으러 올 때는 항상 소나무가지를 한손에 들고 물동이를 이고 오는 모습을 볼 수 있었다.

나는 가끔 심심하면 마루 밑에 불을 지피기도 하고, 마루나 벽에 못 같은 것으로 줄을 긋거나 그림을 그려서 온 마루가 그을음이나 흠집투성이가 되었다. 그래도 딱히 할 만한 놀이는 별로 없었다. 아버지와 어머니는 아침 일찍 들에 나가시면 해가 지고 땅거미 질 때쯤 들어오시곤 하셨다. 마침 성냥을 가지고 불장난을 하고 있는데 나뭇간에서

"꼬끼오 꼭꼭, 꼬끼오 꼭꼭 "

암탉이 소리를 지르며 나오고 있었다. 궁금해서 엉금엉금 기어서 올라가 살펴보니 동그랗게 파인 동아리 안에 하얗고 큼직한 달걀 몇 개 있었다. 그때 물을 길으러 오던 앞집 아주머니가

"얘, 너 거기서 뭘 하니?"

나는 대꾸도 않고 부리나케 성냥을 찾으러 갔다. 나뭇간에 불을 지펴서 달걀을 구워 먹기 위해서다. 성냥 개피를 하나, 둘, 긋기 시작 하다가 드디어 불을 솔잎에 붙이게 되었다. 나는 멀찌감치 앉아서 달걀이 구워지기를 기다렸다. 불은 갑자기 엄청나게 번졌다. 불이 얼마나 무서웠던지 마루 밑으로 기어들어갔다. 그때, 앞집 아주머니가

"에이쿠머니, 아니 얘가 집 태우려고 작정을 하였구먼."

물동이에 이고 가던 물을 나뭇간에 쏟아버리고, 들고 있는 소나무 가지로 불을 끄기 시작하셨다.

나는 엉겁결에 놀라서 "아~앙" 소리 내며 울었다. 상황이 너무

잘못된 것임을 알았기 때문이다. 동네 사람들도 모여들기 시작하였다. 밭에서 일하시던 아버지와 어머니가 놀라 부리나케 뛰어 사립문으로 들어 오셨다. 어머니는 나를 품에 꼭 안아주셨다. 어머니의 거친 숨소리가 연거푸 내 귀빰을 세차게 때렸지만 오히려 평안하였다. 아버지는 널브러져 있는 상황을 살펴보고 연거푸

"아~ 그 참!"

"어~ 그거 차~ 암!"

같은 말만 되풀이 하셨다.

앞집 아주머니가 신이 나서 침을 튀기며 큰소리로 동네사람들과 어머니와 아버지께 불이 난 상황을 이야기를 할 때마다 난 어머니 품속으로 파고들었다. 어머니가 돌아가신지 꼭 이십년이 되는 해이다. 한가위 보름달을 보면 가족을 위해 정한 수 떠 놓고 지극 정성으로 빌어주시던 어머니.

"어머니 보고 싶어요."

유난히도 더웠던 여름, 북한 핵실험, 경주 인근 5.8의 강진 등 불안이 가중될수록 가족의 정이 더욱 그리워지는 때 이다. 깊은 사랑일수록 그 그림자는 짙다하지 않던가. 주황색으로 곱게 물들며 오곡이 무르익어가는 풍성한 한가위를 맞이하여 가족 사랑이 넘치는 풍요롭고 여유로운 시간이 되시기를 축원한다.

[5] 2016.09.14. 245

리버시티에 입주를 하며

밖은 촉촉하게 비가 내리고 있다. 금년처럼 비가 오지 않을 때는 빗소리마저 그리운가 보다. 내가 동경하며 늘 살고 싶어 하던 곳은 어디였을까? 나는 어릴 때부터 시골동네 냇가에서 살았기 때문에 자그마한 동산이나 물이 있는 곳을 좋아했다. 물은 평온하고 아늑한 느낌을 주기에 마음이 평화롭고 평안하다. 차분하게 내리는 빗속의 아름다운 정원을 바라보며 그동안 바빴던 여정을 되돌아보게 된다. 오늘이 이사 온지 닷새째 되는 날이다.

아침마다 일찍 일어나 산책하는 것이 습관이 되어 산책코스를 답사할 겸 주위 환경을 살펴보았다. 조경이 잘 된 우리 아파트와 가까이 있는 괴화산, 금강수변공원 등을 다니며 살펴본 주위 환경은 너무나 아름다운 곳이 많다. 특히 가까이 있는 괴화산은 금남면 반곡리(盤谷里) · 석삼리(石三里) · 장재리(長在里) · 석교리(石橋里)의 경계에 있는 산으로 고도 201m 산이지만, 수령이 오래된 나무들로 깊은 계곡의 숲속을 거니는 느낌이 난다. 지명은 이 산에 밤에도 환하게 불이 켜있는 것처럼 보이는 괘등형(掛燈形)의 명당이 있다는 데서 유래한다고 전하는 바 근래 법원과 검찰청이 이곳에 자리하여 지명과 연관이 있음을 짐작케 한다.

금강수변공원은 금강 둔치에 갖가지 야생화와 갈대숲 그리고 야생초로 조성이 된 공원으로 자연적인 느낌이 들어서 좋다. 너무 인공적인 공원조성보다는 자연생태계를 그대로 유지하며 강과 어우러진 풍경이 너무나 아름답기 때문이다. 우리 아파트를 중심으로 금남교 방향과 햇무리교 방향으로 산책하는 코스가 서로 다른 묘미를 느낄 수 있어서 색다른 느낌을 느낄 수 있다. 더군다나 아침 산책길에는 운무가 햇무리교 너머로 전월산에 걸치게 되어 한폭의 동양화를 보는 것 같다. 앞으로 자주 산책코스를 수변공원으로 다녀야 겠다는 생각을 해보게 된다.

아무리 주위 환경이 아름답고 공원이 잘 조성이 된다고 하더라도 내가 활용을 하지 않는다면 무슨 소용이 있겠는가? 근래 퇴직자들이 전원주택을 그리며 산수가 아름다운 곳을 찾아 삶을 구가하고 있다. 그러나 어느 거부가 이 아름다운 금강변의 아름다운 환경만큼 꾸며놓고 살 수 있겠는가? 이 아름다운 자연환경을 내 것으로 하기 위해서는 산책을 하면서 내가 즐기는 것이다. 자연환경의 축복은 자연의 아름다움을 즐기는 자의 것이라 믿으며, 자주 가족과 함께 주위 아름다운 자연을 즐기는 시간으로 행복한 가정을 이루시길 축원하는 것이다.

[6] 2016.09.27. 682

명품 아파트의 자부심

차분히 내리는 비를 맞으며 리버시티 정원을 걸었습니다. 비오는 날의 정경은 평소와 또 다른 느낌을 가지게 됩니다. 아침마다 산책을 하는데 오늘은 비가 와서 우리 아파트 리버시티 정원을 산책하게 된 것입니다. 늘 보는 것이지만 아름다운 조경에 먼 곳까지 공원이나 수목원을 가지 않아도 내 삶의 터에 가까이 접할 수 있다는 것은 즐거움이고 행복입니다.

내가 행복하면 다른 사람도 행복해집니다. 이는 다른 사람이 웃으면 우리도 따라 웃으며 다른 사람이 찡그리면 우리도 같이 찡그리는 이치와 같습니다. 얼굴 표정은 그 사람의 마음을 그대로 보여주기 때문에 우리는 많은 시간을 함께 보내는 주변 사람들의 감정에 동화되는 것입니다.

아침 일찍 같은 동에 아주머니를 만났습니다. 급히 달려오면서 반갑게 웃으며

"안녕하세요?"

인사를 하기에

"왜, 되돌아오세요?"

하였더니 물건을 놓고 왔다며 들어가는 모습을 보며 나도 덩달아 기분이 좋아졌습니다. 친절한 행동 하나가 다른 사람을 자극해

서 또 다른 친절을 낳고, 그런 식으로 계속 친절의 연쇄 고리가 만들어 진다는 것입니다.

그래서 오늘은 우리가 살고 있는 곳이 바로 명품 아파트의 터전이라는 기분 좋은 행복을 전합니다.

명품 아파트의 가치는 함께 사는 사람들의 주민의식에 달려있습니다. 집에 사는 사람에 따라 값어치가 달라진다는 것입니다. 우리 모두 명품 아파트에 걸 맞는 삶으로 자부심을 가지시기 바랍니다.

[7] 2016.10.05. 792

'정다운 상표상'을 수상하며

570돌 한글날을 맞이하여 문화체육관광부와 특허청 주최로 네티즌이 선정한 아름다운 우리말 우수 상표에 '아이신나라'가 정다운 상표로 선정이 되었습니다. 외래어로 하여야만 상표의 가치를 인정하는 현 세태에 아름다운 우리말을 사용하여 국민정서에 도움이 되는 아름다운 말, 고운 말, 정다운 말을 사용한 브랜드로 한류 바람을 타고 세계적인 브랜드가 되길 기도해 봅니다. 특히 우리말이 중국과 달라서 모든 국민들이 편하고 쉽게 사용할 수 있도록 한글을 창제하신 위대한 세종대왕님께 조금이나마 나름대로 노력하였다는 점에서 어여뻐하실 거라는 생각을 해봅니다.

'아이신나라'는 아이들이 신나는 나라, 아이들이 신나는 세상이 되었으면 좋겠다는 의미를 지닌 브랜드입니다. 아이들이 공부를 하면서 학습교구를 사용할 때 아이들 입에서 저절로 "아이! 신나라.", "아이! 신난다."라는 이야기를 들을 수 있도록 제품을 제대로 만들어서 학습에 도움이 되도록 해 보겠다는 필자의 신념입니다. 우리나라 아이들의 행복지수가 OECD 국가 중 최하위에 머물고 있는 요인 중에 하나는 학습에 대한 부담이라고 합니다. 아이들이 학습에 도움이 되는 제대로 된 학습교구를 만들어서 아이들이 학습활동을 하면서 "아이! 신나라."는 이야기를 많이 듣는 세상이 되었으면 좋겠다는 의지의 표현입니다.

'아이신나라'는 필자가 교육공무원으로 퇴직을 하고 아이들에게 도움을 주고 싶어서 시작한 사업입니다. 교직생활을 하면서 아이들과 교실에서 아이들의 꿈을 실현하기 위해 생활하였던 시기는 즐겁고 행복한 시간이었습니다. 이에 보답하기 위해 시작한 퇴직 후에 사업은 쉬운 일이 아니었습니다. 주경야독으로 3개월을 연구하면서 개발한 브랜드가 '아이신나라'입니다. 형상화한 이미지 또한 아름다운 한글로 문자화한 상표 브랜드입니다. 한글을 이용하여 형상화 한 이미지가 밝게 웃는 모습으로 아이들이 행복하고 신나는 모습을 표현한 것입니다. 한글로 형상화한 웃는 모습은 세계 어디를 가도 아이들이 행복해 하고 즐거워하는 하는 모습이라는 걸 누구나 알 수 있는 정다운 문자입니다. 특히 아이의 웃음은 전염성이 있습니다. 웃음의 전염병을 창궐시켜서 전 세계를 한 번 전염시키고 싶었습니다.

그러나 공직자가 퇴직 후에 사업을 한다는 것은 쉽지 않은 현실이었습니다. 아이들과 함께 학습활동을 하면서 교수 · 학습자료로 개선이 되었으면 좋겠다는 참신한 아이디어로 지식재산권을 여러 건 확보하였습니다. 이를 바탕으로 박근혜정부에서 창조경제에 부응하여 농 안에 있는 특허권을 실용화하기 위해 창업맞춤형 사업을 신청하여 중소기업청의 지원을 받게 되었습니다. 워낙 하고 싶었던 일이기에 창업맞춤형 사업을 하면서 사업자로서의 기본적인 요건을 갖추며 1인 창업으로 발돋움을 하게 된 것입니다.

열정적으로 활동을 한 탓인지 주위에 있는 분들이 많은 도움을 주셔서 2014서울국제문구 및 사무기기전시회 신제품 최우수상, 2014대한민국발명특허대전 은상, 2015대한민국창의발명대전 금상, 2015대한민국디자인전람회 입선, 2016서울국제문구 · 학용 · 사무용품종합전시회 신제품 우수상 등 다수의 상을 수상하게 되었습니다. 그러나 대내외적으로 인정을 받는 제품이었지만 정작 주무부처인 교육부나 시도교육청에서는 관심조차 주지 않았습니다.

주무부처에서는 수업 중에 바로 체험학습을 위한 학습교구라기보다는 장사꾼이 물건을 팔기위한 상술로 인식을 하기 때문에 신문고를 여러 번 두드렸지만 아무 소용이 없었습니다. 제품이 판매가 되지 않은 것은 제품에 문제가 있다고 보고 2015년에 제품디자인 개발 및 권리화 사업과 2016년 특허기술 상품화기획 지원을 받으며 제품을 개선하였으나, 필자 또한 적지 않은 자금이 출자되었습니다. 교직생활을 하면서 쌓아온 노하우를 아이들 교육을 위해 시작한 사업이었지만 판매에 어려움을 겪고 있는 이 때, 정다운 상표로 선정이 되어 '아이신나라' 브랜드에 대한 자부심을 가지게 됩니다.

브랜드의 가치가 재산의 척도가 되는 이즈음 살기 좋은 아파트 리버시티에 입주를 하면서 받는 상이기에 더욱 의미가 있고 기쁩니다. 또, 리버시티 카페에서 입주민 여러분의 응원과 격려로 많은 용기도 얻었습니다. 입주민 여러분! 한글날을 맞이하여 함께 즐거움을 나누고 모두 신나는 일이 많았으면 좋겠습니다. 즐거운 일은 함께 하면 배로 늘어나고 슬픈 일은 반으로 줄어든다 하지 않습니까? "아이! 신나라."를 외치다 보면 그야말로 신나는 일이 많아질 것입니다. '아이신나라' 파이팅입니다.

[7] 2016.10.08. 565

“당신 대단하다. 못하는 게 없어.”

세종시로 이사 온지 거의 한 달이 되어 간다. 이사 온 후 맑은 날보다는 흐리고 안개 낀 날이 더 많았던 것 같다. 취향에 따라 다르겠지만 나는 운무에 젖은 산천을 좋아한다. 특히 아름다운 강변은 더욱 운치가 있다. 아파트가 금남교와 햇무리교의 강변 중간 지점에 위치해 있어서 교대로 방향을 잡아서 산책을 한다. 금남교와 햇무리교 방향으로 가는 산책길은 가까이서 보는 것과 멀리서 보는 느낌과 멋이 다르다. 금남교로 갈 때는 둑길을 따라서 멀리서 보는 강변모습을 보면서 가고, 돌아 올 때는 둔치 가까운 곳으로 야생화와 야생초를 보면서 자연을 즐기는 것이다. 햇무리교 방향의 산책은 먼저 둔치 가까이에서 오감을 통해 느끼면서 산책을 한다. 돌아올 때에는 둑길을 따라 저 만큼 멀리 두고서 내와 들과 산의 어우러진 정경을 감상하며 온다. 아침마다 하는 산책은 시시각각 변하는 자연에 빠져 들게 된다. 굳이 야생화나 야생초의 이름을 몰라도 좋다. 그냥 보고 즐기는 것이다.

산책 중에 국민안전처에서 안개주의보 안전에 유의하라는 문자까지 보내 온 것을 보니 오늘따라 안개가 더욱 심한 것 같다. 안개 속 공원 곳곳에 먹다버린 음료 캔과 커피 잔이 모양새 없이 나뒹굴어서 눈살을 찌푸리게 한다. 어디 그 뿐인가 공공장소 어디 이든지 나만 편하면 된다는 사고방식으로 공공질서를 어기고 제멋대로 하는 사람들이 우리 주위에 너무나 많은 것이 문제다. 공공질서를 잘 지키는 것은 배려 문화다. 상대방이 불편하지 않도록 배려를 해야 한다. 우리나라는 옛날부터 '동방예의지국'이라 일컬었는데 이제는 말을 꺼내기조차 부끄러운 나라가 되었다. 그러나 일본은 배려하는 문화로 엄청난 자연의 피해에서도 질서를 잘 지키는 선진국으로 추앙을 받고 있다. 그들은 아무리 어려운 상황에서도 상대방을 배려하기 때문에 질서가 유지되고 피해 또한 크게 줄일 수 있었던 것이다.

우리 아파트에도 가끔 눈살을 찌푸리게 하는 행동이나 아름다운 정원에 쓰레기를 투기하는 것을 볼 수 있다. 극히 일부분이거나 외부에서 오신 손님일 것이라는 생각을 한다. 내가 편하자고 버린 쓰레기는 볼썽사납고 여러 사람이 불편을 겪는다는 것을 알아야 한다. 아파트 부지가 넓기 때문에 관리하기가 쉽지 않다. 아파트 관리를 위해 관리사무소, 경비원, 청소원, 정원관리 조경팀 등 수고하시는 분들이 많다. 나는 그분들을 만날 때 마다 수고 하신다는 인사를 반갑게 한다. 물론 그들이 해야 할 일이지만 이왕 하는 일 즐거운 마음으로 하면 좋겠다는 생각에서다. 같은 일을 해도 마음먹기에 따라 천양지차다. 감사하는 마음으로 하는 것과 그냥 마지못해서 하는 것과는 엄청난 차이가 있다. 칭찬을 받으면 같은 일을 해도 내일 하는 것처럼 신이난다. 힘이 드는지 모르고 즐거움으로 하기 때문에 능률이 오르는 것이다.

결혼식에 축하하기 위해 가는 아내를 유성까지 태워주고 오는 길에 라디오에서 감동적인 이야기를 들었다. 칭찬에 관한 이야기인데 결혼 3년차인 남편이 아내의 칭찬하는 말을 소개하는 내용이었다. 그의 아내는 남편이 집안일을 하고 나면 만면에 미소를 지으며 "당신 대단하다. 못하는 게 없어!"라고 한다는 것이다. 이 칭찬을 들은 남편은 얼마나 기분이 좋을까? 모든 일에 성심성의를 다하여 하는 일에 최선을 다할 것이다. 아마 평생을 가족을 위해 능력을 최대한 발휘하면서 행복하게 잘 살 것이라는 생각을 해보게 된다. 참으로 현명한 아내라는 생각을 한다. 얼마나 멋지게 칭찬하는 말인가.

"당신 대단하다. 못하는 게 없어!"

[9] 2016.10.16. 727 / 세종시닷컴 [5] 2016.10.17. 1895

금강에 살어리랏다

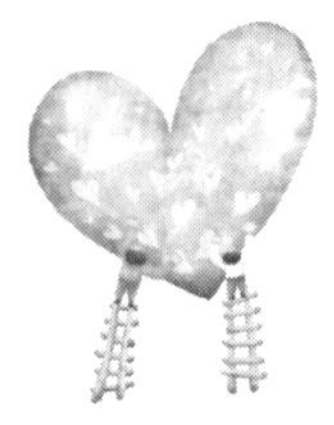

세종시로 이사 오기를 잘 했다는 생각은 금강 변을 산책하면서 절실히 느끼게 된다. 세종시 금강변은 숲과 어우러지는 아기자기한 그림 같은 풍경을 연출한다. 인위적인 연출을 자제한 자연이 살아있는 그대로의 정경이기에 더욱 정감이 가는 것이다. 내 어릴 때 흔히 보든 그 야생초와 들꽃을 그대로 볼 수 있어서 그냥 좋다. 산야에서 지천으로 늘려있는 야생초나 들꽃은 이름을 몰라도 좋았다. 보는 그 자체로 즐거움과 행복을 느끼기 때문이다. 산책 중에 어릴 때 정감이 되살아나기에 자연에 대한 그리움과 향수를 느끼며 그냥 즐기는 것이다. 아마 4대강 사업으로 세종보에 물을 담수하여 이와 같은 강변의 풍경을 자아내는 것이리라. 조급한 마음에 전시용이나 이벤트용으로 꽃 전시회나 정원 같은 조경을 인위적으로 시공했다면 한 번은 보기 좋을 테지만, 그 이후는 별로 매력을 느끼지 못할 것이다. 내가 금강 둔치에 매혹되는 것은 자연 그대로를 느낄 수 있기 때문이다.

세종시는 안개에 젖은 날을 자주 볼 수 있다. 금강 변을 걸으면서 운무에 드리운 산천을 보면 수묵담채화처럼 참 아름답다는 감탄사가 절로 나온다. 산책 중에 찍는 사진은 이제 그만 찍어야 하겠다는 다짐을 하면서도 나도 몰래 자제력을 잃고 만다. 매일 매일 찍어도 또 담고 싶은 이 자연의 아름다움에 흠뻑 젖어 금강 변에 살고 있음에 무한한 감사를 드리는 것이다. 금강수변의 정겨운 풍경을 시로 표현하고 싶다는 생각은 하지만 어디 그리 쉬운 일이던가. 산책 중에 '금강에 살어리랏다'는 이은상 선생님의 노랫말을 자주 떠올리게 된다.

금강에 살어리랏다. 금강에 살어리랏다.
운무 데리고 금강에 살으리랏다.
홍진에 썩은 명리야 아는 체나 하리오.

이 몸이 희어져서 혼이 정녕 있을진대
혼이나마 길이길이 금강에 살어리랏다
생전에 더럽힌 마음 명경 같이 하고저.

'금강(金剛)에 살어리랏다'는 필설로 아름다움을 표현을 다하지 못할 만큼 아름다운 금강산(金剛山)을 찾은 감회를 시로 읊은 것으로 속세를 벗어나 이곳에서 편안하게 살고 싶다는 의미로 글을 지었다 한다. 필자는 지금까지 비단으로 수를 놓은 것처럼 아름다운 금강(錦江)을 노래한 것으로 알고 있었다. 금강 수변을 따라 아름다운 운무가 드리운 이 세종시의 금강은 나지막한 전월산, 원수산, 괴화산, 비학산 자락과 어우러져 전형적인 강변풍경을 그려내는 아름다움이 실로 장관이다. 어쩌면 그리도 평화스러운 강변풍경이 명화의 한 장면처럼 연출해 내는지 그야말로 자연의 신비함에 경이로움을 자아내게 하여 매일 산책의 길로 이끌리게 된다.

나는 어릴 때 금강 상류 삼도봉 물한계곡 가까운 매화골과 월류봉 가까운 곳에 살았다. 눈만 뜨면 냇가에 나가서 멱감고 물놀이 하며 강변에서 아름답게 지저귀는 새소리와 어머니 엉덩이와 같은 펑퍼짐한 산에 둘러싸여 생활을 했다. 동네 아이들과 함께 사시사철 놀이 할 것이 너무나 많았다. 봄이면 노랑나비를 따라서 민들레 진달래 매화꽃이 골짜기를 그득 메운 매화향기 속에서 마냥 뛰어 놀았고, 여름엔 멱 감기와 물고기 잡기로 날이 어두워야 집으로 향했다. 가을엔 홍시와 밤 줍기로 새벽을 누비고 낮에는 메뚜기, 방아깨비, 여치, 사마귀 등 곤충 잡기와 풍요로운 들녘을 뛰어 다녔다. 겨울엔 눈사람 만들기, 눈싸움, 썰매타기, 팽이치기, 연날리기 등 그야말로 자연 속에 삶이 금강 변을 산책하면 주마등처럼 연상이 되곤 한다. 해 질 녘에 빨갛게 물들이던 월류봉은 언제나 동심의 세계에 그려진 늘 간직하고픈 명화였다.

금강의 상류는 전라북도의 장수군 · 진안군 · 무주군과 충청북도의 영동군 일부 지역의 물이 모아져 시작된다. 소백산맥에서 노령산맥이 갈라지는 이곳은 높이 1,000m 이상의 험준한 산들이 많아서 이른바 진안고원을 형성하고, 그 동단부에는 덕유산(1,594m) · 백운산(1,279m) 등 험준한 산들이 솟아 있다. 이들 산지를 깎아 흐르는 수많은 하천들은 심한 감입곡류(嵌入曲流)를 하며, 무주구천동이나 영동의 한천팔경(寒泉八景)과 양산팔경(陽山八景)같이 아름다운 계곡을 이루어 자연경관이 뛰어난 곳이 많다. 이제 아름다운 금강 세종시 새샘마을에 생활을 하게 되어 산책을 하면서 변화무쌍하고 수려한 강변의 변화에 날이면 날마다 자연에 빠져든다.

매일 아침 산책 중에 나의 건강과 아름다운 산천에 살 수 있도록 자비를 베풀어 주신 하느님께 감사의 기도를 드린다. 산책은 나 자신을 성찰하고 사색할 수 있는 행복하고 가장 소중한 시간이다. 강변 산책길을 걷다보면 호랑나비와 노랑나비가 서로 짝을 찾아 팔랑이며, 메뚜기, 풀무치, 여치, 방아깨비, 사마귀 등이 힘차게 뛰어오르는 것을 볼 수 있다. 거기에 물을 박차며 물새가 나는 강의 정경에 빠져있을 즈음 갑자기 파닥이며 솟아오르는 꿩으로 깊은 산속에 온 것으로 착각을 하게 된다. 강변 둔치에는 금가루를 뿌려놓은 듯 온갖 야생화로 수를 놓았으니 얼마나 자연의 신비로움으로 빠져들게 하는 것인지, 금강변의 풍광을 느껴보지 못한 사람이 어찌 금강의 아름다움을 노래 부를 수 있겠는가.

'금강(錦江)에 살어리랏다'

[8] 2016.10.19. 432 / 세종시 닷컴 [4] 2016.10.19. 1086

금강변에서 체험학습을

금강변이 너무 아름답습니다. 가까운 곳에 자연과 함께 할 수 있는 지역이 있다는 것은 축복입니다. 10월의 하순경은 단풍이 너무 곱게 물들어서 축제하는 곳도 많이 있는데, 멀리 가지 않고도 아이들과 함께 체험활동을 할 수 있는 금강변으로 가서 아이들이 신나는 날이 되었으면 좋겠습니다. 우리나라 아이들이 OECD 국가 중 가장 불행하다고 느끼는 것 중에 하나가 학습에 대한 부담감 때문이라고 합니다. 세상은 아름답고 살만한 것이라는 것, 생명이 소중한 것이라는 것을 느끼도록 해 주어야 합니다.

아이들이 학습을 하는 데에는 간접지식과 직접지식이 있습니다. 우리는 책상머리에 앉아서 책을 통해서 많은 지식을 습득한다고 생각을 하는데, 그것보다는 직접체험을 통한 지식을 얻는 것이 더 많은 것을 통합적으로 얻는다고 교육학자들은 주장하고 있습니다. 자연에서 놀면서 오감을 통한 체험학습이야말로 가장 소중한 학습이 될 것입니다. 방안에 있는 아이들을 강변으로 데리고 가서 어릴 때의 감성을 키워주는 것이 가장 큰 공부라는 것을 인식하고 강변에 자주 나가기를 적극 권장합니다.

우리 집에도 다섯 살 어린 손자가 함께 생활하고 있습니다. 첫돌이 지나서는 한밭수목원을 다녔습니다. 4월에는 유모차를 타고 아장아장 걸었는데 10월에는 도토리를 함께 주었으니까 1년 동안 자연과 함께 생활을 한 것입니다. 어린이집에 다니면서부터 자연과 함께 하는 일은 조금은 멀어졌지만, 지금도 시간이 나면 강변으로 데리고 나갑니다. 지난번에는 사마귀를 잡아서 며칠 기르다가 자연으로 보냈는데, 이번에는 메뚜기를 기르다가 놓아줄 생각입니다.

강변에는 잠자리, 나비, 메뚜기, 여치, 방아개비, 사마귀 등 각종 곤충과 바람소리, 물소리, 풀벌레 소리, 아름다운 새들의 노랫소리로 귀를 즐겁게 합니다. 갈바람에 은빛을 뽐내며 손짓하는 갈대밭과 다양한 야생초와 야생화는 아이들이 좋아할만 합니다. 먼 곳에 있는 체험학습장 보다는 가까운 금강수변공원에서 가족과 함께 아이들이 신나는 날이 되었으면 좋겠습니다.

[3] 2016.10.23. 481

부모 교육관이 바뀌어야 한다

요즈음 학부모들 사이에서 영재교육 열풍이 불고 있다. 이 세상 어느 부모든지 내 자녀가 천재이거나 영재이기를 바라지 않는 부모는 없다. 그러나 내 아이의 타고난 천재성도 중요하지만 길러지는 영재성 또한 무시할 수 없는 일이다. 태어난 후 환경적 요건에 의해서 길러지는 영재성과 자아실현을 해야겠다는 성취능력이 더 중요하다. 일반적으로 천재와 영재를 혼용해서 사용하는 경우가 많다. 천재성이 타고난다면 영재성은 길러지는 것이다. '천재는 타고나지만 영재는 길러지는 것' 이라는 교육철학을 가지고 내 아이가 가장 잘 할 수 있는 것을 찾아주는 교육을 해야 한다.

지식기반 사회는 전문화와 창의성 및 인성이 주를 이루고 있는 사회다. 그리고 인간의 최고 목표를 개인의 행복에 가치를 두고 있는 사회다. 이러한 사회에서 내 아이가 자신의 목소리로 행복하게 살아가기 위해서는 부모의 남다른 교육철학이 있어야 한다. 애써 노력하지 않아도 타고난 재능을 가진 천재와 달리 영재는 끊임없이 자신에게 동기부여를 하면서 원하는 목표를 성취해 나가는 노력형이기 때문이다. 만약 영재들에게 동기가 부여되지 않는다면 성취목표가 없어 공부가 싫어지게 될 것이다. 반면 내·외적 동기를 가지고 스스로 공부하게 한다면 자신의 목표를 달성할 수 있는 행복한 영재가 될 수 있을 것이다.

글로벌 인재의 핵심이라고 말할 수 있는 전문성, 창의성, 인성은 해외 유학 갔다고 완성되는 것이 아니다. 명문대 졸업한다고 보장되는 것이 아니다. 인재는 하루 아침에 이루어지지 않는다. 지금 한국에는 많은 학부모님들이 자녀들을 글로벌 인재로 키우겠다고 무척 많은 노력과 투자를 하고 있다. 학원도 보내고, 개인교사도 두고, 심지어는 조기 유학까지 보내고 있다. 2016년 교육부 국외 한국인 유학생 통계에 따르면 22만 4,000명이나 된다. 그러나 안타깝게도 시간이 지나면서 그리 좋은 소식을 전해주지 못하고 있다. 어느 신문기사는 유학생의 90%가 요즘 해외에서 직업을 구하지 못해 귀국하고 있다고 한다. 국내 돌아와서는 고급 실업자 생활을 하고 있단다.

지금 자녀를 조기유학 보낸 부모님 중에서 10년 후에는 50%가 후회하게 될 것이고, 20년 후에는 90%가 후회하게 될 것이라며 인구에 회자되고 있다. 21세기 요구하는 실력을 쌓기를 원한다면 입시라는 단기전을 치를 경우에 가능하지 않다. 학생들을 현실에 매어두지 않고, 그들이 사회에 진출하여 활발하게 일을 해야 할 먼 훗날을 내다보고 미래에 맞추어 장기전을 치룰 때에 가능한 것이다. 따라서 부모가 교육에 대해 잘 알아야 하고, 자녀의 특성을 잘 알고 이해해 주어야 한다. 이 때 교육에 있어서 중요한 요소는 내 아이가 다양하고 창의적인 아이디어를 낼 수 있도록 길러야 한다는 것이다. 부모가 적절히 동기를 부여해 주고 아이의 창의성을 길러준다면 내 아이는 반드시 성취하게 될 것이다.

세상은 변하고 있다. 부모의 가치관에 따라 세상이 변하는 것이 아니라 세상의 변화에 따라 부모의 가치관이 바뀌어야 한다. 우리 아이들이 살아갈 미래 사회는 성공보다는 성취에, 무엇이 되느냐 보다는 어떻게 사느냐에, 물질보다는 삶의 의미에 무게 중심을 두는 사회가 될 것이다. 행복하게 지내는 사람은 대개 노력가인 것도 결코 우연이 아니다.

내 아이가 영재이든 영재가 아니든 관계없이 부모는 아이들이 성취할 수 있도록 동기를 부여해야만 하고 미래 사회가 요구하는 창의적 능력이 있는 아이로 키워야 한다. 근시안적 입장에서 영재를 키우려 하지 말고 장기적인 관점에서 동기를 부여하고 창의적 아이디어를 교육하여야 한다. 평생 교육시대에는 공부를 잘하기보다는 학습을 즐기는 사람이 영재이다. 함부로 속단하고 실망하지 말고 성취하는 아이, 행복한 인생을 살아갈 수 있는 아이를 만들기 위해 변화하는 사회에 대처하는 부모가 되어야 할 것이다.

[7] 2016.10.31. 330

멘탈붕괴

가을빛이 곱다. 변화무쌍한 자연을 놓치지 않기 위해 매일 산책을 한다. 내가 즐겨 산책하는 강변은 하루도 같은 모습을 보여주지 않는다. 어제까지만 해도 연녹색으로 싱싱함을 자랑하던 들풀이 하룻밤 사이에 주저앉고 말았다. 지난 밤 서리에 주저앉으면서 겨울을 준비하라는 자연의 이치에 순응을 한 것이다. 현직에 있을 때 이야기다. 바로 교장실 옆 교실에서 아이들을 맡은 일이 있었다. 워낙 인품이 좋으신 분이어서 도교육청에서 찾아뵙는 분이 많았다. 나는 시골학교에 있다가 대전으로 발령을 받아서 바로 교장실 옆 교실에서 생활하게 되어 여간 조심스럽지 않았다. 어느 날 교장선생님이 교장실에 면담을 하자며 연락이 왔다.

"아이들을 시끄러워도 너무 심하게 나무라지 마세요. 아이들은 뛰어 다니고 장난치며 떠드는 것이 아이들의 순리입니다. 순리대로 키우는 것이 중요한 교육입니다. 선생님도 젊은 때에 대전으로 부임하셨으니 공부를 하는 것이 좋겠습니다." 하는 것이다. 시골학교에서 교장선생님은 아이들 교육을 위해서 헌신적으로 봉사하고 교육에 매진해야 한다는 이야기만 들어왔는데, 상상도 하지 못했던 말씀을 듣고 과연 훌륭한 교장선생님이라는 생각을 하게 되었다. 청소도 당시에는 물걸레로 바닥을 닦고 하였는데 깨끗하게 쓸기만 하라는 거다. 오랜 시간이 지나고 난 다음에 그대로 이루어지는 것을 보고 지금도 먼 앞날을 내다보신 교장선생님의 혜안이 존경스럽기만 하다.

온 나라가 들끓고 있는 분노의 파고를 낮추려면 예상을 뛰어넘는 과감한 희생적 조치가 지체 없이 이루어져야 한다는 목소리가 높다. 그간의 조치는 미진할뿐더러 타이밍도 놓치고 있다며 질타의 소리가 많다. 분명한 조치가 제시되지 않으면 대중과 대통령의 충돌이 계속 이어질 것으로 보인다. 일이 손에 잡히지 않는다. 그야말로 멘탈붕괴 현상이 나타난 것이다. 당혹스럽거나 창피한 일을 당했을 때 정신적으로 충격을 받은 상황들을 받아들이지 못한 상태나 감정이 평소 같지 않아서 아무것도 하지 못하고 포기한 상태로 나타나는 현상이다. 지금 이 시대에 살고 있는 모든 국민들이 아마 이와 같은 멘탈붕괴 현상을 느끼는 사람이 필자만이겠는가.

강남의 한 아줌마로 인해 나라의 근간이 뿌리 채 흔들리는 절체절명의 위기상황을 어떻게 슬기롭게 잘 헤쳐 나갈 것인지 은근히 걱정이 된다. 나라가 국민을 걱정하는 것이 아니라 국민이 나라를 걱정하게 되는 현 사태가 정파싸움이나 대권싸움으로 날개도 없이 추락하지 않을까 걱정이다. 우리국민들이 어떻게 이루어 놓은 대한민국인데…. 가슴이 답답하다. 대한민국을 위해 멀리 내다보는 혜안이 있는 위대한 지도자가 절실히 필요한 때이다. 자연은 오늘도 고운 색을 펼치며 변함없이 자연의 순리대로 변화하고 있는데, 우리 대한민국 호는 이정표를 잃고 방황하고 떠도는 것 같아서 그야말로 순리대로 모든 일이 이루어지길 산책 중에 곱씹어 본다.

[4] 2016.11.06. 763

곱게 물든 리버시티

금방이라도 석류알이 토옥 터질 듯 곱게 물든 정원
서재 창으로 들어 온 곱게 물든 만추
그냥 보내기 아쉬워 스마트폰으로 몇 장 찍었습니다.

바쁜 일상에서 여유가 없는 분들을 위해
곱게 물든 가을을 몇 장 띄웁니다.
청순한 소녀가 되어 가을에 젖어보시기 바랍니다.

곱게 물든 수목원이나 공원을 찾아서 멀리 가지 않더라도
아파트 정원에서 아름다움을 느낀다는 것은
우리 모두의 행복입니다.

오늘 하루도 아름다움을 간직하고
즐겁고 행복한 출발이 되시길 축원합니다.
아름다운 리버시티 정원에서

[14] 2016.11.07. 698

밤따기 체험

"어이쿠! 아야."

"……."

"조금 있다가 흔들라니까."

"다른 사람이 따기 전에 서둘러야지."

벌써 망에 가득 채워졌는데도 욕심이 앞서 검붉게 벌어진 밤송이를 보게 되면 욕심이 앞서 계속하여 밤나무를 흔들게 된다. 오랜만에 토실토실한 알밤 수확의 즐거움으로 흡족한 미소를 만면에 띠우며 높은 곳으로 오르고 있었다. 아래쪽 보다는 위쪽으로 갈수록 씨알이 굵고 실했다.

아내와 나는 아침 일찍 등산화와 긴팔 옷 그리고 장갑 등으로 단단히 준비를 하고 밤 따기 체험을 하기 위해 공주로 출발했다. 어릴 때 해마다 밤 따기를 하던 추억이 늘 이맘때만 되면 아련히 그리워지기 때문에 몇 년을 벼르다가 이번에 참석을 하게 되었다. 체험장 주위에는 전국에서 밤 따기 체험을 위해 몰려든 관광버스의 수에 놀랐고, 가족단위로 참여한다는 점에서 달라진 농촌체험장을 다시 한 번 생각하게 된다. 아내와 나는 서둘러 체험장 입구에 가서 밤을 주워 담을 망을 구입하고 발걸음을 재촉하였다. 이 많은 사람이 밤을 주워가기 전에 우리가 먼저 주워야 한다는 생각에 마음이 다급했다. 입구에는 유치원에서 단체로 온 꼬맹이들도 많았다. 밤을 따기도 하고 떨어진 밤송이를 벌려 알밤을 줍는 아이들의 환희에 찬 들뜬 목소리가 산골짜기에 넘쳐났다.

요즈음 알밤 따기 이벤트 행사가 전국적으로 많이 벌어지고 있다. 특히 우리나라 밤 생산의 50%는 충남에서 나고, 그 중에서도 공주에서 80%는 생산이 된다고 한다. 전국에 널리 알려진 밤의 고장 공주, 특히 공주시의 특산품으로 유명한 정안 밤은 공주시 정안면 농가에서 생산하는 지역 특산품이다. 정안면의 1100여 농가 중 60% 정도가 밤나무 재배 농가일 만큼 정안면은 공주 밤의 주산지이며 연간 160억 이상의 소득을 올리는 특산품의 고장이다. 정안 밤이 이렇게 유명해진 까닭은 차령산맥 주변에 위치하여 밤나무의 생육에 적합한 기후와 토질이 형성되어 당도가 높고 고소한 정안 밤 특유의 맛이 있으며 저장력이 타지역 밤보다 우수해 오래두고 먹을 수 있는 장점이 있다하여 전국에서 대형버스를 이용하여 체험하기 위해 오는 곳이다.

내가 초등학교 3학년까지 살았던 고향은 골짜기 마다 매화꽃이 만발하고 진달래꽃 흐드러지게 피는 매화골 면소재지에 살았다. 면 소재지 동네이기에 동네가 꽤나 컸다. 그리고 동네에서 일어나는 일은 서로가 입소문으로 동네 모든 사람들이 알고 기쁠 때나 슬플 때 서로가 상부상조하며 살아가는 인정 많고 살기 좋은 곳이었다. 우리 동네에서 황악산과 민주지산 및 삼도봉이 가까운 곳에 위치해 있는 곳으로 동네 앞 냇가에는 크고 작은 바위들이 늘려 있어서 미역 감고 고기잡이 하는 데에는 안성맞춤이었고, 아름다운 꽃들이 사계절 만발하는 골짜기마다 과일나무로 철철이 향기가 넘쳐나는 전형적인 산동네이었다.

집에서 3Km 정도 떨어진 골안 비실 기슭에 우리 감나무와 밤나무 단지가 있었다. 감이나 밤을 따러 갈 때는 온 식구가 함께 갔다. 우리 집에서 너무나 멀기 때문에 감이나 밤을 따러 갈 때에는 원적 가는 것처럼 맛있는 반찬을 준비하여 밥을 싸가지고 갔다. 우리들은 아버지가 밤을 털 때 주로 알밤을 줍고, 벌어진 알밤은 양쪽 발로 밟아 벌려서 꺼낸다. 그러나 밤송이는 일일이 그곳에서 다 꺼낼 수가 없기 때문에 밤을 털고 난 다음 어머니와 아버지가 한 곳에 모아서 가마니에다가 밤송이를 가득 발로 밟아 가며 담는다. 빼곡히 채워진 밤송이는 잔 밤나무 가지로 입구를 틀어막고 단단히 묶어서 소의 등에 양쪽으로 두 가마씩 네 가마니를 얹는다. 소를 앞세운 아버지는 지개에 밤송이 한 가마니를 등에 지고 우리는 알밤을 주워 통에 넣어 산길을 따라 집으로 오는 것이다.

오는 길이 멀기도 하였지만 너무 무겁기 때문에 항상 쉬는 곳이 두어군데 있다. 그곳 쉬는 곳에는 보리수나무가 있어서 우리는 보리똥 열매를 맛있게 따 먹고 바알갛게 익은 보리수 가지를 꺾어서 집으로 가지고 오기도 하였다. 골짜기를 따라 올라오는 가을바람에 아름답게 휘날리던 억세 풀과 누렇게 익은 벼 사이로 요상하게 생긴 허수아비가 흔들리는 모습사이로 찢어지는 듯한 목소리로 "훠이~훠이~" 양재기를 두드리며 온 산에 참새 쫓는 메아리 소리에, 참새들은 신바람이 난 듯 더욱 힘차게 날아다니던 정경이 아련한 그리움으로 다가 온다.

따가지고 온 밤송이는 우리 집 뒤 감나무 아래 그늘진 곳에 가마니를 오래도록 덮어둔다. 밤송이가 검붉게 변하였을 때, 빨래방망이 같은 것으로 두들기면 쉽게 밤을 꺼낼 수 있었다. 밤을 보관하기 위해 소금물에 담가 두었다가 독에 넣어두기도 하고, 땅을 파서 모래가마니에 넣어 밤을 보관하였다. 아이들 가을 소풍 때나 운동회 때 어느 가정이든지 찐 계란과 찐 밤은 단연 최고의 간식거리였다. 지금은 축제에서 밤 막걸리, 구운 밤, 밤 국수 등 푸짐한 밤 요리를 맛볼 수 있다. 그러나 그 당시에는 먹을거리가 많지 않았기 때문에 누구나 똑 같이 준비하는 찐 밤 이었지만, 얼마나 맛이 있었는지 지금은 그 때의 맛이 나지 않는다는 말을 자주 듣는다.

지난번에 벌초하러 가면서 우리 밤나무단지와 감 밭을 살펴보니 밤나무는 고목이 되었고, 감나무도 시커멓게 변하여 몇 개만 달랑 붙어서 외로움을 달래고 있었다. 이 밤나무와 감나무단지에서 든든한 아버지와 자애로운 어머니의 젊음을 볼 수 있었던 곳인데 세월은 어쩔 수 없나보다. 밭둑에 썰렁함이 묻어나는 고목이 된 감나무에 덩그렇게 달려있는 월하와 홍시는 언제 짬을 내어 딸 수 있단 말인가. 공연히 어릴 때 부모님이 따다 주시던 밤과 감을 생각하니 부모님이 그립기만 하다. 그래도 자식들을 위해 그 먼 곳까지 멀다 하지 않고 함께 밤 따기를 하던 그 아름다운 추억이 묻어나는 소중함을 안겨 주었는데, 나는 우리 아이들을 위해 무엇을 하였는지….

과욕을 부려 많이 땄던 토실토실한 알밤은 체험학습 하러 온 꼬맹이들에게 선물로 나누어 주며 내려오는 길을 뒤돌아보니 억새풀 사이로 저녁노을이 곱게 물들고 있었다.

"여보!, 이번 추석에는 아이들과 함께 성묘하러 갑시다."

[4] 2016.11.10. 398

마음 다스리기

눈을 뜨면 오늘은 어떤 모습으로 보여줄 것인지 잔뜩 기대가 된다. 매일 창을 열 때 마다 만추의 숲이 아름다운 향기로 곱게 물든 잎들이 팔색조처럼 반겨주기 때문이다. 주일 마다 우리 집에 들르는 큰 놈은 자고 나면 산장에 온 것 같다는 이야기를 곧 잘 한다. 인간의 욕심은 끝이 없다. 더 좋은 삶의 여건을 찾아서 헤매는 사람은 항상 불만이 많고 생활이 고달프다. 안분지족을 할 줄 알아야 한다. 그래서 '삶의 이상은 높게 현실은 낮게' 라는 말이 회자되는지도 모른다.

내가 가장 좋아하는 말은
"어느 누구에게서나 배우는 사람은 현명한 사람이고,
칭찬을 잘하는 사람은 많은 사람한테 존경받는 사람이며,
자기 마음을 잘 다스리는 사람은 가장 강한 사람이다."

이 중에서도 가장 어려운 것이 자기 마음을 다스리는 일이다.

내 마음 안에 세상만사 모든 일이 이루어지는 마음 다스리기를 게을리 하지 말아야 할 것이다. 사람의 마음은 우리의 생각보다 아주 사소한 것 하나만으로도 움직인다.

『언어의 온도』 에서 저자 이기주는 '살다보면 누구나 상대방을

죽일 듯이 물어뜯고 싶은 순간이 있다. 그런 감정을 제어하지 못해 속이 시커멓게 타들어 가는 경우도 많다. 격한 감정이 날 망가뜨리지 않도록 마음속에 작은 쪽문 하나 쯤 열어놓고 살면 어떨까?' 얼마나 마음 다스리기가 어려우면 마음속에 쪽문을 열어 놓는다 하였을까? 참으로 마음다스리기는 쉽지 않은 일이다.

[5] 2016.11.11. 537

'세종시 수목원 조성 기사'를 보고

2016년 11월 17일 금강일보에 따르면 세종시에 국내 최초 '도심형 국립수목원'이 들어선다는 기사를 보았다. 산림청은 16일 세종시 중앙녹지공간 내 국립중앙수목원 예정부지에서 기공식을 갖고 오는 2020년 완공, 2021년 개원을 목표로 수목원 조성에 들어간다. 수목원은 총사업비 1,341억원이 투입돼 세종시 중앙녹지공간 64만 9000㎡ 부지에 조성된단다.

수목원은 조성 목적에 따라 3개의 지구로 구성이 되는데, 커뮤니티 참여활동 지구에는 방문객 안내와 홍보를 담당하는 방문자센터, 다양한 문화 예술 레크레이션 참여 공간인 축제마당이 들어선다. 정원전시관람지구에는 우리 정원의 아름다움을 만끽할 수 있는 전통 정원을 비롯해 분재원, 청류지원, 습지원 등이 조성될 예정이다. 식물교육・연구 지구에는 산림생물 유전자원 보존을 위한 연구동, 희귀・특산식물을 전시하는 온실이 건립된다. 세종호수공원과 중앙공원, 국립수목원이 어우러지는 명소에 세종시 3생활권에서 중앙공원으로 다리를 놓아서 자전거와 보행교로 아름답게 건축을 한다하여 벌써부터 기대가 된다.

지난 11월 12일에는 10시부터 11시 30분까지 행복청과 한국토지주택공사 세종특별본부는 금강수변공원 개장을 기념해 수변공원 걷기대회가 있었다. 금강변 신도시 3, 4생활권 수변공원 총 8.6㎞ 중 1단계 구간인 5.1㎞ 조성을 완료하고, 12일부터 주민들에게 개방한다고 밝혔다. 공원 내에는 청소년을 위한 ×게임장 등 각종 스포츠 시설과 가족들이 즐길 수 있는 피크닉장, 장미정원, 조각공원 등 특화시설 그리고 잔디광장, 음악분수 등이 조성돼 있다.

필자는 한밭수목원 가까이 살았기에 수목원의 혜택을 많이 받았던 사람이다. 아침마다 수목원을 산책하며 도심에 수목원이 있다는 것이 얼마나 축복을 받는 것인지 감사함을 느끼며, 매일 산책 중에 자기 성찰과 사색으로 하루의 일과를 시작하였다. 수목원은 해가 지날수록 돈으로 환산할 수 없을 만큼 많은 혜택을 준다. 현장체험 학습을 위해 어린이집 아이에서부터 중고등학교 아이들까지 아이들의 재잘거리는 소리가 숲의 새소리와 어우러져서 생기가 넘치는 장소가 된다. 어디 아이뿐이겠는가. 직장생활에 고달픈 사람들의 휴식처로, 나이 많은 분들의 안식처로, 또 전국에서 도시형 국립수목원을 관람하기 위해 오는 관광객들로부터 각광 받을 것으로 기대한다.

이러한 멋진 곳이 우리아파트와 가까운 곳에 있다는 것은 그야말로 행운이다. 더군다나 아름다운 금강수변공원에서 중앙공원으로 금강을 가로지르는 멋진 다리는 아마 세종시 뿐만 아니라 전국에서 유명한 관광지로 각광을 받을 것이라는 생각을 한다. 아름다운 다리가 랜드마크가 된 세계적인 여행지들은 다리가 지역을 대표하는 관광명소가 되기 때문에 당연히 여행경로에서 빠지지 않게 된다. 헝가리 부다페스트의 체인 브리지, 영국의 타워브리지, 샌프란시스코의 금문교 등 너무나 많다. 아마 아름다운 금강 위에 설치되는 다리 또한 세계적인 다리와 비교 될 만큼 멋진 다리가 건설되어 세종시의 랜드마크가 되길 기원해 본다. 불과 5년 후면 개원이 된다고 하니 이 또한 기쁜 소식이 아니겠는가.

[8] 2016.11.17. 654 / 세종시닷컴[12] 2016.11.18. 2033

준이와 할머니

모처럼 비가 온다. 그동안 미세먼지와 연일 산불로 인해 비가 와야 한다는 생각을 하고 있던 차에 어제 오늘 제대로 비가 오는 것이다. 오랜 가뭄 끝에 내리는 봄비는 그야말로 축복의 황금이 쏟아진다는 생각을 해보게 된다. 대지를 적셔주는 단비는 땅속에서 생의 신비를 준비하고 있는 생물들에게 봄의 기지개를 펴게 할 것이며, 목말라하던 산야의 생물들도 생동감을 불러일으킬 것이다.

전화가 왔다. 상냥한 목소리에 보험이나 카드 사용해 보라는 이야기가 아닌가 하였더니 연금관리공단이란다. 손자는 지금도 함께 생활하고 있는지 문의한다. 지난 해 연금관리공단에서 퇴직공무원 수필문학상 공모전에 '바보할아버지'라는 제목으로 손자와의 생활을 소소하게 적은 글을 올린일이 생각났다. 손자 이야기가 나오자 나는 금방 기운이 펄펄 났다. 단번에 "손자는 나에게 준 축복이지요. 즐겁게 생활 잘 하고 있습니다." 그랬더니 한 번 취재를 하고 싶어서 전화를 하였다는 것이다. 글쎄 좋기는 한데, 취재를 할 만큼 모범적이지 않다는 생각이 일순간 망설임이 지나갔다.

아내는 지금 아파트에 가가호호 방문을 하며 주거확인을 하러 나가서 없다. 아파트 통장으로 활동을 하고 있는데, 근래에는 너무 힘에 부친다는 이야기를 종종 한다. 24시간 아이와 함께 생활을 하면서 아내의 개인 생활을 접은지 오래 되었다. 종교생활도 모임에도 제대로 활동을 하지 못하고 생활을 해 왔다. 근래 가끔 어깨와 등 쪽이 아프다는 이야기를 한다. 밤에 잘 즈음 손자 예준이가 안마기로 등에 올려놓고 해 준다고는 하지만 이는 어디까지나 호기심에 하는 일이다. 손자가 없을 때에는 매일 친구들과의 모임과 등산으로 활기찬 생활을 해 왔는데 말이다.

아내와 상의해 보고 연락을 해 주겠노라며 전화를 끊었다. 그러고 보니 지난해 '바보 할아버지'라는 제목으로 퇴직 후 손자와 생활의 즐거움을 글로 쓴 일이 생각이 났다. 태어난 지 4개월이 된 아이를 시부모님께 맡기고 떠나는 어미의 마음이 지금도 아련하다. 아기의 하루 생활과 우유를 먹이는 양 그리고 대소변과 관련된 모든 것을 낱낱이 편지글로 써서 시어머니께 드리면서 몇 번이나 눈시울을 적시며 돌아서는 모습이 지금도 선연하다. 나야 그냥 손자가 좋아서 싱글벙글 하였지만 아내는 처지가 다르다. 친구들과의 모임도 잦고 종교생활을 하면서 봉사활동과 등산으로 활기찬 생활을 하였는데, 모든 것을 접어야 하는 생활이었다.

점심시간이 되어서야 돌아왔다. 낮에도 집에 있는 사람들이 거의 없다는 것이다. 통장을 맡은 지 만 2년이 되었는데 힘들어서 그만 두어야겠단다. 통장을 해보려고 그동안 봉사활동을 하였던 실적으로 면접에 응시하여 치열한 경쟁을 뚫고 성취한 통장인데 말이다. 하긴 그만두어야 한다는 생각을 나도 한다. 손자는 지난겨울에 감기를 달고 살았다. 놀이방에서 함께 생활을 하게 되니까 감기몸살을 자주하게 되는 것이다. 아기의 감기몸살은 함께하는 할머니와 직결된다. 감기로 기침으로 콧물이 흐르니 아이는 긴긴 겨울밤을 보채게 되고, 할머니는 함께 날밤을 지새우게 된다. 지난 해 12월부터 놀이방에 다니면서부터 계속 이어지는 생활이다. 아기가 놀이방에 가지 않을 때는 예방주사 외에는 병원에 가본 일이 없었는데 말이다.

지난해 4월부터 11월 중순까지는 매일 아침 한밭수목원에 우리 가족은 산책을 다녔다. 샛노오란 새싹이 돋아나는 4월부터 유모차를 차에 싣고 한밭수목원에 도착하여 산책을 하였다. 남문에서 잔디밭을 지나 습지로 가는 길에 아름다운 꽃과 나무들이 꽃향기를 실은 봄바람으로 볼을 간지러 주면 예준이는 너무나 좋아했다. 연못에서 보는 붉은 잉어와 새까맣게 모여드는 붕어 떼, 징검다리를 손잡고 건너 광장에 노니는 비둘기 따라다니는 것을 좋아했다. 소나무 숲에서 간단히 맨손체조를 하면 뒤뚱거리며 따라서 하는 모습이 귀엽기만 하다. 소나무 숲을 지나 참나무 숲을 지날 즈음에는 아이와 함께 늘 감사의 기도를 드렸다.

봄에서부터 늦은 가을까지 한밭수목원의 산책은 우리가족에게 엄청난 선물이었다. 늘 새롭게 변화하는 자연에 예준이도 무척 좋아하였지만, 아내도 매일 스마트폰에 담는 변화무쌍한 자연의 모습이 이제는 제법 전문가다운 솜씨를 발휘한다. 아이와의 생활과 자연의 모습을 사진에 담아 친지와 친구들에게 전송하며 즐거워하였다. 특히 아내는 꽃을 너무나 좋아하기 때문에 나보다도 더 사진 찍기를 좋아하였다. 곱게 물든 단풍이 떨어지며 참나무 숲 사이로 도토리가 떨어지기 시작하였다. 예준이도 도토리 줍는 재미로 시간가는 줄 모르고 산책을 하였던 수목원에도 눈발이 날리며 산책을 그만두게 되었다.

그 후 12월부터는 놀이방으로 다니게 되었다. 매일 양 손등에 받아오는 칭찬스티커를 보여주며 자랑을 하였다. 놀이방에서 돌아온 준이는 잠잘 때까지 늘 장난치기를 좋아하였다. "하아(할아버지)~ 이게 뭐야?" 하루에도 열 번 스무 번 물어본다. 그러다가 급하면 갑자기 생각지도 못하였던 말을 듣곤 우리는 신기해하며, 서로 함박 웃음 속에 고달픔을 날려 보냈다.

"아이고 귀엽기는 한데, 이 늙의 몸이 말을 듣지 않아서…. 아~ 어깨 아퍼! 아내의 신음소리를 귓등으로 들으며, 예준이 데리러 갈 때 연락해 내가 함께 갈게."

하지만 난 그동안 퇴직공무원협동조합도 결성하여 대전시로부터 인가를 받았고, 중소기업청에서 실시하는 1인창조기업 맞춤형 사업에도 응모하여 최종선정이 되었다는 통보를 받은 상태다. 실은 시제품 제작에 거의 눈코 뜰 새 없는 분주함으로 예준이와 함께 할 시간은 없었다.

'여보! 미안해, 그리고 고마워'

대전문협카페 2014.03.17

금강수변공원 산책로 탄성포장 보행길

며칠 전부터 금강수변공원 둑길에 먼지를 보얗게 날리며 시끄러운 소리가 들리더니, 오늘 아침에 산책길에 탄성포장이 되어 있는 것을 보았다. 실제로 걸어보니 발바닥에 느껴지는 촉감이 부드럽고 편안하다. 매일 산책을 하는 사람에게는 얼마나 고마운 일인지 모른다.

오랜 시간 걷고 난 후 집으로 돌아올 때에는 발목과 무릎이 은근히 걱정이 되었는데 어느 정도 완화할 수 있다는 점에서 기분이 너무나 좋다. 어디 필자뿐이겠는가. 가족과 함께 산책을 할 때에도 안전사고를 줄이고 보행에 피로를 줄일 수 있어서 너무나 잘됐다고 생각한다. 우리 아파트 주위에 이러한 편의시설을 설치하였다는 것은 또 하나의 기쁨이고 즐거움이다.

금년에는 장미원 부근에서 햇무리교까지 설치한다고 한다. 이와 같은 탄성포장 보행길 설치는 금강수변공원 산책로로 이웃과 함께 온 가족이 금강수변의 자연을 즐기는 또 하나의 즐거움일 것이다. 자연은 하루도 똑 같은 모습을 보여 주지 않는다. 자연에서 생활하는 아이들은 정서가 풍만하여 먼 훗날 오래도록 어린 시절의 아름다움을 잊지 못할 것이다. 시간이 날 때마다 가까운 금강수변공원 산책과 놀이를 통해 자연에서 얻는 즐거움으로 생활의 활력소가 되기를 기대해 본다.

산책길을 탄성포장으로 설치한다는 것은 많은 주민들이 편안하게 수변공원에서 자연과 함께 하는 즐거움을 자주 찾게 하기 위한 배려다. 놀이시설과 운동시설 그리고 문화.예술 등 아무리 좋은 시설을 많이 하여도 주민이 활용하지 않는다면 무슨 소용이 있겠는가. 내가 잘 활용을 하면 아름다운 금강수변공원은 내 것이고 사용하지 않으면 먼 나라의 동화책에 나오는 시설임을 결코 잊어서는 안 될 것이다.

[9] 2016.11.27. 723 / 세종시닷컴 [12] 2016.11.28. 1,540

이게 명품교육도시인가?

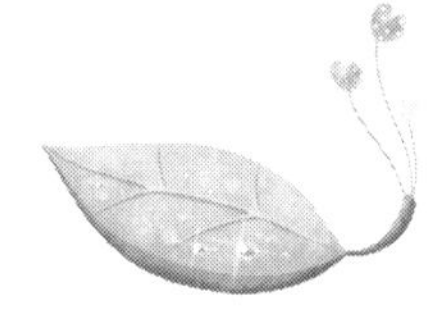

어린이 집 부모교육에 참가 중이다. 필자의 나이 60대 중반이지만 젊은 주부들과 함께 하는 교육이 조금은 부끄럽고 쑥스럽기는 하지만 귀여운 손자를 생각하면 그게 무슨 대수인가. 서울에서 맞벌이 하는 아들을 생각하여 우리 부부는 손자를 아기 때부터 24시간 돌보고 있는데 다섯 살이 되었다. '부모가 1% 바뀌면 아이는 99% 바뀐다.'는 포스터가 눈에 띈다. 인성교육을 위해 오후 6시에 참석을 했는데, 세종시 유치원 배정에서 탈락했다는 카톡 문자가 왔다. 글벗유치원은 대기번호 46번, 새샘유치원은 대기번호 23번, 소담유치원은 2명 모집에 대기번호 20번이란다. 지난 학기에도 새샘유치원 3대1 배정 경쟁률에서 대기번호 2번이었기에 기대를 많이 했는데 아무 소용이 없었다.

세종시가 전국에서 가장 젊은 도시로 활력이 충만한 도시, 발전가능성이 많은 도시로 밝은 전망을 보이는 가운데 아이들 교육과 관련하여 실망이 여간 크지 않을 수 없다. 젊은 사람이 많으면 가장 시급히 해결해야 할 사안이 아이들 교육문제가 아니든가. 대전에서 유치원에 다니던 손자는 이곳으로 이사를 온 후 다시 어린이 집으로 다니고 있다. 벌써부터 내년에 또 어린이 집에 다닐 손자를 생각하니 기가 막히다. 아들이 보낸 카톡에 "아~ 그 참~ 할 말이 없네요."라고 답장을 보내 왔지만, 아이 어미애비의 심정이야 오죽할까? 지난 학기 추첨에서 아이가 배정되지 않은 것이 네 탓이라며 싸우던 젊은 부부의 모습이 짠하다. '에이! 이러고도 아이를 낳으라고 할 수 있을까?'

'처음학교로' 시스템에 가입을 했다. 가입을 하면 귀여운 손자가 유치원 배정을 받는데 신속하게 정보를 알 수 있으려나 해서다. '처음학교로'는 유치원 유아 선발을 위한 원서접수, 선발, 등록을 인터넷을 이용해 온라인으로 처리하는 시스템으로 서울, 세종, 충북교육청이 시범으로 운영한다. 아무리 편리한 시스템으로 학부모에게 도움을 주는 시스템이면 무엇 하겠는가. 예정 수요자에 턱도 없이 모자라는 이 현실에서 더 시급한 것은 국공립어린이집 확충과 유치원생 수용을 위한 시설이다.

지난 해 아주경제 2015년 12월 10일 자에 이춘희 세종시장은 "지난 11월 28일 세종시 유치원 원아모집 과정에서 3,283명이 신청하여 1,780명이 취원하고 1,503명이 탈락된데 대하여 매우 안타깝게 생각한다."며 "이는 세종시 인구가 갑작스럽게 증가하면서 발생한 일"이라면서 "교육청과 행복청이 세종시와 함께 긴밀하게 협력하여 이를 해결하는데 총력을 기울이겠다."고 다짐한 바 있다. 또, 최교진 세종시교육감은 "관계기관(시청, 행복청, LH, 교육부)과 긴밀한 공조체제를 유지해 시민들이 바라는 공립단설유치원이 유아교육의 중심이 되는 세종시를 만들어 나갈 계획"이라며 "앞으로 행복도시가 명품 교육도시로 건설될 수 있도록 시민들의 지지와 성원을 당부 드린다."는 기사를 봤다.

관계기관이 긴밀한 공조체제를 유지하여 세종시가 명품교육도시로 총력을 기울이겠다고 약속한지 1년이 되었다. 이와 같은 현상에 대해 올해에는 무엇이라고 할 것인지 자못 궁금하다. 아이들이 행복한 세상 아이들이 신나는 세상이 행복한 도시이며 명품도시라고 생각한다. 이웃집 친구들이 다니는 유치원에 보내고 싶어도 선발에서 탈락을 하여 보내지 못하는 부모의 심정은 오죽하겠는가. "보육시설용지 공급 시 민간어린이집 착공 기한을 정해 보육시설이 조기에 건립될 수 있도록 하고, 중장기적으로 보육수요를 고려해 보육시설용지가 충분히 반영되도록 할 방침"이라는 교육당국자의 말이 허공에서 맴돌지 않기를 바랄뿐이다.

[12] 2016.11.30. 652 / 세종시 닷컴 [9] 2016.11.30. 1728

새해에는 모두 신나는 일이 많았으면…

밤 한 시나 두 시경 사이에 깨우는 것처럼 정확하게 일어나는 것은 그만큼 신경을 많이 쓰고 스트레스를 받기 때문일 것이다. 이러한 생활이 거의 1년여 기간이나 된다. 아내는 나이 60대 중반에 죽으려고 작정했느냐며 밤새 들락거리며 하는 일이 마음에 들지 않아 볼멘소리를 한다. 그래도 이렇게라도 하지 않으면 일을 해낼 수가 없으니 어떻게 하란 말인가? 공직생활을 40여년 하였으니 하루아침에 바뀌어 질 일은 아니라고 본다. 한 가지 일을 맡으면 끝까지 해내야 마음이 편안한 생활이 습관화가 되었기 때문일 것이다.

나는 30여 년 전부터 아이들과 함께 생활을 하면서 교실수업을 개선할 수 있는 것에 관심이 많았다. 처음에는 단순히 아이들의 학습준비물이 제대로 갖추어지지 않아 수업을 제대로 할 수 없어서 시작하게 된 것이다. 아이들에게 편리하게 학습준비물을 제공하고 학부모님께는 경제적인 부담을 덜어 주어야 하겠다는 생각에 아이디어를 모아 특허청에 출원을 하게 되었던 것이다. 특허변리사 사무실을 오르내리면서 늘 아이들이 학습준비물 부담 없이 흐뭇한 모습으로 학습하는 장면을 떠 올리며 숫하게도 서울을 오르내렸다. 1980년대에 봉급이 넉넉지 않은 상황에서 실용신안 등록을 여러 번 한다는 것은 결코 쉬운 일이 아니었다. 그렇지만 아이들 교육을 위해 연구 개발을 하는 것은 내가 해야만 한다는 사명감으로만 느꼈다.

실용신안 등록을 하고 너무 성급하게 교실현장에 적용하려다가 한 달간 병원에 입원한 일이 있었다. 하나의 화첩에 수채화, 한국화, 서예를 할 수 있는 다용도 화첩을 제작하였던 것이다. 5000부를 제작하여 시중 문구점에 돌렸지만 제대로 팔아보지도 못하고 실패하고 말았다. 신제품에 대한 홍보가 없는 상황에서 새로운 화첩을 살 사람은 아무도 없었다. 학년 초 바쁜 업무와 마케팅에 대한 과로로 무리한 활동에 한계를 벗어나지 못하고 병원에 한 달이나 입원하였던 것이다. 그 후유증은 오래도록 이어졌다. 그러나 첫 시제품에는 실패하였지만 교실현장에서 아이들과 수업을 하면서 개선점을 보완하며 나의 꿈은 포기하지 않았다.

퇴직을 하고 60대 중반에 다시 사업에 뛰어 들게 된 것은 중소기업청에서 실시하고 있는 창업맞춤형 사업에 공모하여 선정이 되었기 때문이다. 맞춤형 사업에 참여하기에는 적지 않은 나이였지만 그동안 노력하였던 것을 인정해 주었기 때문일 것이다. 한 달 여 간의 연수와 평가과정을 거치면서 최종평가까지 통과가 되면서 내가 바라던 꿈이 현실로 시작이 된 것이다. ICT를 활용해 하나의 업무를 추진하는 과정은 적잖은 부담감으로 어려움을 동반하였다.

처음 3개월은 업무파악으로 어려움을 겪었지만, 시행착오를 거치는 가운데 자리를 잡아갔다. 국민의 세금으로 시행이 되는 이 사업이 헛되지 않도록 하기 위해 밤낮을 가리지 않고 혼신을 다하여 노력을 하였다. 내가 만들고자 하는 휴대용 공작판에 대한 디자인과 기구설계가 이루어지고 목업작업까지 마친 후 어느 정도 자리를 잡기 시작하였다. 그 사이 휴대용 공작판에 대한 실용신안 등록,

디자인 등록, 아이신나라 브랜드 출원을 하면서 창업의 길을 열게 된 것이다. 대전시니어 창업에 6월 초에 입주를 하면서 '아이신나라' 사업자등록도 하였다.

사업자등록을 하면서 시금형과 시제품 생산을 위한 과정도 이루어지게 되었다. 제품 홍보를 위해 카다록, 팸플릿, 전단지, 동영상 및 홈페이지 제작이 쉽지는 않았지만 지성을 다하여 시제품 제작을 위해 매진하였다. 소비자 반응조사에서 공작판 내부에 학습용구를 비치하여야 한다는 소비자의 요구를 수용하여 학습용구를 비치하기로 하였다. 내로라하는 문구업체 본부장을 만나는 일은 쉽지 않았지만, 메일이나 전화로 예약을 하고 만나서 아이들 교육을 위해 꼭 교실현장에 적용하고자 한다는 진정성에 적극호응 해 주었다.

시간이 해결한다고 하였던가. 모든 일정이 마무리 되는 때에 맞추어 2014서울국제문구·사무기기전시회에 출품을 하여 신제품 우수제품상(중소기업청장상)을 수상하였다. 또, 2014대한민국발명특허대전에서는 은상(특허청장상)을 수상하는 영광을 누리게 되었다. 현장에서 바이어들과 수출문제로 상담을 하며 이제 조금이나마 아이들을 위해 도움을 줄 수 있는 꿈이 현실화되는 신나는 일을 갖게 되었다. 교실현장에서 아이들이 신나는 활동을 하면서 선생님들의 바쁜 일손을 덜어준다면 더 이상 바랄게 없다. 새해에는 모두 신나는 일이 많았으면 좋겠다.

"아이~신나라!"(http://www.isinnara.kr) / 금강일보 2014.12.24.

PART 2

겨울

12월을 맞이하며

오늘이 12월 1일 올해도 1개월 밖에 남지 않았습니다. 해마다 이 맘 때 즈음이면 다하지 못한 텅 빈 가슴을 쓸어내리며 내년에는 더 나을 것 같은 마음을 다잡게 됩니다. 또, 살아온 지난날을 되돌아보며 나에게 도움을 많이 주었던 분에게 감사한 마음을 전하고 싶은 때인지도 모릅니다.

국가경쟁은 하루가 다르게 변화하고 있는데, 신문이나 텔레비전을 보게 되면 나라가 어디로 가려고 하는지 불안한 마음을 금할 수 없습니다. 오늘도 대구 서문시장에 불이 나서 엄청난 피해를 입었습니다. 그렇지 않아도 시국이 뒤숭숭하여 불안하기만 한데 국가의 재난이 연이어 터지고 있어서 지난 김영삼 정부시절 IMF 때가 연상이 되는 것은 나만이 느끼는 것인지요?

이렇게 시국이 불안하고 앞이 보이지 않을 때는 가까운 금강변을 찾아 산책을 하게 됩니다. 암갈색의 수변공원의 모습이 이제는 완연히 겨울을 준비하고 있습니다. 그렇게 싱싱하고 활기차던 숲이 이제는 주저앉아서 춥고 매서운 겨울을 준비하고 있는 것입니다. 그냥 자연에 순응하며 준비를 하는 것이지요.

나만 남들보다 더 잘 살아보겠다고 해코지 하거나 권모술수를 쓰지 않습니다. 그냥 자연의 순리에 맞게 준비하면서 더불어 생을 살아갑니다. 그래서 산은 어진 사람이 좋아하고, 물은 지혜로운 사람이 좋아한다고 하는지도 모르겠습니다. 12월 첫날에 자연과 인간, 생명이 있는 모든 것들이 더불어 살아가기를 기대해 봅니다.

금년은 새 보금자리를 찾아오신 리버시티 주민 모두 수고 많이 하셨습니다. 금년에 이루지 못한 일 꼭 이루시고 새로운 희망을 품어보시길 빌며 금강변의 아름다운 모습을 몇 장 올립니다.

[10] 2016.12.01. 645

기이한 세종시 도로

세종시로 이사 온 지 두 달이 지났다. 종종 산책을 하면서 느낀 점은 어디든지 세종시의 길은 넓다는 점이다. 가까운 전월산이나 괴하산, 비학산 등산을 하면서도 넓은 길을 보며 참으로 인심이 넉넉하고 후한 지역임을 실감하게 된다. 산길이나 들길이나 시내 인도를 보아도 대한민국에 이처럼 넓은 곳은 드물 것이라는 생각을 한다. 세종시로 이사 온 후 친구들과 대화를 하다보면 나오는 인사말이 좁은 도로에 대한 이야기를 듣게 된다. 어찌 50만 인구 도시를 예상한다면서 편도 2차선 도로가 도저히 이해가 되지 않는단다. 필자도 처음에는 그렇게 생각을 했는데, 북유럽을 위시한 선진도시처럼 대중교통, 보행, 자전거가 중심이 되는 친화형 도시로 계획했기 때문이라며 강변을 하였었다.

필자가 사는 곳은 3생활권으로 아직 입주가 거의 하지 않은 상태이다. 글벗초등학교 부근에서 대전으로 가려고 주차하고 있는데 이상한 운전행태를 보게 되었다. 1차선은 좌회전 노선이고 2차선은 직진노선인데 신호대기 중에 1차선으로 들어온 버스가 우회전을 하여 나가는 것이다. 일반적인 도심 도로라면 자연스럽게 우회전을 하여 나가야할 도로가 우회전 차량을 위한 추가 확장도로가 너무 짧은 탓이다. 직진 차량이 다 빠져나간 후 우회전하여 나가기 때문에 기다리지 못하고 1차선으로 들어와서 우회전을 하는 것이었다. 그 이후 종종 덤프트럭도 같은 방법으로 하는 것을 보고 문제의 심각성을 깨닫게 되었다. 아직도 대부분이 입주도 하지 않은 거리에서도 이와 같은 현상이 일어나는데 앞으로 입주를 하게 되면 얼마나 많은 운전자들이 교통신호를 대기하며 기다려 줄 것인가. 편도 2차선 도로로 인해 보통 심각한 문제가 아닐 것이라는 생각을 해 보게 된다.

필자도 24년 전에 대전 신도시 월평동으로 입주를 하게 되었다. 신도시를 건설하기 때문에 도로 확충을 하고 인도 또한 널찍하게 조성이 되었었다. 한밭대로와 같이 큰 도로는 편도 3차선 좁은 도로는 편도 2차선으로 건설을 했었다. 당시에는 그런대로 복잡지 않았으나 몇 년이 지난 후 차량 통행이 많아지자 가로수도 제법 아름드리로 큰 상황에서 도로 폭을 넓히기 시작했다. 큰 가로수를 베어내거나 옮기는 모습을 본 주민들은 시민의 혈세를 아까워하며 탁상행정의 본보기라며 비난을 하던 모습이 지금도 선연하다. 그것도 한꺼번에 이루어진 것이 아니라 한쪽 도로를 확장하고 나면 다른 쪽 도로를 하게 되면서 주민들의 불편은 말할 것도 없고 애꿎은 가로수와 인도변 아래쪽을 지나가는 하수로 및 각종 통신망이나 전선 등 실로 쉽지 않은 사업이었다.

상가건물 앞을 지나다 보면 상가입주 알선 및 주선하는 분들을 가끔 만나게 된다. 상가 앞 넓은 인도에 대해 넓어서 좋겠다는 인사를 하였더니 좁은 도로 때문에 보통문제가 아니라며 걱정을 한다. 앞으로 좁은 도로 때문에 행사가 있거나 출퇴근 시점에서 상가 안으로 들어가려는 차와 나오는 차로 인근 도로는 주차장화 되지 않을까 걱정을 하는 것이다. 대중교통의 중심 도시로 설계된다고 하더라도 승용차나 택시 버스 등으로 타고 와서 쇼핑을 하게 된다면 교통대란으로 큰 혼란을 빚을 것이라며 푸념을 한다. 딴에는 이 넓은 인도는 차후에 도로확장을 위해 미리 확보해 둔 것은 아닌지 추측을 해보게 된다.

또, 세종시청 부근 사거리에 차량 속도는 30~50km로 제한을 하여 소통이 제대로 되려나 의구심을 갖게 된다. 답답한 길에 짜증이 난 탓인지 불법 유턴이나 가속을 하는 차량을 많이 볼 수 있다. 아직은 제대로 도로 체계가 잡히지 않아서 그렇다며 선의적으로 생각을 해보지만, 도로전문가가 아니라도 누구든지 행복도시에 걸맞는 도로가 아니라는 것을 한번쯤은 생각해 보게 된다. 통행이 복잡한 도로 소통을 위해 신호조정, 좌 · 우회전을 위한 포켓차로 확대, 교차로 보완 등 병목지점도 개선하면 된다고 하지만, 여러 사람의 입에 오르내리는 기이한 세종시 도로에 대해 먼 훗날 또, 도로확장으로 엄청난 혈세를 낭비하는 것은 아닌지 다시 한 번 되짚어 보길 소망하는 것이다.

[4] 2016.12.08. 708 / 세종시닷컴 [21] 2016.12.26. 3208

기다림

오늘 아침에 손자를 어린이 집에 데려다 주고 오늘 길에 우리 아파트 동문 광장에 설치된 조의현 작품『기다림』을 보게 되었다. 기다림이란 사전적 의미로 사람이나 때가 오기를 바라는 것을 말한다. 기다림은 꿈과 희망, 행복, 그리움, 외로움, 설렘, 기대, 만남 등의 의미를 연상하게 된다. 주위에 작은 나무판자로 예쁘게 담장을 치고 앉아 있는 작품이 더 외로워 보였다. 그렇지 않아도 텅 빈 광장을 외로이 지키고 있는 주인공은 장난기 많은 아이들의 장난으로 여행 가방을 망가뜨려 다시 복구를 하면서 경계목을 치게 된 것이라는 짐작을 한다. 우리 아파트에는 우수한 조형 예술품이 많이 전시되어 있다. 주민 모두가 관심을 가지고 다함께 관리하고 보호하여야 아름다운 조경을 오래도록 즐길 수 있음을 보여주는 것이다.

처음 입주를 할 때 외로이 앉은 여인의 동반자로 옆 자리에 앉아서 사진을 찍던 생각이 난다. 낯선 곳에서 여행을 하다가 지쳐서 외로이 앉아 있는 모습에 말동무가 되어 주고 싶었는지도 모른다. 현대는 물질적으로는 풍요롭지만 그야말로 인간의 소외감과 외로움으로 이웃이 더욱 그리운 때이다. 작가의 표현 의도대로 삶을 살면서 무엇인가 끝없는 기다림의 동반자가 되어보고 싶다는 생각에 앉아 보던 정마저 떼어 놓는 것 같아서 마냥 서럽다. 에~구 예술작품을 철모르는 아이들의 장난으로 또 하나의 벽이 쌓여지는 것을 보고, 얼마 남지 않은 12월을 보내며 쓸쓸함을 느끼게 된다. 아래 글은 『기다림』을 표현한 작가의 표지석 글이다.

우리는 무엇인가 시작되기를 기다리고 사람을 기다리고, 새가 지저귀고, 꽃이 피는 계절을 기다린다. 오랜 기다림 끝에 핀 봄처럼 그 기다린 시간이 과연 느리다고 여겨진 적은 없다. 막연한 기다림이 아니기 때문에 설레는 마음과 기대감으로 기다릴 수 있는 것이다. 이렇게 인생을 살면서 무엇인가를 끝없는 기다림의 반복으로 시간여행을 하는 듯한 느낌을 표현하였다.

-조의현-

기다림은 무엇인가.
어쩌면 기다림은
희망의 다른 이름이 아닐까?

[11] 2016.12.15. 752

인사 예절

아침에 손자와 함께 어린이집 가는 길에 선물을 받았다. 아파트 청소하는 아주머니가 "애기가 잼을 좋아하려나 모르겠네." 하면서 선물을 주셨다. 이 선물을 받아야 하나 사양해야 하나 순간 멈칫거렸지만 고마운 마음을 전하는 일이라는 생각에 받기로 하였다.

늘 아파트 청소로 수고하시는 분께 오히려 선물을 받는 다는 것이 순간 마뜩치 않았으나 감사한 마음을 받아들이기로 한 것이다. 매일 아침 현관에 나아갈 즈음에 청소하는 아주머니를 만나면 손자와 나는 인사를 반갑게 한다. 청소하는 아주머니가 오늘은 보이지 않는다며 손자가 물어보면 우리가 너무 일러서 아니면 너무 늦어서 만나지 못한다고 일러 주었던 생각이 난다.

손자가 인사를 자연스럽게 하게 된 것은 어디까지나 학습훈련이다. 만나는 사람마다 인사를 하도록 하고 싶었는데, 부끄러움을 타는 탓인지 인사를 잘 하지 않았다. 어린이집 선생님께 아이가 인사를 잘 하지 않는다는 이야기를 하였더니 대체적으로 할아버지나 할머니 손에 자란 아이들이 인사를 잘 하지 않는다고 한다.

이유인즉슨 할아버지와 할머니는 인사를 하는 편이 아니라 받는 편이기 때문에 아이들이 이것을 보고 잘 하지 않는다는 것이다. 순간적으로 젊은 사람이 먼저 인사를 해야 내가 한다는 인식을 바꾸기로 하였다. 아이들이 보지 않는 횡단보도에서 신호등을 지키지 않고 다니던 부모님들이 생각났다. 아이들은 어른들의 거울이다.

알게 모르게 보고 배우게 된다는 것을 새삼 깨닫게 된다.

우리 아파트에서 만나는 아이들은 대체적으로 인사를 잘 하는 편이다. 인사를 잘 하는 것을 보면 가정이 화목하고 안정된 생활을 하고 있다는 것을 짐작하게 된다. 인사란 상대방에 대한 나의 마음의 표시이기에 인사하는 사람의 마음을 읽을 수 있는 것이다. 그렇기 때문에 눈을 바라보며 공손하게 인사하는 모습은 옛날부터 어른들이 가장 칭찬을 많이 해 왔던 것이다.

어릴 때 동네에서도 인사를 잘하면 뉘 집 자식인지 똘똘하다며 어른까지 칭찬을 하던 기억이 난다. 단체생활을 시작하는 어린이집이나 유치원에서 가장 먼저 철저하게 지도하는 것이 인사예절이다. 아이가 공수를 하고 인사하는 모습을 보며 신기 해 하며 흐뭇하게 바라보던 때가 엊그제 같은데, 인사를 잘한다며 칭찬을 들으니 은근히 내 기분도 덩달아 좋아졌다.

우리 민족은 예로부터 예의를 귀중히 여기고 그에 어긋나지 않게 행동하였을 뿐 아니라 인사예절을 잘 지키는 것을 미풍양속으로 여겨왔다. 우리 민족의 아름다운 인사예절은 가정과 사회의 일상적인 생활에서 계승되고 있으며 시대적 요구에 맞게 그 형식이 더욱 세련되고 품위 있는 예절을 요구하고 있다.

가정에서 자녀들과 부모를 비롯한 윗사람 사이의 인사예절은 상호 존경과 아름다운 도덕으로 일관되어 왔지만, 근래에 이 아름다운 풍속이 사라진 듯 예의를 찾기 어렵다는 이야기를 종종 듣는다. 사회변화에 따라 나 중심의 극단적인 개인주의 생활 병폐가 사회 곳곳에 만연이 되어 바르게 사는 삶이 절실히 필요한 때이다. 바른 삶을 위한 인성교육 또한 인사예절에서 시작함을 잊어서는 안 될 것이다.

[5] 2016.12.19. 637

따라 오지 마! 나 혼자 갈 거야

"따라오지 마! 나 혼자 갈거야."

"할아버지는 준이 따라가는 것이 아니고 볼 일 보러 간단다."

"자꾸 따라오잖아! 따라오지 마라니까…."

"방향이 같은 방향이라서 그렇지 따라 가는 것이 아니야."

유치원 버스 타는 곳에 혼자 간다며 절대로 따라오지 마라며 몇 번이나 당부를 한다. 그렇지 않아도 아침이면 아파트에 드나드는 차량 통행량이 많아서 은근히 걱정인데 혼자서 간다며 떼를 쓰는 것이다. 이제 유치원에 통원버스 타고 다닌지 채 일주일도 되지 않았는데 혼자 간다며 호기를 부리고 있는 것이다. 먼 발치에서 따라가며 어린이 집에 갈 때를 떠 올리며 나도 모르게 피식 웃음이 나왔다.

나는 내 자식을 키울 때는 제대로 열성을 다하여 부모의 역할을 다하지 못했다. 아이가 중고등학교 다닐 때에도 등하교를 남들은 승용차로 시킬 때에도 늘 업무상 바쁘다는 핑계로 태워 준 일이 별로 없다. 그래도 욕심은 앞서서 초등학교에 입학을 하였을 때는 매일 그림일기 쓰기와 동화책을 읽고 난 후 점검 차원에서 확인을 하였으니 그야말로 책이란 그저 지긋지긋하다는 것을 일찍 교육시킨 것 밖에 없다. 잘 했을 때는 별 말이 없다가도 잘 못한 일이 있으면 호되게 질타를 하여 다시는 그러한 일을 절대로 하지 못하도록 하는 무서운 선생님으로 훈육을 한 엄한 아버지였다. 그러다보니 내 앞에서는 수궁 잘하는 착실한 학생이었지만, 눈에 보이지 않으면 엉뚱한 생활로 당연히 성적이 좋지 않은 것 또한 모두 내 책임이다.

정년퇴직을 하고 시간적인 여유가 있는 나에게 안겨준 손자는 축복이었다. 남다른 욕심 때문에 자식에게 잘 대해 주지 못하였던 자상한 애비의 정을 손자에게는 제대로 해 주고 싶었는지도 모른다. 갓난아기 때에는 유모차를 실내에서 밀고 다니며 노래를 불러주거나 태교를 하는 것처럼 이야기를 들려주고 정성을 다하여 기도하는 마음으로 보살폈다. 1년이 지난 후에는 매일 아침마다 아내와 함께 한밭수목원에 유모차를 차에 싣고 가서 한 시간 이상 산책을 하였다. 축복으로 안겨준 손자를 위해 묵주기도를 하며 4월에 유모차로 시작하여 11월에는 함께 도토리를 주우며 거의 1년을 산책한 것이다. 매주 아들내외가 우리 집에 왔다가 돌아 갈 때 부모와 헤어지는 이별의 슬픔에도 준이는 떼를 쓰지 않으며 눈물 한 번 흘리지 않고 쿨하게 헤어지는 모습은 보는 이들이 신기할 정도였다.

20여 개월이 지난 후 어린이집으로 보내게 되었다. 어린이 집을 가지 않으려고 하여 아침마다 놀이터에 들려서 어르고 달래며 보내는 일은 보통 어려운 일이 아니었다. 그 후 어린이 집에 다니면서도 가끔은 가기 싫다며 칭얼대기도 하였지만 그래도 잘 적응했다. 어린이집에서 보고 배운 것을 집에 와서는 나와 아내를 대상으로 하여 선생님처럼 교육시키는데 제법 선생님다운 모습이 묻어났다. 아무리 고달프고 힘들어도 준이가 하자고 하는 것은 함께 해 주었다. 내가 어렵고 힘들어도 준이를 위해 놀이터에 가서도 공원에 가서도 친구로 놀았다. 미끄럼틀, 그네, 정글짐, 공차기 등 아이들 교육 할 때를 생각하며 내 자식에게 하지 못한 정을 쏟아 부은 것이다. 준이는 밤이 되면 더욱 원기가 왕성해 지는 것 같다. 공 던지고 받기와 씨름하기 그리고 숨바꼭질은 놀이 중에서 가장 좋아하는 놀이다. 밤이 늦도록 지칠 줄 모르는 왕성한 활동에 우리는 지쳐만 갔다.

놀이를 함께 하자고 할 때에도 강짜를 부린다거나 떼를 쓰지 않는다. 나와 아내를 유혹을 하여 하지 않을 수 없도록 하는 것이다. "할아버지! 사랑해요."하면서 내 볼에다가 뽀뽀를 한다든지, 아니면 "할아버지 최고!", 하트모양을 하며 "할아버지~잉"하면서 손을 이끌게 되면 아무리 피곤하고 힘들어도 버티어 낼 재간이 없다. 나에게 하는 것처럼 할머니에게도 늘 애교를 부리며 활동량을 늘리다보니 할머니는 점점 피곤에 지친 모습을 보게 된다. 날씬하였던 몸도 피곤해 지쳐서 체중은 늘고 밤잠을 제대로 이루지 못하는 것을 왕왕 보게 된다. 내가 좋아서 손자를 보자고 하였지만, 갱년기에 힘에 겨워하는 모습을 보며 너무나 고생을 많이 한다는 생각에 자주 마음이 쓰인다. 매주 가족이 함께 만난다는 즐거움도 있지만, 아들내외가 금요일 밤에 내려와 일요일 오후에 갈 때까지 음식 준비와 집안 청소 등 모든 일을 해야 하는 중노동으로 아내는 그야말로 이중의 어려움이 있을 것이다.

준이를 어린이집에 데려다 주고 데려오는 것도 힘든 아내를 조금이나마 도움을 주고 싶었기 때문이다. 시간이 날 때마다 손자를 데리고 놀이터에 가서 놀아주고, 토요일이나 일요일에는 대전 근교 야외로 나가서 산책을 의도적으로 한다. 계룡산 동학사에 이르는 산책길에 나의 손에 아내 손을 슬며시 쥐어주고 포대화상처럼 환한 미소를 짓는다. 이런 일은 가르쳐주지 않아도 어찌 그리도 잘 아는지 참으로 신통하고 묘한 일이다. 힘들고 고달픈 생활 중에도 준이와 생활을 하면서 즐거움과 기쁨을 주는 활력소는 어디 돈으로 환산 할 수 있겠는가. 이제 준이가 어린이 집을 졸업하고 이 아름답고 화사한 봄날에 유치원에 입학을 하게 된 것이다. 혼자서 유치원 통원버스를 탄다며 따라오지 말라는 우리 손자 너무나 대견하여 그냥 꼬옥 안아주고 싶다.

"따라 오지 마! 나 혼자 갈 거야."

김천고등학교동문카페 2016.03.31. / 대전카토릭문학카페 2016.03.31

메리 크리스마스

어린이 집을 마치면 항상 한 시간 정도 어린이 놀이터에서 놀다가 집으로 오는데 어제는 그냥 곧장 집으로 가잔다. 손에는 빨간 상자의 선물과 머리에는 루돌프 사슴의 노란 뿔을 쓰고 얼굴에는 즐거움이 마냥 넘쳐흐른다. 집에 돌아온 손자 준이는 선물을 들고 한바탕 즐거움의 춤을 멋지게 추고 난 다음 선물 꾸러미를 열었다. 엄청 기대를 많이 하면서 열어 본 선물은 조립식 장난감이었다. 할머니와 나는 선물 받아서 너무 좋겠다며 분위기를 띄워 주었지만 그런데도 썩 내키지 않는 모습이다. 무엇 때문에 그러냐고 물어보았더니 산타할아버지는 나를 별로 좋아하지 않는 것 같다는 것이다. 준이가 원하는 것을 선물로 주지 않아서 그렇단다. 아직 크리스마스가 남아 있으니까 더 기다려 보자며 다독여 주었다.

준이는 자고나면 벌써 며칠째 양말을 현관 앞 손잡이에 걸어 두고 아침마다 확인을 한다. 어린이 집에서 만든 양말이 제법 화려하고 예쁘다. 산타할아버지가 원하는 것을 줄 것이라는 기대를 하며 손꼽아 기다리는 크리스마스가 아이들에게는 참으로 즐거운 날이라는 것을 새삼 깨닫게 된다. 아무래도 크리스마스 때 아이에게 가장 큰 기쁨은 선물이다. 이곳으로 입주를 하면서 가장 큰 선물은 동네에서 마음대로 뛰어 놀 수 있도록 환경 여건을 만들어 준 것이 가장 큰 선물이라고 생각한다. 대전에서 유치원 다닐 때에도 자전거나 킥 보드를 사 줄 생각은 엄두도 내지 못했다. 아이가 운동과 놀이를 너무 좋아하지만 드나드는 승용차와 오토바이 및 자동차로 인해 교통사고가 날까봐 생각도 못했었다.

입주를 하면서 지상으로 차량이 다니지 못하도록 다 함께 택배를 지하도로 들어와서 배달할 수 있도록 함께 하자는 리버시티 카페에 공지하는 글이 올라 왔을 때만 하여도 반신반의 하였었다. 잘 되려나 은근히 걱정을 하였는데 의도한 대로 이루어졌다. 아파트 내에 지상으로 차량이 통행을 하지 않을까 걱정하던 기우가 현실로 바뀐 것이다. 운동을 좋아하는 준이에게 자전거와 퀵 보드를 구입하여 탈 수 있도록 하였다. 얼마나 좋아하는지 다닐 때마다 거의 대부분을 자전거나 퀵 보드를 이용하여 타고 다닌다. 그야말로 아이들의 생활이 행복한 아파트가 된 것이다. 서로가 더불어 사는 행복한 삶을 위해 합심하여 노력만 한다면 무엇이든지 할 수 있다는 것을 보여준 사례이다.

이번 크리스마스 날 아이들에게 가장 큰 선물은 바로 어린이 놀이터에서나 아파트 주변 어디에서도 아이들이 마음 놓고 활동할 수 있는 여건을 만들어준 주민여러분의 선물이라고 생각을 한다. 앞으로도 사람이 행복한 아파트를 위해 다함께 합심을 하여 이루어간다면 어떠한 것이라도 가능하다는 것을 보여준 것이다. 아이들이 신나는 행복한 생활을 만들어준 모든 주민은 이번 크리스마스 선물로 아이들에게 가장 큰 선물을 준 것임에 틀림없다. 아이들이 즐겁고 신나게 활동할 수 있는 공간을 확보하여 마음대로 놀 수 있는 아파트 얼마나 멋진 선물인가.

“메리 크리스마스”

[4] 2016.12.24. 491

전월산의 겨울

산책 중에 오늘은 힘차게 물차 오르는 철새 떼를 볼 수 있으려나 아니면 금강수변을 껑충껑충 뛰어다니는 고라니를 볼 수 있을 것이라는 기대를 하면서 매일 부푼 가슴을 안고 출발을 한다. 무엇 때문에 그렇게 매일 사진을 찍으며 다니느냐 하지만, 금강수변공원의 아름다움에 대한 나 혼자만의 짝사랑인지도 모른다. 전월산 앞 햇무리교 주위의 고즈넉한 수변공원을 거닐며 산책 중에 늘 기대하는 즐거움이 있으니 이 또한 행복이 아니겠는가.

가끔은 물 위에 노닐다가 물차 오르며 나르는 철새 떼를 보는 행운도 있지만, 그 때는 사진을 찍을 준비를 하지 못하고 그냥 놓쳐버리는 경우가 많다. 또, 몇 마리씩 어울려 껑충껑충 뛰어다니는 고라니를 볼 수도 있는 날도 있지만, 워낙 빠르게 뛰어다니는 놈들을 찍을 수 있는 큰 행운이 가당치나 하겠는가.

다음에는 멋진 사진을 찍을 것이라는 기대를 하며, 보행교가 준공이 될 즈음에 꽃사슴이나 수변공원 가까이에서 볼 수 있다면 더 이상 바랄 것이 없겠다. 꿩이나 고라니가 사는 이러한 자연환경이면 꽃사슴을 방목하여 가까이서 만날 수 있는 멋진 관광자원이 될 것이라는 생각을 하면서 오늘도 아침 일찍 수변공원으로 향한다.

세종시닷컴 [3] 2016.12.28. 583

횡재(橫財)한 날

“여보, 아파트 분리수거장에 책이 많이 나와 있는데 어떻게 할까?”

“아니 뭐예요? 집에 있는 책도….”

“고급스런 유아용 동화책인데 어떻게 이렇게 많이 버렸는지 도저히 이해가 안 되네.”

“동화책이라구요? 유아용이라면 준이가 보기에 너무 좋겠네.”

“오늘 횡재했다. 히히히.”

준이를 유치원 통원버스 주차장으로 데려다 주려고 아파트 앞 폐품 분리수거장을 지나다가 동화책이 쌓여 있는 것을 보았다. 새 책인데다가 값진 유치원용 책이다. 가끔 고급스런 가전제품이나 가구들이 폐품으로 나가는 것을 볼 때마다 재활용을 하였으면 좋겠다는 생각을 하지만 집으로 가지고 들어오지는 않는다. 20여 년 이상을 살았기 때문에 우리 집에도 쌓여 있는 짐들이 너무나 많다. 집에 있는 가전제품이나 생활용품도 정리해야 할 판인데, 가지고 오기란 쉽지 않은 일이다. 그런데 유독 책만은 쉽게 지나치지 못한다.

나는 책에 대한 욕심이 많아서 그동안 모아 둔 책이 내방으로 가득하다. 오랜 기간 보지 않았던 책은 먼지를 머금은 채 누렇게 퇴색된 채 변함없이 자리를 지키고 있는 것이다. 아내는 보지도 않는 책을 빨리 정리하지 않고 무엇 하느냐며 잔소리를 하고 있지만, 건성으로만 듣고 흘려버렸다. 이렇게 하여 쌓아둔 책은 내가 앉을 자리만 빼고 수북이 쌓여 있어서 그야말로 심각한 문제가 아닐 수 없다. 제대로 정리도 되지 않은 책 속에서 정작 내가 필요로 하는 책을 찾는 것 또한 쉽지 않은 일이다. 늘 정리를 해야 하겠다는 마음을 다잡지만 정작 정리하려고 하면 소중하지 않은 것이 없는 것 같아서 몇 번 만지다가 그만 둔다. 책 뿐만 아니라 내 손에 거쳐 간 모든 소장품들은 버리지 못하는 습성으로 짐이 보통 많은 것이 아니다.

복잡한 세상 나이가 들면 자꾸만 비워야 한다고 한다. 비우는 행위는 뭔가를 밀어내는 것만 의미하지 않는다. 몇 번이나 망설이며 버리지 못하던 책도 많이 줄어들었다. 아직도 가지고 있는 책에서 반은 버려야 한다. 손때가 묻은 책을 버린다는 것은 참으로 안타깝기는 하나 어찌할 수가 없다. 내가 살아있을 때 어느 정도 정리를 하는 것이 자식에게도 짐을 덜어 준다는 생각을 해보게 된다. 법정스님은 무소유의 삶에서 무소유란 아무것도 갖지 않는다는 것이 아니라 불필요한 것을 갖지 않는다 하였다. 무엇인가를 소유한다는 것은 한편으로는 소유를 당하는 것이며 무엇인가에 얽매인다 하였다. 크고 많은 것을 원하면 그 욕망을 채울 길이 없다는 것이다. 어느 날인가는 적게 가진 그것마저도 다 버리고 갈 우리 처지가 아니던가.

그런데 어찌할 수 없이 짐을 정리해야 할 처지에 이르렀다. 세종시에 소형 아파트 분양을 받아서 입주를 곧 하게 되어 있다. 정년퇴직을 하고 넓은 아파트에서 우리 두 내외가 관리하기가 쉽지도 않았지만 생활비도 줄일 겸 자그마한 집으로 이사를 가기로 한 것이다. 6개월 전부터 집을 내 놓았지만 아파트 매매가 이루어지지 않아서 걱정이다. 아내는 집에 있는 너무 많은 짐 때문에 구매자가 여러 사람이 왔다가도 매매가 이루어지지 않는 것은 구석구석에 쌓여 있는 짐 때문이라며 짐들을 정리하여야 한다는 것이다. 그 중에서도 내 서재에 있는 책을 정리하는 것이 가장 급선무라 한다. 하긴 이사 가는 곳에는 서재도 마땅치 않지만 쌓아둘 곳도 없고 좁아서 당장 해결해야 할 판이다. 그래서 매주 분리수거하는 날마다 내 놓기로 하였다. 몇 번이나 만져보고 체크하면서 순서를 정하여 책을 내 놓을 때마다 아쉬운 마음에 박스 안에 넣었다가 빼냈다가를 몇 번이나 되풀이 하였는지 모른다.

이사를 가거나 올 때면 새것처럼 쓸 만한 가전제품이나 가구와 생활용품이 너무나 많이 쓰레기로 나가는 것을 보고 늘 안타깝게 생각했다. 언제부터 우리나라가 이렇게 자원이 넘쳐나는 부유한 국가가 되었는지 모르겠다. 40여 년 전만 하여도 몽당연필 깍지 끼워 쓰기 학습장 뒷면까지 쓰기 등 그야말로 절약생활이 생활화 되었는데 말이다. 재직 시에는 아파트에 쓸 만한 동화책이 나오면 학교로 가지고 가서 우리 반 아이들에게 볼 수 있도록 하고, 보건실에 비치하여 몸이 불편한 아이들이 독서를 하도록 하여 잘 활용하고 있다는 보건선생님의 이야기를 듣고 흐뭇하게 생각하며 활용하였는데 말이다. 이제 물질만능주의에 찌든 우리는 소중한 책에 대해 너무 소홀하게 대하는 것은 아닐까?

책 버리기로 마음고생을 하고 있는 이즈음 또, 책을 싸들고 들어오면서 즐겁게 볼 손주를 생각하니 흐뭇한 미소가 절로 그려진다. 부자가 된 듯 마음이 푸근해 진다. 오늘은 재수가 좋은 날, 횡재한 날이다.

대전문학 2016 봄호

눈사람 만들기

하얀 눈이 내렸다. 이왕 내릴 것이면 소복소복 쌓였으면 좋으련만 그야말로 쬐금 내렸다. 하얀 눈을 기다리며 눈싸움하기와 눈사람 만들기를 기대하는 손자를 생각해서 오늘은 매일하는 산책을 하지 않았다. 하얀 눈으로 온 세상이 덮인 동화속의 모습을 자고 나서 보게 되면 그야말로 신기하기만 하였던 어린 시절의 모습이 아련히 떠오른다. 그 당시에는 눈이 쌓이기만 하면 그냥 좋기만 하였는데, 이제는 마냥 좋아하기에는 꺼려지는 것이 많다. 출근길에 교통사고와 많은 사람들이 불편해 하는 모습을 보며 마냥 아이처럼 좋아할 수만은 없다.

눈다운 눈이 오지는 않았지만 손자에게 눈에 대한 추억을 만들어 주고 싶어서 눈싸움하자며 부추겨서 밖으로 나갔다. 손이 시려서 장갑에서 빼기가 싫었다. 공연히 나오자고 하였던 것을 후회하며 집으로 들어가자 하였더니 어림없다. 코끝에 맴도는 찬 기운이 제법 싸 한 것이 매운 맛을 낸다. 그래도 아이는 좋아서 고사리 손으로 그냥 눈을 만져본다. 그 흔한 눈을 소중한 것을 다루듯 손가락으로 조금씩 만져보는 것을 보니 괜히 미안한 생각이 들었다.

눈싸움을 하자며 부추겼다. 눈을 뭉쳐서 상대방에게 던지는 것이 어설프다. 우리 어릴 때는 그냥 뭉쳐서 실컷 던졌는데 눈싸움 하는 것을 본 일이 없는 아이는 어줍기만 하다. 눈사람을 만들기로 하였다. 눈을 뭉치고 손을 만들어 부치고 눈사람의 눈과 코와 입을 붙이고 보니 제법 눈사람의 모습이 나온다. 눈사람을 만들었다며 얼마나 좋아하는지 집으로 돌아오고 난 후에도 거실 창밖을 보며 수시로 녹았는지 확인하는 아이의 모습에서 순수한 동심을 본다. 눈이 소복이 쌓이면 다음에는 눈사람다운 멋진 눈사람을 만들어 봐야겠다.

[1] 2016.12.29. 337

설날 아침에

설 연휴 수변공원 산책 중 찍은 사진입니다. 날씨가 추운 탓인지 고라니 두 마리가 아침 일찍 강변 둑에서 걷고 있는 모습을 볼 수 있었습니다. 강변 둑을 오르내리며 걷고 있는 모습이 하얀 눈과 어울려 뚜렷하게 볼 수 있었던 것이지요. 어떤 때에는 네다섯 마리가 어울려 뛰어 다니는 것을 볼 수 있었는데, 오늘은 두 마리만 슬금슬금 눈치를 보아가며 이동을 하기에 급하게 스마트폰을 꺼내어 몇 장면을 찍었습니다. 아마 추운 날씨에 먹이를 찾으러 동네 가까이 온 것 같습니다. 눈 위에 발자국을 보면 여러 마리인 듯한데, 매서운 추위에 어디서 잠을 자고 무엇을 먹고 사는지 마냥 궁금하기만 합니다.

지난 가을에는 손자와 함께 둔치 가까운 산책길에서 노랑나비와 호랑나비를 많이 볼 수 있어서 신기하기만 하였습니다. 노랑나비가 흔히 보는 나비가 아닌데 이곳 금강 수변공원 둔치에서는 많이 볼 수 있었거든요. 또, 메뚜기, 여치, 방아개비, 풀무치, 사마귀 등 풀에서 살고 있는 곤충들을 가까이서 볼 수 있어서 자주 강가에 나갔습니다. 손자가 처음에는 겁을 내어 곤충을 만지지도 못했는데 어느 순간에 메뚜기 잡는 것이 나 보다 날래 잡는 것을 보고, 자연을 가까이 하면서 오감을 통해 많은 것을 체험할 수 있다는 점에서 무척 감사하게 생각을 합니다. 금강 주위에서 다양한 종류의 새소리를 들으며 꿩을 자주 본다던지 고라니와 같은 동물을 볼 수 있다는 것은 수변공원의 생태계가 살아있음을 보여주는 방증이라고 생각합니다.

아침마다 수변공원 금남교나 전월산 앞 햇무리교까지 다녀오는 산책길은 너무나 아름답습니다. 처음에는 건강관리를 위해 걸어보자고 시작한 운동이었는데 이제는 그냥 아름다운 강변의 모습이 정겨워 매일 산책을 하며 스마트폰으로 아름다운 장면을 담아옵니다. 스마트폰에 담아온 아름다운 강변의 모습이 혼자 즐기기에는 너무나 아쉬워 아파트 까페에 올리기도 하고 세종시닷컴에도 많은 회원님들이 금강변의 아름다움을 공유하고 싶은 마음에 올립니다. 하루하루 여유가 없는 바쁜 생활 중에도 아름답고 정감이 가는 금강변의 풍경을 보시고 조금이나마 마음의 여유와 정신적 건강치유가 되시기를 바라는 마음입니다. 정유년 새해 늘 마음의 평안으로 행복을 누리시고 새해 복 많이 받으시길 기원합니다.

세종시닷컴 [5] 2017.01.30. 1,124

새해 덕담

모아미래도 리버시티 아파트는 이미 '살기 좋은 아파트'로 최우수상을 수상한 바 있다. 현장 심사를 통해 입지 · 단지설계 · 평면구성 · 조경 · 교육환경 · 커뮤니티시설 · 에너지절약시스템 · 주차시설 등 아파트 구성 요소 하나하나를 세밀하게 평가하는 방식으로 이루어진 결과다. 이번 행정중심복합도시건설청 2016년도 우수현장 평가에서 최우수 1위 선정은 또 다른 의미를 부여할 수 있다. 평가 내용을 살펴보면 입주 및 시공 중인 공동주택에 대해 고품격 특화 설계, 시공, 민간 전문가로 적극 참여했거나 주민 공동시설 공동사용을 통한 통합커뮤니티 실현과 하자 최소화를 통한 주거 만족도 향상에 크게 기여한 공로를 격려하기 위해 마련한 것이기 때문이다.

우리가 주목하는 것은 전국적인 살기 좋은 아파트 경시대회에서 최우수로 수상한 것도 자부심을 가질만한 것이지만, 그에 못지않게 행복청에서 우수 현장의 품질관리 및 특화 사례를 전체 현장으로 전파하여 행복도시 모든 아파트 현장에 수준을 높이기 위해 마련한 사업에서 최우수 1위에 선정이 되었다는 점이다. 아파트 신축 건설 공정과정에서 민간 전문가로 적극 참여, 주민공동시설 공동사용을 위한 통합커뮤니티 실현, 하자 최소화를 통한 주거 만족도 향상에 기여하여 받았다는 데에 의미를 두고 있는 것이다.

'살기 좋은 아파트'로 선정된 아파트 단지에서는 모두 이웃사촌이란 말이 어울릴 정도로 한 가족처럼 지낸다고 한다. 살기 좋은 아파트로 선정된 10곳의 두드러진 특징은 이처럼 활발한 주민공동체 활동. 시설관리나 쓰레기 재활용, 에너지 절약 등도 모범적이다. 최신 시설도 중요한 요인이지만 주민간의 정과 적극적인 참여가 살기 좋은 아파트의 비결임을 잊어서는 안 될 것이다. 이제 입주자 동대표도 선출이 되어 정유년에는 붉은 닭의 기상을 받아서 다복하고 만사형통하는 살기 좋은 아파트 만드는데 주민 모두 동참하시길 새해 덕담으로 인사드린다.

[14] 2017.01.05. 512 / 세종시 닷컴 [23] 2017.01.05. 1522

새해 아이들이 신나는 세종시를 기대한다

세종특별자치시가 2017년도 예산으로 1조 2,419억 원을 편성했다. 올해 예산 편성의 중점 부분에 대해 이춘희 시장은 "사람 중심 행복도시를 만들기 위해 아이와 여성이 행복한 도시, 따뜻한 복지, 대한민국 대표 문화도시, 누구나 살고 싶은 도시 환경, 사람이 먼저인 안전도시 등을 실현하는 데 초점을 뒀다"라고 밝혔다.

특히 아이와 여성이 행복한 도시 '여성친화도시'란 지역정책에 남녀가 동등하게 참여하고 그 혜택이 모든 주민에게 고루 돌아가면서 무엇보다도 여성의 성장과 안전이 우선적으로 보장되는 도시를 말한다. 세종시는 여성가족부로부터 '여성친화도시'로 지정돼 앞으로 5년간 15개 분야 53개 사업을 추진할 예정이라고 한다. 전국에서 가장 젊은 도시라 일컬어지는 세종시가 아이들과 젊은 여성들의 삶과 관련된 당면과제를 잘 해결할 수 있는 적정한 사업이라 반기며 환영하는 것이다.

이에 발맞춰 세종시는 지난해 11월 16일 정부세종컨벤션센터(SCC)에서 2016년 유니세프 아동친화도시 추진 지방정부협의회 제1차 연차총회 겸 아동친화도시 포럼을 개최했다. 이날 포럼에서

이 시장은 "세종시는 아동친화도시 조성을 위해 아동 · 청소년참여위원회를 운영해 아동의 문제에 대한 해답을 아동들에게 구하고 있다"라며 "아동의 눈높이에 맞게 제도를 만들고 사업을 펼치기 위해 아동친화예산서를 편성하고 있다"라고 밝힌 바 있다.

이 시장은 아동의 문제는 아동에게 직접 묻기 위해 아동청소년참여위원회를 구성 및 운영 중이며, 아동들의 물음에 대해 어른들이 해결책을 찾기 위해 시민, 현장 종사자, 정책 전문가, 관계 공무원 등으로 구성된 '정책자문단'과 '아동친화도시 추진위원회'를 운영하고 있다고 밝혔다. 또한 아동의 눈높이에 맞게 제도를 정비하기 위해 특정 정책이 아동에게 미칠 수 있는 영향을 전 과정에 거쳐 분석하는 '아동영향평가', 아동과 관련된 예산을 묶은 '아동친화예산서'를 오는 2월 발표할 계획이라고 한다.

아이들은 우리의 미래다. 아이들을 위한 예산을 세워서 추진하는 지방자치단체는 참으로 드문 일이다. 우리의 희망인 꿈나무 아이들의 행복한 생활을 위한 정책이 비록 5년 동안 이뤄지지만, 이는 백년대계를 위해 그 어느 것보다 값진 투자라고 생각한다. 필자도 아이와 여성이 행복한 세상이 펼쳐질 것으로 믿으며 아이들이 신나는 세상을 위해 펼쳐지는 정책에 칭송하는 것이다.

나는 아이들이
신나는 세상을 보고 싶다.

아이들이
공부를 하면서, 놀이를 하면서
아이들이 신나는 세상은
꿈과 희망이 가득한 세상이다.

어른들의 찌든 때가 묻지 않은 아이들이
즐겁고 신나서 외치는
흥에 겨운 아이들의 모습을 상상해 보라.
얼마나 멋지고 아름다운 세상인가.

세상이 아무리 혼돈스럽고 불안한 세태라 하더라도, 새해에는 아이들의 꿈과 희망이 나래를 펼치는 행복한 세종시, 아이들이 신나는 세종시를 기대한다.

금강일보 2017.01.16

내 집처럼 생각 해야쥬

날씨가 꽤나 추워졌다. 아침마다 산책을 할 때면 언제 쯤 금강이 얼을까 은근히 기대를 하며 살펴보았는데, 며칠 전부터 금강 가장자리가 얼기 시작하더니 오늘은 전월산 앞 금강이 꽁꽁 얼었다. 은근히 겁이 나서 얼음판을 점검하며 살살 들어갔지만 짱짱한 얼음은 꿈쩍도 하지 않는다. 오랜만에 어린 시절 얼음판 위에서 놀던 추억들이 주마등처럼 지나간다. 썰매타기, 팽이치기, 눈싸움, 연날리기, 스케이트 타기 등 날씨는 매섭도록 추웠지만 놀이에 빠져서 추운 것도 모르고 함께 놀던 고향친구들은 지금 어디서 무엇을 하고 있는지 마냥 그립다.

산책을 하고 들어오는 305동 입구에서 부르는 소리에 돌아보았더니 청소하는 아주머니이다. "이것 좀 보세요. 동 입구 현관이 미끄러워서 넘어질 뻔 하였어요." 하는 것이 아닌가. 손에는 305동 현관 즉 우편함 앞바닥에서 긁어모은 얼음조각들을 보여준다. 동 입구 현관 바닥이 얼어서 긁어모은 것이란다. 얼음조각이 꽤나 많다. 아주머니는 자동문 개폐 상황을 잘 살펴보라고 한다. 문이 닫힌 후에 문틀과 창 사이에 벌어져 있는 것이 아닌가. 문의 아래쪽과 위쪽 또, 오른 쪽에도 벌어진 상태로 있기 때문에 결빙이 있었던 것이다. 혹여 어린 아이들이나 나이 많은 어른들이 나오다가 넘어지면 큰 일이라며 걱정을 한다. 빨리 하자보수 신청을 하면 좋겠다는 것이다. 그 이야기를 듣고 살펴보니 305동 입구 엘리베이터 옆 찌그러진 알루미늄 판이 눈에 들어온다.

일하는 곳에서 문제점이 있나 없나 관심을 가지고 살펴보고 개선하기 위해 주민한테 이야기를 해 준다는 것은 참으로 고마운 일이다. 적당하게 시간만 때우는 활동이 아니라 내 집처럼 꼼꼼히 살펴보고 하자보수를 신청하면 좋겠다는 말씀이 오래도록 여운으로 남는 것이다.

입주한 주민이라 할지라도 바쁜 세상에 내 것에만 관심을 갖기 마련이고 공유하는 시설에는 관심을 갖지 않기 마련이다. 그런데 청소를 하는 과정 중에 아파트의 하자보수가 어디에 있는 것인지 꼼꼼히 살펴보고 일일이 이야기 해 준다는 것이 얼마나 고마운 일인가. 관심을 가지고 말씀해 주셔서 고맙다고 하였더니,

"내가 일하는 곳이니 애착을 가지고 내 집처럼 생각 해야쥬~"

[2] 2017.01.17. 519

아름다운 리버시티 설경

오랜 동안 눈 덮인 금강의 아름다운 모습을 동경하며 기다려 왔습니다. 하얗게 내린 눈을 보면 아이들과 강아지가 가장 좋아한다는데, 밤새 내린 눈으로 이렇게 마음이 들뜨는 것은 아마 천진난만한 아이로 되돌아가려나 봅니다. 급한 마음에 제대로 챙기지도 못한 채 급히 호려울 강변으로 나갔습니다.

호려울 강변의 설경을 찍으려 보행길을 걷다가 거세게 휘몰아치는 눈으로 아쉬움을 뒤로 한 채 돌아왔습니다. 돌아오는 길에 내가 낸 발자국은 이미 하얀 눈으로 흔적을 찾을 수도 없습니다. 소복하게 쌓여 불빛만 보고 찾아가던 그리운 고향이 생각났습니다. 추풍령 골바람이 코 끝 매운바람이었지만 소복이 쌓인 고향은 정겨움이었습니다.

집으로 오는 길에 우리 아파트의 눈 덮인 모습이 동화 속의 겨울왕국처럼 멋진 설경을 보여주고 있습니다. 나도 모르게 스마트폰을 들고 눈 속을 헤매며 설경에 도취되어 마음이 가는대로 누르게 되었습니다. 아마 어릴 때 고향에서 정겨움과 그리움을 느끼나 봅니다. 감상하시고 행복한 시간되시길 축원합니다.

[10] 2017.01.20. 766

도서 기증

리버시티 아파트 작은 도서관에 용기를 내어 도서기증을 하였다. 주민들이 독서하는데 조금이나마 도움이 되었으면 하는 마음 간절하다. 대전에서 세종으로 이사를 올 때 많은 책을 폐휴지로 내보내면서 무척 안타깝게 생각을 하며 별도로 필요로 하는 책들은 주민들 눈에 띄게 하여 그래도 많이 활용을 하도록 하였었다. 나이가 들면 마음도 비우고 소유한 것도 버리고 자신을 해방시켜야 한다고 한다. 그런데, 인생사가 그렇게 쉽게 만만한 것이 아니다. 머리로는 버려야 한다고 하면서도 막상 버리려고 하면 이것저것 관련된 사연이 많아서 쉬 버리지 못한다.

퇴직을 하면 남는 것이 시간이라고 하지만 쉽게 책을 가까이 대하기가 쉽지 않다는 것을 깨닫게 된다. 그래도 언제 인가는 여유로울 때는 읽을 것이라는 생각을 하면서도 책꽂이에 꽂아두고 세월을 보내기만 하였다. 이번에도 리버시티 아파트 작은 도서관에 도서기증을 하면 좋겠다는 까페 글을 보고 용기를 낸 것이다. 기증하는 책 중에는 오래된 도서도 있을 테지만 일단 여러 주민들의 도서기증을 많이 받는 것이 무엇보다도 중요하다. 기증 받은 도서 중 필요 없는 것은 폐기처분하고 필요한 책은 분류하여 활용을 하면 될 것이다. 책꽂이에서 몇 년 동안 읽지 않던 책을 뽑아내니 빈 공간의 여유로움을 느끼게 된다.

이번 기회에 그동안 필자가 발간하였던 교육에세이집 '이 맛에 산다', '깡통 맛 감투 맛', '최수룡의 맛있는 교단일기'도 각 2권씩 기증을 하였다. 이왕 기증하는 것 저자의 사인이 있으면 좋겠다는 뜻에서 '아이들이 희망입니다', '아이들이 신나는 세상'이 되었으면 하는 바람과 함께 축원하는 글도 썼다. 필자가 기증하는 책이 너무 허술한 것은 아닌 가 은근히 걱정이 되기도 하였지만 리버시티 작은 도서관에 많은 도서가 구비되어 주민들이 즐겁게 읽는 모습을 보고 싶다.

필자는 지금까지 내가 쓴 글을 독자들이 필요할 때 볼 수 있도록 필자의 홈페이지에 대해 홍보를 한 일이 없었다. 이왕지사 필자가 발간한 책을 기증하고 필자 소개를 하였기 때문에 오늘은 필자의 서재를 소개한다. 아이들과의 교육현장에서 있었던 애환과 고향 및 가정교육과 관련하여 쓴 글들이 250여 편 수록되어 있다. 혹여 소소한 삶의 정감이 넘치는 수필에 관심이 있거나 아이들 교육에 도움을 필요로 하는 독자가 계시면 언제든지 월봉 최수룡 작가의 서재에 방문하셔서 조금이나마 도움이 되시길 축원한다.

최수룡 작가의 서재 http://cafe.daum.net/woulbong

[8] 2017.01.26. 369

눈 오는 날을 기다리며

세종시 금남교에서 햇무리교까지의 강변 풍경이 눈 덮인 설경으로 바뀌면서 더욱 운치 있는 모습이 되었다. 온 세상이 하얀 눈으로 덮인 해질녘 황혼이 주위를 발갛게 물들이며 색다른 풍경을 자아내고 있다. 눈썰매에 손자를 태우고 집으로 돌아오는 길은 어릴 때 눈 속에 잠긴 소담한 시골 설경이 연상되었다. 땅거미 질 때까지 눈썰매를 타고 오는 길에 가로등불이 하나 둘 켜지면서 하얀 눈이 반사되어 정겨움으로 다가온다. 금남교와 첫마을 아파트단지가 금강변의 하얀 눈과 어우러져 멋진 한 폭의 명화 같다. 금강수변 공원은 강가에 아름다운 조형물도 많이 조성되어 있지만 그 중 에서도 가장 운치 있는 것이 소나무다. 청록의 잎과 휘늘어진 적갈색 소나무 둥치는 하얀 눈과 무척이나 잘 어울린다. 소복하게 눈 덮인 길을 눈썰매에 탄 손자의 흥에 겨운 노랫소리를 들으며 집으로 돌아오는 길은 오랜만에 느껴보지 못했던 어릴 때 동경의 세계로 빠져들게 한다.

내 어릴 때 시골에서 자랐기 때문에 자연과 함께 즐길 수 있는 놀이가 많았다. 겨울철 놀이로 스케이트타기, 눈썰매타기, 눈사람 만들기, 눈싸움하기, 팽이치기, 연날리기, 딱지치기, 구슬치기, 자치기, 윷놀이, 고무줄 새총 만들기 등 전국적으로 아이들이 즐겨하는 공통된 놀잇감이었다. 지금이야 만들어진 것 가지고 놀지만 그 당시야 모든 것을 직접 만들어서 가지고 놀았다. 특히 눈이 오면 동네 뒷동산 잔디밭에 올라 비료 포대에 짚단을 넣고 신나게 놀던 때가 엊그제 같은데, 무에 그리도 바빴는지 바쁜 생활에 묻혀 까맣게 잊고 있었다. 언제나 그리워하며 향수에 젖어있는 내 고향일지라도 아마 이렇게 늦은 시간까지 즐겁게 눈썰매를 타지는 못할 것이다.

어제까지만 하여도 눈썰매 타는 즐거움을 크게 느끼지 못했다. 썰매를 타고 내려오는 길이 너무 경사지고 내가 손자와 타다가 넘어지면 여러 사람이 보는 가운데 창피를 당할 것 같아서 손자만 타고 내려오도록 하였다. 급하게 내려가는 눈썰매와 올라오는 아이들로 눈썰매타기가 마땅치 않기도 하였지만, 여러 번 오르내리며 탄 눈썰매장은 반들반들한 빙판길이 무척 겁이 났다. 손자 준이는 여러 사람 보는 데에서 멋지게 타고 내려오는 것을 보여 주고 싶었는데, 뜻대로 되지 않자 강둑 제일 높은 곳으로 혼자 올라갔다. 거기에서 직접 가로질러 내려온다는 것이다. 이것은 도저히 용납할 수 없는 일이다. 아예 쳐다보지도 않고 나와 아내는 모른 척 하고 다른 곳을 갔더니 달려와서는 주먹으로 내 배통을 큰 북치듯 두드리면서 울음을 터뜨리기 시작한다.

손자 준이는 여섯 살이 되도록 우는 일이 별로 없었다. 웬만하면 타이르는 말을 잘 이해를 하고 순응을 잘 해서 나와 아내는 큰 어려움이 없이 잘 생활해 왔다. 그런데 금강 둑 급경사진 곳에서 썰매를 타고 내려가겠다는 데에는 말릴 수밖에 없었다. 누가 보아도 여섯 살 아이가 타고 내려오기에는 너무나 황당한 일이기에 의견을 무시하고 다른 곳을 가게 되자 화가 난 준이는 다가와서는 한없이 슬픈 울음을 터뜨린 것이다. 지금까지 그렇게 오래도록 슬피 우는 일은 처음 있는 일이다. 딱하다는 생각에 슬픔을 달래줄 겸 완만한 곳을 찾아보았으나 거의가 비슷한 여건이었다. 보는 사람마다 위험해서 안 된다고 하는 데에도 워낙 간절하게 고집을 부려서 심한 갈등을 하였지만, 눈썰매를 타고 조심스럽게 내려오도록 하였다. 엄청난 속도로 애간장을 태우는 속력인데도 아이는 흐뭇한 미소를 지으며 즐기고 있는 것이 아닌가. 주위에 있는 사람들도 토끼눈으로 가슴을 쓸어안고 엄지손가락을 치켜세웠다.

지난 해 9월 세종시 3생활권으로 이사를 오면서 자연과 가까이 접할 수 있는 기회가 많아졌다. 특히 설 전에 내린 함박눈이 바로 녹지도 않고 오래도록 쌓여 있어서 제대로 눈을 즐길 수 있었다. 신기한 것은 금강 둑의 완만한 경사가 거대한 눈썰매장이 된 것이다. 자전거나 차로 둑에서 금강둔치로 내려오는 비탈진 길은 말할 것도 없고 금강 경사진 둑 전체가 거대한 눈썰매장이 된다는 것이 너무나 신기했다. 이렇게 멋진 거대한 눈썰매장이 자연스럽게 이루어지는 자연눈썰매장은 참으로 드문 일이다. 나도 그야말로 60여 년이 지난 이제 잃어버렸던 눈썰매장에서 썰매 타는 즐거움을 새삼 마음껏 즐길 수 있었다. 눈썰매 타는 것이 은근히 겁이 나고 무서워서 엄두를 내지 못하고 주저하고 있었는데, 손자의 되풀이 되는 앙탈로 눈썰매를 타는 즐거움을 되찾게 된 것이다.

나는 준이를 아침에 어린이집에 데려다 주고 오후에 데려오는 것이 나의 일이다. 이는 손자가 귀엽기도 하지만 무엇보다도 힘들어 하는 아내를 조금이나마 도와주어야 한다는 생각에서다. 어린이집을 마치고 돌아 올 때에는 항상 준이를 위해 한 시간 가량 놀아준다. 바로 집으로 돌아오지 않고 놀아준다는 것은 요즈음과 같이 추운 날씨에 쉽지 않은 일이다. 어린이 놀이터나 아파트 키즈카페에서 놀아줘야 하는데 그것 또한 젊은 애기엄마들과 함께하기란 쉽지 않은 일이다. 그런데 눈이 오고 난 다음에는 달라졌다. 어린이 놀이터나 키즈카페 보다는 금강변 눈썰매장으로 간다. 거기에는 금강변의 아름다운 설경과 눈썰매장이 기다리고 있기 때문이다. 눈썰매장 내리막 빙판길에서 몸을 이용하여 방향을 조절하며 내려오는 준이가 제법 눈썰매선수처럼 느껴졌다. 그동안 제법 많이 늘었다.

썰매를 타고 내려갈 때 매서운 강바람이 양 볼을 아리도록 할퀴고 지나갔지만 썰매 타는 즐거움에 시간 가는 줄도 몰랐다. 나와 아내는 눈썰매장에서 교대로 썰매를 타고 속도감을 붙이며 오르내렸다. 참으로 오랜만에 신나게 타보는 눈썰매다. 갑자기 준이는 할아버지와 할머니가 함께 타고 내려와야 한다며 눈썰매장 중턱에서 내려가지 못하도록 양팔을 벌리며 고집을 부려서 핑계 낌에 함께 타야 했다. 계룡산 동학사 산책길에서도 슬며시 아내의 손을 내손에 안겨주며 포대화상처럼 환하게 웃던 모습이 떠올랐다. 아내도 싫지는 않은 듯 썰매 앞자리에 다소곳이 자리 잡고 앉는다. 자연 속에 동심의 세계로 돌아와 60대 중반에 아내와 함께 썰매를 탄다는 것은 어디 그리 쉬운 일이겠는가. 내일이 입춘이라는데 온 세상을 하얀 눈으로 소복소복 덮어주는 눈 오는 날이 아이처럼 기다려진다. 이번 겨울이 가기 전에 또 한 번 눈이 오려나.

[10] 2017.02.03. 423 / 세종시닷컴 [3] 2017.02.03. 656

'세종시 마을교사 신청'을 하면서

잠을 제대로 못 잤다. 오늘은 2차로 면접을 보는 날이다. 며칠 전에 마을교육공동체 협력교사로 마을교사 신청서와 교육활동 운영계획서를 세종시교육청 학교혁신과에 제출하여 1차 서류 합격 통지서를 받았다. 늘 하는 일이지만 평가를 받는다는 것은 젊으나 늙으나 부담스럽기는 마찬가지이다. 평생을 교육자로 교과연찬과 연수활동으로 전문가라 하지만 평가를 받는 다는 것은 철저하게 준비를 해야 한다는 점에서 스트레스를 받게 되나보다. 마을교사로 활동할 것을 생각하니 아련히 교육현장 생활이 그리워진다.

버들강아지 눈뜨는 2월이면 새 학년에 만날 아이들을 생각하며 새 학년 학급운영에 몰두하게 된다. 내가 만나는 아이들을 새 학년에는 어떤 어린이로 지도할 것인지, 교육과정은 어떻게 운영할 것이며, 학습 집단은 어떻게 조직을 하고, 어떤 학습모형을 적용하여 학습활동을 할 것인지, 함께 생활을 하면서 어떤 꿈과 희망을 가지게 할 것인지, 새 학년의 계획을 세우게 된다. 또, 귀염둥이 중 개구쟁이들은 얼마나 만나게 될 것인지 설렘과 호기심으로 아이들을 기다리던 봄 방학이 눈앞이다. 정년퇴직을 한지 벌써 4년이 지났지만 아직도 아이들과 생활하던 모습이 꿈에서도 아른거리니 참으로 평생직장은 쉬 잊을 수 없나 보다.

나는 참으로 수업지도에 무척 관심이 많았다. 1990년대 열린교육의 열풍이 몰아칠 때 선생님 주도의 강의식 주입식 교육에서 다양한 체험학습 활동위주의 수업모형이 소개되면서 수업의 형태가 일대 변환기를 맡게 되었다. 열린교육을 이해하지 못한 일부 선생님들이 학습지 위주의 학습활동으로 아이들에게 지나치게 부과하여 포토폴리오식 전시효과적인 학습 성과물로 부작용도 있었지만, 선생님 위주의 활동에서 학생활동 위주의 학습으로 전환되었다는 점에서 큰 변화라 할 수 있다. 열린교육의 성과라고 한다면 다양한 학습모형을 교육현장에 적용하여 수업에 활용함으로써 혁신적인 교실수업이 개선되었다고 본다.

교사는 수업이 생명이다. 교사의 길은 아이들을 잘 가르치기 위해 교육자의 길을 걷는 일인 만큼 자기 연찬과 전문성 신장을 위해 최선을 경주해야 한다. 필자도 대전광역시교육청에서 수업연구대회에 10여 년 동안 참여한 일이 있다. 학급 아이들 교육을 위해서 최선의 방법이 수업연구대회라는 믿음 때문이다. 수업연구대회에 10여년을 참여한다는 것은 엄청난 시련과 고통이 따르기 마련이다. 학년 초에 기본적인 학습훈련에서부터 학습모형에 따른 학습활동은 다른 어떠한 교수학습활동 보다 지속적인 노력이 동반되기 때문에 쉽지 않은 일이다.

세종시교육청에서 중점적으로 추진하고 있는 마을교사는 세종시의 훌륭한 교육자원과 학교교사와의 협력수업을 통하여 학생들의 배움을 풍부하게 하고, 학교와 마을이 함께 아이들의 성장을 돕는 세종마을교육공동체 정책에 의해 운영되는 사업이다. 세종 마을교사 모집 영역은 인문/극예술, 생태, 해설사, 이미용, 요리, 기타 등 6개 분야로 모집을 하며, 지역의 전문직업인 또는 지역의 뛰어난 기능을 가진 장인들이 교육청에서 주최하는 일정한 연수를 받고 학생교육활동에 참여하는 협력교사다. 자신의 재능을 정규교육과정을 비롯한 창의적 체험활동과 진로교육 및 자유학기제 참여하게 되는 것이다. 나도 학생발명품 및 지식재산권과 연계한 창업관련 실질적인 생생한 창의적인 체험학습을 지원해주고 싶었다.

나는 정년퇴직을 하자마자 교실수업 개선을 위해 아이들 교육에 좋은 학습교구를 만들어서 아이들이 신나는 학습활동에 도움이 되었으면 좋겠다는 생각에 창업을 하였다. 실제로 창업하면서 겪었던 다양한 경험을 아이들에게 생생하게 알려주고 싶다. 다양한 활동으로 바쁜 일정이지만 이제 마을교사로 또 다시 아이들 앞에 설 생각을 하니 벌써부터 설렌다.

[6] 2017.02.17. 495

금강변 산책길

우수가 지난 금강변은 영하의 기온에도
연두 빛을 머금은 숲이
아름다움을 자아내고 있습니다.
땅이 얼고 물이 얼어도 절기는 어찌할 수 없나 봅니다.
버들강아지 눈뜨는 강변에
개구리 울음소리 들을 날도
며칠 남지 않았습니다.
닭 모가지를 비틀어도 새벽은 온다고 했지요?
아무리 세상이 어둠 속에서 앞을 가리지 못하는
암담한 시기 일지라도 결코 희망을 버리지는 말아야 합니다.
일상생활에서 자기가 할일을 꾸준히 하다보면
어렵고 힘든 시기도 지나가기 마련입니다.
고달프고 힘들 때 일수록 하루하루의 삶을 감사하는 마음으로
아름다운 금강변을 산책하며 자성하고 명상을 하면서
절망보다는 희망을 가지는 삶이 곧 행복에 이르는 길임을
금강변 산책길에서 온 몸으로 느껴봅니다.
어쩌면 산책의 궁극적인 목적은 '도착'이 아니라
'과정'인지도 모릅니다. 새로운 풍광을 찾는 것이 아니라
새로운 눈을 갖는 것입니다.

세종시닷컴 [9] 2017.02.21. 1264

묵주기도

언제부터인가 나는 외출을 할 때마다 묵주를 챙기는 버릇이 생겼다. 묵주기도를 하던 하지 않던 묵주를 주머니에 넣어야만 외출할 준비가 다 된 것으로 느낀다. 아내의 콘솔서랍을 열면 묵주가 꽤나 많이 있었다. 내 것 보다는 아내 것이 많았는데, 주로 묵주를 구입한 것보다 형제자매님들이 여행이나 축일에 선물로 준 것들이다. 묵주는 크리스트교 중의 하나인 가톨릭에서 주로 쓰이는 도구로, 신앙의 실천에 사용하는 성물 중에서도 가장 대표적인 형태이다. 묵주 알을 굴리면서 예수 그리스도의 탄생, 복음 선포와 수난, 부활과 승천, 성령 강림에 이르는 신비들을 성모 마리아와 더불어 묵상하며 라틴어 '로사리우스(Rosarius)'에서 유래한 말로 장미화관이라는 뜻을 가지고 있다. 기도문을 암송할 때 많이 사용하며 이러한 기도를 가리켜 묵주 기도라고 부른다.

묵주 알은 다양한 재료로 만들어지는데, 산호나 호박, 수정 등 값비싼 보석을 재료로 사용하기도 하고, 성수나 특별한 의미를 지닌 재료로 만들어지기도 한다. 오늘날에는 플라스틱이나 나무 또는 유리를 많이 사용한다. 나는 그 중에서도 가장 좋아하는 것이 나무로 된 묵주를 좋아한다. 나무로 된 묵주는 화려하지도 않고 묵주기도를 할 때 촉감이 좋아서 선호한다. 그런데 외출할 때마다 묵주를 챙겨가지고 가서 만지다가 놓고 오거나 잃어버리는 경우가 많다. 그 많던 묵주들이 어느 새 많이 없어졌다. 처음에는 늘 손에 쥐고 다니던 묵주를 잃어버려서 안타깝게 생각한 일도 많이 있었지만 지금은 후회하지 않는다. 서랍 속에서 보물처럼 쌓아두는 것 보다는 내 손에서 묵주기도를 하다가 잃어버리는 것이 오히려 더 낫다고 생각하기 때문이다.

오늘도 아침 일찍 금강수변공원을 걸으며 묵주기도를 한다. 아름다운 금강 변에서 즐거운 삶을 살 수 있도록 인도해 주심에 감사의 기도를 드린다. 건강한 몸으로 산책 중에 자성과 사색으로 주님을 찬미하며 묵주기도를 드릴 수 있는 행복한 시간을 부여해 주신 주님의 은총에 감사드린다. 전능하신 하느님께서 축복으로 내게 주신 고귀한 생명과 달란트가 주님의 뜻에 맞는 봉사활동을 할 수 있는 도구가 될 수 있도록 기도한다. 월요일과 화요일은 환희의 신비 수, 목, 금요일은 고통의 신비 토요일과 일요일은 영광의 신비를 각 5단씩 바치게 되는데, 나머지 한 단은 어려움에 처한 이웃을 위해 매일 6단씩 묵주기도를 바친다. 아름다운 금강 주변의 정겨운 풍경도 정감이 가지만 아름다운 새소리와 숲의 맑은 공기는 하루 생활 중 가장 행복한 시간이다. 하루하루 변화무쌍한 자연과 함께 생활하도록 베풀어 주신 전능하신 하느님의 은총은 지난날의 슬픔과 고통을 잊게 한다.

나는 교육공무원으로 정년퇴직을 하고 아이들에게 조금이나마 도움을 줄 수 있는 일을 해보고자 창업을 하게 되었다. 직장생활을 하면서 틈틈이 지식재산권을 확보하여 먼 훗날 아이들에게 도움을 주는 학습교구를 만들어서 교실수업개선을 하고 싶었다. 현직에 있을 때 남다르게 수업에 대해 관심이 많아서 오랜 기간 수업연구대회에 참여한 일이 있었다. 그 때 마다 아이들과 교육현장에서 불편한 학습교구를 개선하여야 하겠다는 생각을 하면서 지식재산권을 확보하였다. 퇴직 후 중소기업청에서 실시하는 맞춤형 사업에 지원하여 2013년 4차 맞춤형 사업에 참여하게 되었다. 젊은 사람들이 많이 참여하여 경쟁률도 높았지만 그동안 꾸준히 지식재산권을 확보해 두었던 것이 선발하는데 많은 도움이 되었다고 본다. 아이들이 신나는 세상, 아이들이 신나는 나라가 되었으면 좋겠다는 의미로 '아이신나라' 1인기업으로 창업을 하였다.

교육공무원이 정년퇴직 후에 창업을 한다는 것이 쉽지 않다며 주위의 많은 분들이 만류하였지만 내 고집을 꺾지는 못했다. 2014년 6월에 창업을 하여 10월에 시제품 판매를 하였다. 첫 시제품이 바로 판매가 되어 2차 제품을 생산하였지만 그 이후 홍보부족으로 판매가 이루어지지 않았다. 사무실 임대료와 관리비가 만만치 않았다. 판매가 제대로 이루어지지 않자 나의 고민도 깊어졌다. 건강이 좋지 않은 상태에서 손자까지 돌보고 있던 아내는 갱년기에 우울증까지 증세를 보이고 있었다. 그 와중에 세종시 아파트 입주일자가 다가오자 걱정이 태산이었다. 살고 있는 집도 팔리지 않고 입주하기도 어려운 상황이 되어 더욱 고통은 가중되었다.

내가 하는 일이 아이들이 신나는 세상이 될 수 있도록 지혜를 주시고, 사업 또한 원만하게 잘 해결될 수 있도록 지향을 두고 묵주기도를 하였다. 매일 사업으로 인한 스트레스로 고통의 나날이 이어질수록 묵주기도는 하루도 빠짐없이 바쳤다. 다행히 이주시기도 아닌데 아파트가 기적적으로 매매가 이루어졌다. 매매가 된 상황에서 굳이 사무실도 더 이상 임대료를 지불하며 임대할 필요도 없어졌다. 사무실에 있는 물건을 처분하여야 하는데 싼 값으로 처분하기에는 너무나 억울했다. 내가 다니고 있던 성당은 20여 년 동안 형제자매님들이 성전건립으로 인해 경제적인 어려움을 겪고 있었다. 교우님들께 조금이나마 도움을 주고 싶었다. 남아 있는 상품을 모두 성당에 봉헌하는 것이 좋겠다는 내 이야기에 아내도 흔쾌히 수긍하였다. 주임신부님은 이 어려운 때에 우리를 도와 주셨던 교우님들께 조금이나마 도움을 줄 수 있어서 무척 고맙다며 내 손을 꼬옥 잡아주셨다.

전지전능하신 하느님 이 물적 예물로 그간 성전 건립에 많은 도움을 주셨던 형제자매님과 타 본당 형제자매님께도 조금이나마 고마운 뜻을 전하는 예물로 바치오니, 어려운 가운데에서도 사랑이 넘치는 삶으로 살아갈 수 있도록 보살펴 주시길 주님의 이름으로 간절히 기도드립니다. 아멘

천주교대전교구청 홈페이지 2017/03/01 239

맹모삼천지교(孟母三遷之敎) 다시 새기다

준이는 오늘도 아파트 문을 제 스스로 열고 나가겠다고 떼를 쓴다. 발뒤꿈치를 들고 까치발로 서야만 간신히 도어록 손잡이에 닿는다. 무심코 내가 아파트 문을 열게 되면 보통 앙탈을 부리는 것이 아니다. 문을 열고 나가게 되면 위층으로 올라가는 계단에 앙증맞은 발을 올려놓고 신발 앞쪽에 선을 긋는다. 그것도 양쪽 신발을 교대로 하는 것이다. 이는 내가 운동화를 현관에서 신지 않고 밖에 나가서 끈을 매고 신는 모습을 그대로 흉내 내는 것이다. 그리고 엘리베이트 앞으로 가서 소화전을 보고 "할배 이게 뭐야?" 하고 물으면 변함없이 똑 같은 대답을 한다. "어~, 이것은 우리 집에 불이 났을 때 불을 쉽게 끄려고 준비해 둔 곳이야". 다음은 승강기 버턴을 누르게 되는데, 이것 또한 준이가 해야만 직성이 풀린다.

한 번은 매일 되풀이 하여 물어보는 소화전에 대해서 건성으로 물어보는 것이 아닌가 하여 이번에는 "준아. 이것 뭐하는 거야?"하고 물어보면 내가 하였던 말을 그대로 하는 것이 아닌가. 우리 아이 어릴 때에는 내가 자상하게 대해 본 일이 별로 없다. 아마 매일 되풀이 하여 질문을 하면 버럭 소리를 지르며 "바보같이 매일 똑 같은 질문을 하냐?, 몇 번이나 물어 보는 거야!" 핀잔을 주고도 남았을 것이다.

큰애가 1학년 들어갔을 때이다. 누구나 마찬가지이겠지만 학교에 입학한 자식에 대해 기대를 많이 하게 된다. 그래서 똑똑하게 키워보려는 욕심이 앞서 독서를 많이 해야 한다며 동화책을 한 질씩 사서 매일 읽기를 강요하였다. 그리고는 바쁜 중에 아이가 제대로 읽었는지 확인하기 위해 읽은 동화책에 대해 질문을 하여 제대로 대답을 하지 못하면 윽박지르곤 하였다. 이때에는 자식을 사랑하는 자상한 아빠가 아니라 엄한 선생님으로 훈육차원에서 철저히 지도를 하였으니 얼마나 고통스러운 일이었겠는가. 거기에다 매일 그림일기까지 강요를 하여 아마 공부란 쳐다보기도 싫은 지긋지긋한 것이라는 것을 알려준 것이나 진배없다.

손자가 생후 10개월 쯤 되었을 때 우리 내외는 매일 한밭수목원으로 아침마다 산책을 다녔다. 집에서 유모차를 싣고 이응노 미술관까지 가서 주차를 하고 유모차에 태워서 한밭수목원을 산책하기로 한 것이다. 어릴 때부터 숲속의 맑은 공기와 귀를 간질이는 청아한 새소리 아름다운 꽃과 벌레를 보며, 자연 속에서 많은 것을 배울 수 있을 것이라는 신념에서다.

샛노란 새싹이 쏘옥쏘옥 틔우는 이른 봄부터 나풀나풀 꽃밭을 날아다니는 나비를 따라 아장거리며 따라다니던 봄이 지났다. 싱싱한 잉어들이 노니는 연못에서 물고기 밥을 주며 즐거워하던 모습, 제법 뒤뚱거리며 매미소리 요란한 숲속에서 비둘기를 잡으려고 뛰어다니는 여름에는 할배를 따라 운동도 제법 하였다. 도토리 떨어지는 소리에 도토리를 주러 들어간 동산엔 예쁜 단풍잎이 원을 그리며 겨울을 재촉하였지만, 그래도 우리는 우리에게 안겨준 고귀한 축복에 감사의 묵주기도를 드리며 산책을 하였던 것이다. 아내와 나는 준이가 추워서 도저히 걸을 수 없다고 느낄 때까지 거의 1년을 하루도 빠짐없이 다녔던 한밭수목원이다.

준이가 크면서 활동량이 많아지니까 하루하루가 다르다며 아내는 힘들어 했다. 활동을 할 때마다 "아이구!, 아이쿠!" 신음소리를 내며 고통스러워하면서도 손에서 준이를 놓는 일은 없었다. 새해가 되면서 우리는 준이를 어린이 집으로 보내기로 하였다. 하루 종일 준이와 생활은 도저히 감당하기 어렵다는 생각에서다. 어린이 집에 처음 2주일은 가기를 싫어했으나 곧 적응을 잘 하였다. 아내도 조금은 여유를 가지고 다시 친구도 만나고 집안 정리도 할 수 있는 여유를 가지게 된 것이다. 나도 매일 아침 어린이 집에 가는 것을 내차로 어린이 집까지 태워다 주었다.

내차는 언제나 아파트 지하에 주차해 둔다. 어린이 집을 갈 때에는 준이와 함께 먼저 집을 나서게 되는데, 지하에 들어가기 전 입구에서 한 쪽에 침을 뱉는 것이 아닌가. 언제가 지하에 들어가기 전에 침을 뱉았던 기억이 났다. 내가 하던 모습 그대로 흉내를 내는 것이다. 세상에나 내가 하였던 그대로, 갑자기 맹모삼천지교가 생각이 났다. 아이들은 본대로 느낀 대로 그대로 한다는 말이 실감났다. 지난번에는 더워서 선풍기를 손가락으로 켜지 않고 무심코 발가락으로 슬쩍 눌러서 선풍기를 켠 일이 있다. 그 이후 선풍기를 켜라고 하였더니 엄지발가락으로 똑같이 누르는 것이 아닌가. 뒤통수를 얻어맞은 듯 아이 앞에서 하는 언행이 얼마나 소중한 일인지 이순이 지난 지금에서야 다시금 깨닫게 된다.

맹모삼천지교란 맹자 아버지가 일찍 돌아가시고 편모슬하의 어려운 환경 하에서도 자식교육을 위해 세 번이나 이사를 하면서까지 학습환경이 좋은 곳으로 가서 훌륭한 학자를 만들어 냈다는 맹자 어머니의 이야기다. 물론 맹모삼천지교나 베틀의 실을 잘라버린 맹모단기는 자식을 제대로 키워보겠다는 어미의 단호한 마음을 잘 나타내고 있다. 오늘날 우리나라 부모들이 자식교육을 위해 교육에 전 생을 걸었기 때문에 민주화와 산업화를 이루어 이만큼이라도 국가발전과 부흥에 도움이 되었다고 본다. 그러나 근래 일부 과열된 학부모의 교육열정이 지나친 경쟁심으로 무조건 해외 유학을 보내거나 모든 교육활동을 어머니가 대신하여 마마보이를 만드는 것은 아닌지 염려스럽다. 맹모삼천지교는 교육경쟁이 아니라 바른 사람으로 키우겠다는 자식에 대한 사랑이었다는 점을 결코 잊어서는 안 될 것이다.

대전카톨릭문학 2014.07.28. / 한밭수필 2014

가족 여행

어느 사회를 막론하고 가정의 윤리가 무너지면 사회전체의 윤리가 위협을 받게 마련이고 가정이 황폐화되면 사회 전체가 무너지는 것이다. 가정 안에서 '나'밖에 모르는 이기주의적 행동, 부모 자녀간의 폭행과 살인, 부모를 버리는 자녀, 자식을 버리는 부모 이와 같은 가족구조의 붕괴와 가치관의 혼란이라는 악순환 속에서 우리 사회는 병들어 가고 있다. 부모 되기는 쉬워도 부모 노릇하기는 어려운 것이다. 이글은 10여 년 전에 쓴 글이나 가정의 평화와 행복을 위해 올리는 글이다.

우리 가족은 여름방학이면 가족여행을 간다. 해마다 2박 3일 일정으로 날짜와 여행지만 정해지면 출발을 한다. 특별히 여행 일정을 세우지는 않는다. 여행을 하면서 서로 상의 하여 모든 일정이 이루어지는 것이다. 미리 치밀한 계획을 세워서 일정을 짜다보면 너무 시간과 장소에 구속을 받는 것 같아서 별로 좋아하지 않는다. 이번에도 간단히 먹을 수 있는 것으로 준비를 하고 집에서 먹던 것을 그대로 가지고 가는 것이다. 그리고 무리하게 갈 것도 없고 서로가 재미있는 이야기를 하면서 가다가 상호간에 좋다고 하는 곳이 있으면 그곳이 바로 여행지이며 우리가 쉬는 숙박소가 되는 것이다. 음식점도 마찬가지이다. 너무 소문이 난 음식점이라든지 유명한 곳은 가지 않는다. 그냥 여행을 하다가 배가 고프면 서로 상의 하여 적당한 곳을 가는 것이다.

이번 여행에도 홍도와 남해안을 다녀오기로 하고 떠났으나 여행을 하는 중에 목포에서 외달도를 들리게 되었고, 또 계획에도 없던 순천 낙안 민속마을과 여수 향일암 그리고 거제도에서 해금강과 외도를 다녀오게 되었다. 이 모든 일정은 서로가 가보지 않았던 곳, 가보고 싶은 곳을 서로 상의 하여 목적지를 정하여 떠나는 것이다. 또 숙소와 음식점도 마찬가지이다. 그러다 보니 식구끼리 가면 차 안에서 할 이야기가 많다. 가보고 싶은 곳, 또 관광안내소도 알아보아야 하고, 가 보았던 곳 또 보아야 할 곳 여행하면서 재미있었던 일 등 이야기 거리가 많다. 아이들이 어릴 때에는 내가 운전을 하면서 아내와 서로 상의하여 가족여행을 하였지만 이제는 막내가 군복무를 마치고 대학교 4학년이니 어엿한 성인으로 큰 몫을 한다.

이번에도 출발하면서 먼저 운전석으로 가서 앉는 것이다. 유성톨게이트를 지나 호남선으로 들어선지 얼마 지나지 않아 큰 놈이 흰 봉투를 내 놓으며 "이번 즐거운 여행이 되세요." 한다. 여행비는 조금도 신경을 쓸 것 없다며 돌려주려고 하였으나 제 동생에게도 흰 봉투를 손에 쥐어 주면서 재미있는 여행이 되길 바란다고 하며 주는 것이 아닌가. 시키지 않았는데도 하는 행위가 너무 고맙고 착하다. 큰 놈이 그래도 형으로써 동생을 위하는 마음씨가 곱고 언제나 양보를 하면서 어릴 때부터 그렇게 생활을 해 왔다. 솔직히 나는 어릴 때 부모님께 동생이 칭찬을 많이 받으면 질투가 나서 미워도 하고 가끔은 욕설을 하면서 단단히 혼내주기도 하였는데 말이다.

갑자기 큰 놈이 중학교 다닐 때 생각이 난다. 중학교 2학년 때 담임선생님이 상담을 하고 싶다며 연락이 왔다. 같은 교육자 이면서도 담임선생님이 상담을 하자는 연락을 받고 공연히 내가 죄인인 것처럼 내 자식이 큰 잘못을 저지른 것은 아닌지? 사고를 친 것은 아닌지? 별의별 생각이 다 든다. 오후 3시가 되어 상담실로 담임선생님께 찾아갔다. 담임선생님은 대단히 미안하게 생각을 하면서도 자식에 대한 기초 상담 자료를 많이 가지고 계셨다. 가정환경이나 가족과의 갈등이라든지 모든 면에서 문제가 없는데도 공부를 하지 않는다는 것이었다. 즉 생활태도에서는 큰 부정적인 요소를 찾지 못하겠는데 학력이 떨어지게 되어 상담하고자 연락을 하였다고 한다.

큰 놈이 공부하는데 별로 흥미가 없다는 것을 또 열심히 하지 않는다는 것을 나는 알고 있었다. 이 또한 내 탓이다. 초등학교 1학년 때부터 공부 잘하는 아이를 만들려고 과욕을 부렸던 것이 잘못이었다. 책을 읽기 싫어하는 것을 알면서도 무리하게 책을 읽히고 거기에 제대로 읽었는지 확인을 꼬박꼬박 하였으며, 매일 그림일기 쓰기를 강요하였으니 얼마나 고통이 심했을까. 아빠가 선생님이었으니 거절도 하지 못한 채 문제집까지 풀도록 강요하여 아마 공부라는 것은 지긋지긋 하였을 것이다. 그 후 고등학교까지 연장이 되어 할 수 없이 적성에 맞는 학과에 진학을 하기로 하였던 것이다. 자기의 적성과 취미에 맞는 학과 선택으로, 대학에 가서는 솔선하여 밤을 지새우며 전문적인 학문연구를 하게 되어 취직까지 하게 된 것이다.

교육에 있어서 가장 큰 문제는 자녀의 특기와 적성을 생각지도 않고 무조건 사교육비를 과다 지출하는데 문제가 있다. 아이의 재능과는 무관하게 부모의 욕심으로 무리하게 강행을 하지는 않는 것인지, 아니면 학력 지상주의를 추구하는 것은 아닌지 우리 모두 자성해 볼 일이다. 능력은 되지 않는데 초·중등학교나 대학교 다닐 때 어학연수 내지는 학위취득으로 외국에 가서 6개월 내지는 몇 년 동안 공부를 하는 것을 볼 수 있다. 자녀의 교육비 문제로 기러기 아빠 또는 과다한 교육비 문제로 가정경제 파탄 내지는 채무관계로 엄청난 고통을 받는 경우를 흔히 본다. 나도 자식을 둘씩이나 기르면서 외국으로 교육을 보내지 못해서 자식들한테 미안한 생각이 가끔 들 때가 있다. 그래서 한 번 슬쩍 네 친구들도 외국에 가서 공부하는데 공부하러 갈 생각 없느냐 물어 보면, 나중에 제가 벌어서 공부하러 간다고 말을 한다. 집안 형편을 뻔히 알면서 빚까지 내어 갈 생각을 하지 않는 것일 게다. 항상 부모님 건강하실 때 여행 많이 다니시고 빚을 지면 제가 책임지고 갚아드린다는 말만한다.

여행을 하면서 하는 의사결정은 서로가 똑 같은 일원으로서 의사 결정에 참여하게 된다. 전통적인 가부장적인 가족의 서열은 문제가 되지 않는다. 오로지 서로가 의견을 제시하여 상대방을 설득하여 동의를 얻으면 실행에 옮기게 되는 것이다. 가끔 친구들 이야기를 들으면 자식들이 함께 가지 않으려고 한다고 한다. 이는 무엇 때문인지 분석을 해 보아야 할 것이다. 내가 아버지 이니까 가장의 권위로 무조건 따라야 한다든지, 내 고집에 의해서 하기를 바라는 것은 아닌지, 내 마음에 들지 않는다 하여 식구들을 불편하게 하는 것은 아닌지, 서로가 대화를 터놓고 하지 않는 이유는 무엇인지, 그 동안의 쌓였던 감정은 없었는지 서로가 상대방을 배려하는 마음으로 살펴보아야 할 것이다. 가족 간의 자연스런 의사소통이야말로 건전하고 행복한 가정의 일 순위라 할 수 있을 것이다.

특히 자식들이 성장하면서 부자간에 갈등을 많이 이야기 하는 것을 들어본 일이 많다. 서로간의 입장만 내세우다 보니 서로가 어려운 상태가 되는 것이 아닌지 모르겠다. 어떤 아버지가 가장 좋은 아버지라고 생각을 하는가에 대한 설문에서 친구와 같은 아버지가 가장 좋은 아버지라는 이야기를 들은 일이 있다. 맞는 말이라고 생각을 한다. 나는 자식들 앞에서 권위를 버리고 친구로서 어울리기를 좋아한다. 자식 또래의 여자 친구 이야기를 자연스럽게 자주하면서 농이나 유머를 자주 사용하고 자식한테 장난을 자주하며 말을 자주 거는 편이다. 그리고 TV를 보게 되면 젊은이들이 보는 프로그램을 자주 보고 같이 웃기도 한다. 먼저 문자를 보내기도 하지만 자식이 나한테 문자를 보내면 재미있게 보내기도 하면서 젊은 층의 문화를 공유하기 위해 노력한다. 이번에도 숙소에서 나와 큰놈은 서로 배통을 내놓고 배꼽부분을 사랑의 마크 모양을 하여 양손으로 움켜쥐고 웃는 모습을 막내 놈이 디지털카메라에 담았다. 우리 식구들은 서로가 '부전자전'이라는 제목으로 인터넷 카페에 올려놓으면 재미있을 것이라며 배를 잡고 웃었다.

가족여행은 어릴 때부터 꾸준히 다니는 것이 중요하다. 그동안 우리나라 여러 곳을 다니면서 가족과 함께 다니는 여행은 그 어떤 것보다도 편안하고 정서적이며 즐거움으로 더욱 가족애를 느끼게 해주었다. 특히 가족 간의 대화를 통해 가족 사랑을 돈독히 할 수 있으며, 말하기 어렵고 마음에 담아두고 고통을 받을 수 있는 이야기도 자연스럽게 여행을 하면서는 풀어 놓을 수 있는 것이다. 먼 훗날 돈을 많이 벌어서 여행을 간다는 것은 의미가 없다. 지금 당장 서로 가족 간에 시간이 맞으면 단 하루라도 함께 떠나길 권하고 싶다. 비록 전문직이나 고관대작은 아니더라도 가족과 함께 서로를 위하면서 오순도순 정답게 살아가는 것이 큰 행복이며 주님께서 주신 은총일 것이다. 이제 내년부터는 가까운 외국에 여행을 다녀

보자고 자식들은 이야기를 하고 있지만, 국내에도 너무 아름답고 정다운 이웃의 삶이 그립기에 내년에도 무작정 아름다운 이 강산을 가족과 함께 많은 대화를 나누면서 여행을 떠나리라고 다짐해 본다.

가족 여행은 가슴에 사랑의 모닥불을 지피는 것이다.

[3] 2017.08.28. 501

PART 3

봄

행복한 삶 인성교육에 있다

한국 전쟁 후 우리나라는 연간 국민소득이 63달러였다. 지구상에서 가장 배 고품과 생활고에 시달리는 가난한 나라였다. 우리가 가난에서 벗어나는 길은 교육을 통해 선진기술을 배워 선진기술을 따라가기 위해 교육입국에 올인 하는 수밖에 없었다. 우리 부모들의 희생적인 교육열을 업고 우리나라는 교육의 양적 질적 성장을 거듭하며 산업화와 민주화를 동시에 이루어내면서 2017년도 1/4분기 GDP 기준 세계 11위, 무역규모는 7위의 경제대국으로 성장하여 국민소득 27,000달러 시대에 살게 된 것이다.

우리는 그동안 학력 지상주의에 매달려 학부모의 교육열정으로 오로지 최고를 부르짖으며 앞만 보고 달려왔다. 학력이라고 한다면 전 영역에 걸쳐서 모두 우수한 성적을 거두어야만 최고의 명문대학에 입학하는 것으로 알고 학생의 특기와 적성은 생각하지 않은 채 교과 성적 올리는 데에만 전심전력 하였던 것이다. 우리나라에서 안 되면 세계 어느 곳이라도 유학을 보내어 성취를 위해 올인을 하며 삶을 살아왔다. 학생 개개인의 수준차를 고려하지 않은 채 붕어빵을 찍어내 듯 똑 같은 틀의 교육과정으로 한 줄 세우기에 급급하였던 것이다. 그로 인해 대학 입시에는 성공하였지만 창의성과 문제해결력 부족으로 중도 탈락을 하고, 문제아나 사회 부적응아 등 사회 문제로 대두되고 있는 실정이다.

우리나라 학생들의 학력은 세계적으로 최상위 수준이다. OECD가 총 65개국을 대상으로 실시한 PISA 2009에서도 우리나라의 학생들의 성취수준이 탁월한 것을 나타났다.(2010년 12월 발표) 즉, 영역별 국제 비교 결과 국어 1위 수학 1위 과학 3위 등 세계 1위의 학력평가 결과라 할 수 있을 것이다. 그러나 한국 청소년이 경쟁 위주의 입시 교육 영향 때문에 '남과 더불어 사는 능력'이 세계 최하위 수준이라는 연구결과가 나왔다.

대한민국이 2000년도에 PISA시험에 가장 큰 관심을 가진 이유는 바로 결과 때문이었다. 1위였던 핀란드에 이어 바로 대한민국이 2위를 차지했기 때문이다. PISA시험에서 2000년부터 2012년까지 줄곧 우수한 성적을 거두었다. 그런데 PISA 2015년도의 결과가 2016년 12월 6일 발표되었다. 2012년도에 비해 떨어진 성적과 순위가 논란의 중심이었다. 2012년도 결과와 비교하여 읽기는 2012년 1~2위(536점)에서 2015년 3~8위(517점), 수학은 2012년에 1위(554점)에서 2015년 1~4위(524점), 과학은 2012년 2~4위(538점)에서 2015년 5~8위(516점)을 받았다. 시험 결과 이후 순위 하락과 관련한 기사들이 연이어 나왔다. 순위 하락의 주요 원인으로는 두 가지가 손꼽혔다.

첫 번째, 시험 성적 분석 결과 하위권 학생들이 15.4%까지 늘어났다는 사실이다. 2012년도에는 한 자릿수에 머물렀던 하위권 학생수가 2배가량 높아졌다. 두 번째, 남학생의 성적 부진이다. 수학, 과학 과목에서 여학생보다 부족한 성적을 받았다. 이런 현상의 근본적인 원인은 설문결과를 통해 짐작할 수 있었다. 설문조사 결과 공부에 대한 흥미도'라는 질문에서 70개국 중 최하위를 기록했다. 이와 더불어 설문조사를 바탕으로 한국 학생의 과학에 대한 즐거움이 낮다는 사실 또한 밝혀졌다. 2012년도에 비해 8점을 하락한 2015년도 과학 점수의 원인은 과학 흥미도와 관련되어 있을 것이라는 주장이 나왔다. 한국 학생의 과학에 대한 즐거움, 흥미는 OECD 평균에 비해 낮았다. '과학 공부에 흥미가 있나'라는 질문에 그렇다는 긍정적인 답변을 한 한국 학생은 53.7%이었다. OECD 평균인 63.8%보다 낮았다.

현재 PISA결과 발표로 인해 많은 문제점들이 발견되면서 학생들을 위한 더 나은 교육을 추진하기 위한 방법을 모색 중이다. 이런 문제점을 극복하기 위해서는 제도의 변화도 중요하지만 학생들과 학부모들의 인식 변화를 꼽고 있다. 공부를 바라보는 관점이 긍정적으로 변화된다면 흥미도, 행복지수 또한 높아질 것으로 예상하고 있다는 점이다. 이에 교사들과 학부모들은 학력신장과 인성교육의 실질적 교육활동으로 미래 사회를 이끌어 갈 도덕적이고 창의적이며 자기주도적인 유능한 인간을 육성하기 위해 다음과 같이 매진해야 할 것이다.

첫째, 실천중심 인성교육을 강화해야 할 것이다. 사람다운 품성을 지닌 인간을 기르기 위해 바른 생활 습관을 형성시키고, 건전한 학생 생활문화를 조성하며, 독서 생활화 교육에 충실해야 한다. 또한 더불어 사는 생활의 실천 및 다양한 상담활동과 생활지도를 강화하고, 체험활동과 특별활동을 통하여 건강한 몸과 마음을 육성하도록 해야 할 것이다.

둘째, 체벌보다는 상찬으로 이끌어야 한다. 엄한 부모나 선생님한테는 아이들이 눈치를 보며 자라지만, 칭찬을 받으며 자란 아이들은 밝고 명랑하며, 자신감을 가지고 씩씩하게 잘 자란다고 생각을 한다. 자신이 행복하다고 생각하는 사람이라야만, 오늘의 내가 있도록 낳아 주고 길러주신 어버이와 교육하여 성장시켜 주신 스승께 감사할 줄 안다. 자신이 행복하다고 생각하며, 자신을 존중할 줄 아는 사람은 다른 사람으로부터 사랑과 칭찬을 많이 받아본 사람이다. 때문에 어려서부터 칭찬을 많이 받은 사람이 자존할 수 있다.

셋째, 생명 경외 문화가 확립되어야 한다. 즉 우리의 생명이 소중함과 같이 모든 존재와 더불어 생명을 나누고, 향유하며 지속하는 것이 우리의 의무이다. 인간이 위대한 것은 오직 인간만이 생명을 경외할 수 있는 지혜를 부여 받았기 때문이다. 이 사회에 폭력문화가 득세한 것은 생명 경시 풍조 때문이다. 우리는 날이 갈수록 생명의 소중함에 대해 무감각해져만 가고 있다. 그러므로 가정과 학교에서부터 생명 경외 문화가 확립되어야 한다. 한 사람, 한 사람은 얼마나 소중한 존재인가. 우리의 자녀들에게 정말 필요한 것은 물질이 아니라 생명에 대한 경외 사상이다. 폭력을 이길 수 있는 것은 생명을 사랑하는 힘이다. 기성세대와 언론은 이것을 아이들에게 가르쳐야 한다.

미래 사회에서 학교교육은 교사중심의 교수행위 보다는 학습자의 학습권을 존중하는 교육체제로 바뀌어야 한다. 학생이 교육의 중심에 서고 교사는 학습자의 실천적 지식을 도출하는 과정에서 학습의 촉진자 · 안내자 역할을 하여야 할 것이다. 학교교육의 궁극적인 목표는 지 · 덕 · 체의 조화를 이루는 전인을 육성하는데 중점을 두어야 한다. 그래서 우리의 학교교육이 학생들에게 있어서 선생님의 역할이 단순한 지식의 전달자가 아니라, 그들이 앞으로 살아갈 인생과 삶의 좌표 역할을 하고 있기 때문에 청소년들의 사회적 일탈행위에 대해 책임감을 느끼지 않을 수 없는 것이다.

'한국이 경제의 기적인 나라이기보다는 아직도 어둠에서 헤매고 있는 우리 아이들이 희망을 갖는 나라이기를 바라는 것이다.'

한국교육신문e리포터 2016.02.11

새 학년을 맞이하며

새 학년을 맞이하며 처음 개교하는 00초등학교에 등교하는 문제로 학보모님들이 학생등교 거부를 제기 했다. 아이들이 다니던 △△초등학교는 큰 길을 건너야하는 불편함으로 매일 아침 통학버스를 이용하였다. 편리하게 통학버스를 이용을 하다가 곳곳에 공사판이 벌어지고 있는 통학로를 따라 아이들이 등교하는 문제로 학부모님들이 불안하여 아이들 보내기가 어렵다는 것이다. 또, 아직 교육시설이 제대로 이루어지지도 않았는데, 아이들을 수용하게 되면 안전사고에 위험이 있을 뿐만 아니라, 일조권으로 인한 교실배치 문제로 등교를 거부하고 있는 상황이었다.

이에 학부모님들은 세종시 교육청과 00초등학교를 방문하여 불합리한 점을 지적을 하고, 교육시설 여건이 제대로 이루어지지 않은 점에 대해 교육당국자로부터 해결방안을 요구하였다. 임시 학부모대표를 구성하여 학교를 방문하여 개교하는 학교의 교육시설을 점검을 하기로 하였다. 교육시설 점검 차 학교를 방문하는 날 학부모 대표 30여명이 00학교를 방문하여 개교하는 학교의 시설 점검하고 문제점을 학교 당국과 교육청에 제기하였다. 전반적으로 개교를 급하게 서두르는 과정에서 교육시설이 부족한 점이 많고 안전사고에 대한 미비한 점과 교실 채광이 기준에 미치지 못하여 아이들이 교육활동을 하기에 부적절하다는 점을 제기 하였다.

이와 같은 미비한 점을 학교장과 예비학부모 대표들이 협의 과정에서 안전사고와 미비한 교육시설은 보완을 하도록 하고, 학습권으로 채광이 어두운 교실은 채광이 잘되는 곳으로 배치하고 연구실과 자료실은 어두운 쪽으로 배치하도록 하겠다는 언약을 받았다. 이 과정에서 학부모님들은 교육시설이 미비한 이 학교로 전학을 해야 하느냐? 다니던 학교에 그대로 다니도록 할 것이냐? 아니면 다른 곳으로 보내야 할 것인가? 의견이 분분했다. 이와 관련하여 학교등교 문제 갈등 상황을 조금이나마 도움을 주고자 카페에 올린 글이다.

삼월이다. 삼월은 샛노랗게 돋아나는 새싹과 같이 생동감이 넘친다. 이 삼월을 제일 두근거림으로 맞이하는 사람은 누구일까? 그것은 아마도 너무 성급하게 건축 일정을 앞당기며 개학을 서둔 00초등학교에 입학하는 아이들과 사방이 건설 중인 통학로를 뚫고 학교에 보내야 하는 학부모님일 것이다. 요즈음 필자의 집에서 00초등학교를 바라보면 밤늦게까지 교실이 밝고 환하게 등이 켜져 있는 것을 볼 수 있다. 아마 입 · 전학 하러 오는 아이들을 위해 밤늦게까지 조급하게 등교준비를 하고 있는듯하여 안쓰럽다.

리버시티 카페에도 개학할 준비가 되지 않은 상태에서 아이들 등교를 공식화하고 있는 세종시교육청이나 학교에 대해 불만이 많이 있는 글을 볼 수 있다. 특히 아이들이 안전하지 않은 통학로를 어떻게 등교를 시킬 것인가에 대한 불만이 가장 큰 것으로 나타났다. 또, 학교건물 배치와 조양권, 안전시설물 등 당장 아이들이 생활하기에 불편한 점 또한 불만이 많은 것으로 안다. 필자 또한 교육공무원으로 근무했던 사람으로 이 문제에 대해 언급하는 것이 무척 조심스럽다는 것도 잘 안다. 이 일로 나서기도 그렇다고 모른 체하기도 참으로 딱한 노릇이다. 몇 번이나 글을 올리려다가 지우긴 하였지만, 그래도 인생의 선배로 교육현장에서 다양한 경험을 해왔던 사람으로 그냥 그대로 있다는 것이 비굴한 것이라는 것을 알기에 조금이나마 도움이 될까하여 몇 자 적는다.

2월 28일 오후 00유치원에 아이를 데리고 방문을 하였다. 교육현장을 떠난 지 불과 몇 년 만에 이렇게 많이도 변 하였는가 깜짝 놀랐다. 물론 교육도시 세종특별자치시라는 특이한 점도 있겠지만 모든 시설이 너무나 훌륭하다는 점이다. 이제 유치원에도 교무실을 비롯하여 행정실 급식실외에도 대강당을 비롯한 특별실과 학습자료실 등 다른 지역에서는 볼 수 없는 최신 교육시설이었다. 교실 앞에 아이들 명단과 사물함에도 예쁜 이름이 붙어있고 시설 하나하나가 유치원생 눈높이에 맞는 시설로 격세지감을 느꼈다. 그렇지 않아도 불만이 많은데 불난 집에 부채질 하느냐며 불만을 가진 분들이 많은 지탄을 하리라는 생각도 들지만 솔직히 보고 느낀 대로 표현을 한 것이다.

안전사고를 대비하지 못한 상태에서 귀여운 자녀를 학교에 보내야 하는 부모의 마음, 아직도 여러 가지 교육적인 시설미비로 불만은 많을 것이라는 생각은 하지만 너무 염려하지 않아도 된다고 본다. 마뜩치 않아서 다른 학교나 아니면 다니는 학교에 그대로 다니도록 하겠다는 학부모님은 걱정하지 말고 00초등학교로 보내라고 권유하고 싶다. 세상은 악한 사람보다는 바르고 선한 사람이 많다.

그렇게 염려를 하지 않아도 관련 분야에 직분을 맡은 분들이 최선을 다하여 아이들 교육에 도움을 주려고 최선을 다한다는 것을 믿어야 한다. 자칫 아이들 앞에서 00유・초등학교에 대해 불평불만을 하게 되면 아이들은 잠재적으로 부모님이나 주위의 어른들이 한 말을 그대로 마음속에 담아두고 있기 때문에, 모든 것을 바로 보지 않고 부정적인 시각으로 인식을 하게 되어 제대로 받아들이지 않는다는 점이다. 또한, 교사의 일거수일투족에 과민반응으로 대하면 위축이 되어 아이들 교육에 무관심으로 사랑하는 우리 아이들이 가장 큰 피해를 보게 된다는 점을 알아야 한다.

새 학교에 처음 가는 날, 아이들 눈에는 넓은 운동장과 새로운 건물이 호기심과 위압감으로 다가온다. 새 학년의 들뜬 마음으로 제 몸만 한 가방을 짊어진 아이들. 꼬옥 보듬어주고 싶고 토닥거려주고 싶다. 하지만, 변덕스런 봄 날씨 꽃샘추위가 몰아치면 새 건물에 을씨년스런 교육환경에 서 있는 아이들이 안쓰럽기만 하다. 새 학년 새 교실 새로운 담임선생님 앞에 고개를 두리번거리는 아이들의 모습. 앙증맞고 예쁘지만, 호기심과 놀람의 빛이 가득하다. 특히 첫 아이를 학교에 보내는 부모님의 눈빛은 더하다. 아무리 연세가 높든 낮든 자식을 걱정하는 부모의 마음은 매 한가지이다. 하지만, 또 하나의 새로운 환경과 만나려면 껍질을 깨는 아픔이 있어야 함을 알게 된다.

문득 줄탁동시(啐)란 말을 떠올려 본다. 이 말은 중국 송대(宋代)의 선종(禪宗)을 대표하는 불서『벽암록(碧巖錄)』에 나온 말로 병아리가 세상 밖으로 나오는 마지막 관문인 껍질 깨기에서 유래한 말이다. 스무하룻날의 기다림 끝에 알 속의 병아리가 밖으로 나오려고 연약한 부리로 단단한 껍질을 깨기는 그리 쉬운 일이 아니다. 나름대로 공략 부위를 정해 부리로 쪼기 시작하지만, 힘이 부친다. 이때 그 기별을 안 어미 닭은 그 부위를 밖에서 쪼아 준다. 마침내 알 속에서 사투를 벌이던 병아리는 비로소 세상 밖으로 나오게 된다. 이렇게 안에서 쪼는 것과 밖에서 쪼는 것이 동시에 이루어져 맞아야만 새로운 세상이 열리게 되는 것이다.

이제 새 학년을 맞이하는 아이는 부모가 걱정하는 만큼 연약하지도 어리지도 않다. 나름대로 준비를 하고 있다. 하지만, 새로운 환경을 여는 몸짓은 아이와 어른 모두에게 힘이 드는 일이다. 부모는 자식의 몸짓이 아프게 다가오지만 정확하게 방향만 제시해주고 기다려 주는 것이 제일 좋은 화답이라고 생각된다. 늦겨울과 삼월 그리고 봄. 그렇게 계절의 변화는 그리 쉬이 자리를 비켜주려고 하지 않는다. 몇 번의 한기가 몰아치고 목련과 진달래가 지고 나면 어느 순간에 봄은 한자리를 차지하고 싱싱한 신록의 어울림을 위한 성장에 다가서게 되는 것이다.

눈에 넣어도 아프지 않을 귀한 아이들. 이제 삼월의 울림과 함께 더 큰 성장을 위한 응원해야 할 때가 아닌가 한다. 성장은 언제나 아픔을 수반한다. 그 아픔을 지켜봐 주고 정확하게 도와주는 것이 부모님의 인식이다. 새 학년을 맞이하여 지역사회와 함께하는 교육공동체의 의미를 다시 새겨보고, 함께 아이들 교육을 위해 어떻게 하는 것이 최선을 다하는 것인지 되짚어 보아야 할 때이다,

[8] 2017.03.02. 363

댓글 8 | 등록순 ▾ | 조회수 364 | 좋아요 ▾ ♡ 7 구독 신고

로망 312동 2017.03.02. 18:53 ↳답글 신고
네^^ 좋은말씀감사합니다..

달빛좋아303동 2017.03.02. 19:10 ↳답글 신고
반성하고 갑니다♡감사드립니다♡

서예태시 312동 2017.03.02. 19:37 ↳답글 신고
넘 맞는 말씀에 부끄러워지네요.
글벗유 선생님들은 꽤 오랜 날을 한밤중에 퇴근했다 하시고...글벗초 역시 계속 불안해하는 학부모 마음까지 헤아리느라 개교까지 맘고생이 많으셨을 듯 합니다.
내 아이가 다닐 곳이니 믿고 맡겨야지요. 어수선하지만 곧 아이들이 곳곳을 누비며 재밌는 시간 보내길 바라봅니다.

빛나공주313 2017.03.02. 21:31 ↳답글 신고
다시한번 생각하게 됩니다 좋은 글 감사해요^^

309 블루아이즈 2017.03.02. 22:04 ↳답글 신고
좋은말씀 감사합니다~!!

비비안 304동 2017.03.02. 22:43 ↳답글 신고

아이들이 맘 편하게 생활할수있도록
안전주의 시키고
선생님이나 학교관계자들 험담은 아이들 없을때 하자구요~~

모듬302동 2017.03.03. 11:54 ↳답글 신고
좋은글 감사합니다^^
글벗초는 원래 우리아파트 학군이니 좋든싫든
우리가 지켰음 하는 바램이네요

봄햇살 310동 2017.03.03. 12:33 ↳답글 신고
좋은 말씀입니다.^^
아이들은 우리학교, 우리 선생님들이 아주 훌륭하다고 믿고 교육받는것이 좋습니다.

저도 학생은 없지만 조심스런 마음으로, 잘 해결되었으면 하는 마음으로 상황을 지켜보고 있습니다.
머리수라도 보태려고 남편과 시위현장에 가 본 적도 있구요..
모쪼록 아이들 아무 일 없이 즐겁고 행복한 학교생활 하게 되기를 바랍니다~

명함예절

나는 좋은 말로 하면 열정이 많은 것이고, 나쁜 말로 하면 매사에 너무 욕심이 많다. 퇴직을 지난해 8월에 하였지만 그동안 활동하였던 일을 나열해 보면 다음과 같다. 학습부진아지도, 학교방과후활동 알선 학교방문, 평생교육명예기자단 활동, 시민자치대학 수강, 한밭도서관 고전읽기 수강, 연금관리공단에서 주관하는 산야초 건강관리 효소 만들기, 매체 장르 융합형 기획자 양성과정 교육, 대전시서구 마을공동체 리더 양성교육, 그 외에도 공무원 연금관리공단에서 주관하는 연수, 문인협회 회원으로 글쓰기 등 너무나 바쁘게 살고 있다. 그야말로 '백수가 과로 사 한다'는 말이 실감 날 정도이다. 교직생활에서 느껴보지 못했던 교육과정이 많을 뿐만 아니라 우수한 강사진에 나도 모르게 참 세상에는 똑똑하고 멋지게 사는 분들이 참으로 많다는 것을 실감하게 된다.

오늘은 대전시서구 마을공동체 리더 양성교육에서 '비즈니스 매너와 대화 기술'에 대해서 강의를 들었다. 성공을 위한 매너와 에티켓 직장 예절에 관한 것이다. 막연히 알고 생활하였던 에티켓과 직장 예절 강의와 실습을 통해 평상시에 무관심하게 생활하였던 일들이 새삼 가슴에 와 닿는다. 사람의 첫인상은 3초 만에 결정이 된다고 한다. 사람을 볼 때 가장 먼저 보는 곳이 눈과 얼굴인데 보는 비율이 71.4% 나 된다고 한다. 좋은 이미지 형상을 위해 표정, 바른 자세, 용모, 대화, 인사예절을 들 수 있다. 성공적인 이미지를 위해 '자신을 알라!, 자신을 계발하라!, 자신을 상품화 시켜라!, 자신을 알리고 광고하라!, 나답게 사는 것을 개발하라!' 등 나 자신에 대해 많은 것을 배우게 되었다.

그 중에서도 내가 당연히 알고 생활하고 있다고 생각하였던 것 중 가장 소홀히 하였던 대인관계 매너에 대해 많은 반성을 하게 되었다. 예절이란 무엇이던가. 인간관계에 있어서 서로 마찰을 없애고 불편을 덜기 위한 마음가짐이며 약속이다. 즉, 나를 낮추고 상대방을 존중하는 마음자세이며, 행동규범을 말하는 것이다. 에티켓과 매너의 차이점은 에티켓은 일반 생활 개념에서 벗어나지 않는 올바른 예의범절로 의무사항으로 규정되지만, 매너는 에티켓을 바탕으로 행동 말로 표현되어지는 것으로 선택사항에 해당된다는 것이다. 즉, 예절, 매너, 에티켓은 일상생활을 하는데 있어서 모든 일의 출발점이자 남을 배려하는 마음이라 할 수 있는 것이다.

대인관계의 매너로 인사예절, 악수예절, 명함예절, 복장예절, 상석의 위치, 소개예절, 대화예절, 방향, 지시, 안내 예절, 전화예절, 술자리예절 등에 대해 강의를 들으면서 그야말로 일상생활에서 주어진 상황에서 적절하게 행동하는 방법으로 주위 사람들과 올바르게 교류하는 방법은 참으로 소중하다는 것을 새삼 깨닫게 되었다. 그 중에서도 명함을 주고받을 때 예절이 가슴에 와 닿는다. 얼마 전 모임에서 상대방에게 명함을 받으면서 나의 명함을 주어야 하는데, 어디에 두었는지 몰라서 지갑의 이곳저곳 여러 번 뒤척이다가 다음에 드린다고 약속은 하였지만 뒤돌아서며 무척 부끄러웠던 일이 아직도 기억에 생생하다. 아마 나에 대한 이미지가 무척 나빴을 것이라는 생각을 한다.

명함이란 상대방에게 소속과 성명을 알리고 증명하는 자신의 소개서이자 분신이다. 따라서 항상 명함을 소지하고 있어야 한다. 그러기 위해서는 명함 지갑에 넣어서 깨끗하게 보관해야 한다. 명함 보관 시 주의 사항으로 이리저리 명함을 찾는 행동이나, 뒷주머니에서 명함을 꺼내는 행동, 이름이나 소개를 하지 않고 명함만 건네는 행동은 주의 하여야 한다. 또, 앉은 채 교환하는 행위, 거꾸로 건네는 행위, 받은 명함을 놓고 가는 행위, 명함에 낙서하는 행위, 명함이 준비가 안 되거나 상대방 앞에서 찾는 행위도 마찬 가지다.

명함을 건네는 법으로는 일어선 자세로 자기를 소개하면서 자기 이름을 밝히면서 건네는 것이다. 이 때 성과 이름은 약간 쉬었다가 이름을 밝히면 상대방이 쉽게 이해가 된다고 한다. 건네는 순서는 손아랫사람이, 소개받은 사람이, 방문자가 먼저 건네는 것이 예의이며 두 손이나 혹은 자연스러운 한 손으로 건넨다. 명함을 받을 때는 일어선 자세로 받으며 명함을 받고 내용을 확인한다. 모르는 내용은 질문을 하고 관련된 업무와 관련하여 대화를 나누는 것이 중요하다. 받은 명함 관리를 위해 간단한 메모나 주기적인 정리가 필요하다.

내 책상 위에는 아직도 명함이 먼지를 뒤집어 쓴 채 수북하게 쌓여있다. 바쁜 삶으로 정리를 하지 못한다는 나 자신에 대한 합리화를 위한 변명을 하면서 말이다. 한 때는 명함을 받으면 명함꽂이를 사서 하나하나 꽂아 두었던 때가 있었는데, 이제는 1회용 광고전단지처럼 받아놓기만 하고 책상 위에 나뒹구는 명함을 보며 나 자신의 생활모습을 되돌아보게 되었다. 자그마한 투자와 관심이 생활을 윤택하게 한다는 것을 알면서도 삶의 탓으로 돌리는 나태한 습성을 버려야 할 것이다. 그동안 받아 두었던 명함을 스마트폰에 입력을 하여 책상위에 널브러져 있는 명함을 정리를 해야겠다.

이번 교육을 통해 성공을 위한 매너와 에티켓 직장 예절에 대해 학습을 하면서 일상생활에서 간과하기 쉬운 생활예절을 다시 배우게 되었다. 당연히 알고 생활한다고 여겼던 일상생활을 새삼 깨닫게 된 것이다.

대전문학 2013 겨울호

금강수변공원을 내 것으로

밖은 촉촉하게 비가 내리고 있다. 금년처럼 비가 오지 않을 때는 빗소리마저 그리운가 보다. 내가 동경하며 늘 살고 싶어 하던 곳은 어디였을까? 나는 어릴 때부터 시골동네 냇가에서 살았기 때문에 자그마한 동산이나 물이 있는 곳을 좋아했다. 물은 평온하고 아늑한 느낌을 주기에 마음이 평화롭고 평안하다. 차분하게 내리는 빗속의 아름다운 정원을 바라보며 그동안 바빴던 여정을 되돌아보게 된다. 이곳으로 이사 온지 5개월이 지났다.

아침마다 일찍 일어나 산책하는 것이 습관이 되어 산책코스를 답사할 겸 주위 환경을 살펴보았다. 조경이 잘 된 우리 아파트와 가까이 있는 괴화산, 금강수변공원 등을 다니며 살펴본 주위 환경은 너무나 아름다운 곳이 많다. 특히 가까이 있는 괴화산은 금남면 반곡리(盤谷里)·석삼리(石三里)·장재리(長在里)·석교리(石橋里)의 경계에 있는 산으로 고도 201m 산이지만, 수령이 오래된 나무들로 깊은 계곡의 숲속을 연상하게 된다. 지명은 이 산에 밤에도 환하게 불이 켜있는 것처럼 보이는 괘등형(掛燈形)의 명당이 있다는 데서 유래한다고 전하는 바 근래 법원과 검찰청이 이곳에 자리하게 되어 지명과 연관이 있음을 짐작케 한다.

금강수변공원은 금강 둔치에 갖가지 야생화와 갈대숲 그리고 야생 풀숲으로 조성이 된 공원으로 자연적인 느낌이 들어서 좋다. 인공적인 공원조성보다는 자연생태계를 그대로 유지하며 강과 어우러진 풍경이 너무나 아름답기 때문이다. 우리 아파트를 중심으로 금남교 방향과 햇무리교 방향으로 산책하는 코스가 서로 다른 정감을 느낄 수 있다. 더군다나 아침 산책길에는 운무가 햇무리교 너머로 전월산에 걸치게 되어 한 폭의 동양화를 보는 것 같다. 앞으로 자주 산책코스를 수변공원으로 다녀야 되겠다는 생각을 해보게 된다.

며칠 전부터 금강수변공원 둑길에 먼지를 보얗게 날리며 시끄러운 소리가 들리더니, 산책길에 탄성포장이 되어 있는 것을 보았다. 실제로 걸어보니 발바닥에 느껴지는 촉감이 부드럽고 편안하다. 매일 산책을 하는 사람에게는 얼마나 고마운 일인지 모른다. 오랜 시간 걷고 난 후 집으로 돌아올 때에는 발목과 무릎이 은근히 걱정이 되었는데 어느 정도 완화할 수 있다는 점에서 기분이 너무나 좋다. 어디 필자뿐이겠는가. 가족과 함께 산책을 할 때에도 안전사고를 줄이고 보행에 피로를 줄일 수 있어서 잘됐다고 생각한다. 우리 아파트 주위에 이러한 편의시설을 설치하였다는 것은 또 하나의 기쁨이고 즐거움이다.

금년에는 장미원부근에서 햇무리교까지 설치됐다. 이와 같은 탄성포장 보행길 설치는 금강수변공원 산책로로 이웃과 함께 온 가족이 금강수변의 자연을 즐기는 또 하나의 즐거움이자 여가생활의 일환이다. 자연은 하루도 똑 같은 모습을 보여 주지 않는다. 자연에서 생활하는 아이들은 정서가 풍만하여 지고 인성교육에도 많은 도움이 된다. 먼 훗날 어린 시절 자연과 함께 한 아름다운 정서를 오래도록 간직하고 잊지 못할 것이다. 수변공원에는 공원 내에는 청소년을 위한 ×게임장 등 각종 스포츠 시설과 가족들이 즐길 수 있는 피크닉장, 장미정원, 조각공원 등 특화시설 그리고 잔디광장, 음악분수 등이 조성돼 있다.

시간이 날 때마다 가까운 금강수변공원 산책과 놀이를 통해 자연에서 얻는 즐거움으로 생활의 활력소가 되기를 기대해 본다. 산책길을 탄성포장으로 설치한다는 것은 많은 주민들이 편안하게 건강관리도 하고, 수변공원에서 즐거움을 자주 찾게 하기 위한 배려다. 많은 예산을 투입하여 놀이시설과 운동시설 문화.예술 등 다양한 설치를 하여도 주민이 활용하지 않는다면 무슨 소용이 있겠는가. 자연환경의 축복은 자연의 아름다움을 즐기는 자의 것이라 믿으며 가까운 이웃과 함께 주위의 아름다운 자연을 즐기는 시간으로 행복한 삶을 이루시길 축원하는 것이다. 내가 잘 활용을 하면 아름다운 금강수변공원은 내 것이고 활용하지 않으면 먼 나라의 동화책에 나오는 시설임을 결코 잊어서는 안 될 것이다.

[8] 2017.03.07. 1291

아! 그리운 고향

유난히 추운 겨울을 지나 아직도 변덕스런 추위 속에도 화사하게 핀 꽃의 아름다움을 노래한 글들을 근래에 많이 볼 수 있다. 그 중에서도 옛 선비들이 가장 사랑한 꽃은 화르르 봄소식을 전해주는 매화와 관련된 글이 많다. 구례 화엄사 각황전 옆 붉은 홍매, 섬진강변 농원 매화, 장성 백양사 고불매화, 순천 선암사 늙은 매화 등 고상하고 아름다워 필설로 다하지 못할 만큼 아름다움을 노래한다. 그윽한 향과 꽃의 아름다움이 그토록 인간의 마음을 매료시키는 것인지 다시 그 꽃의 아름다움에 대해 생각해 보게 된다.

그러나 나는 내 고향 산야에서 흔히 보는 야생화가 좋다. 매화골짜기(梅谷)인 산촌에서 어릴 때 자랐기 때문에 사시사철 산야에 피는 야생화가 그냥 좋은 것이다. 지금도 봄이면 늘 뒷동산에 화사하게 피던 아름다운 이름 모를 꽃들이 아지랑이 사이로 솔솔 아스라이 다가오는 것이다. 멀리서 들려오는 청아한 뻐꾸기 소리와 화음을 주고받는 소쩍새 소리를 들으며 동무들과 꽃 꺾으러 자주 다녔다. 뒷동산에 매화와 참꽃(진달래)을 꺾으러 아이들과 함께 갔다가 꽃 꺾는데 정신이 팔려 깊은 산골짜기까지 갔다가 꽃 문디(꽃을 따러 오는 아이들을 잡아간다는 문둥이)가 온다는 소리에 너무나 놀라 신발도 줍지도 못하고 넘어지고 엎어지며 집으로 달려왔던 것이 엊그제 같다. 당시에 어른들은 깊은 산속에 들어가지 못하도록 하기 위해, 깊은 산속에 들어가면 꽃 문디(문둥이)가 있어서 아이들 간을 꺼내어 먹으면 병이 낫는다는. 이야기로 단속을 하였다. 그래도 그 어릴 때 친구들과의 놀던 시절의 동심의 세계가 늘 마냥 그리워하는 것인지도 모른다.

산촌에 아이들이 재미있게 뛰어노는 곳은 앞 냇가나 어머니 엉덩이 같은 뒷동산이다. 나른하게 쬐여주는 따스한 빛과 연녹색의 잔디밭, 붉은 황토 흙, 휘늘어진 둥치가 크고 붉은 소나무 아래 발갛게 핀 진달래는 늘 바람에 흔들리며 우리를 반갑게 맞아 주었다. 아카시아 향이 골마다 퍼지게 되면 동네 어른들이 철엽을 할 때도 음식과 술을 거나하게 자시고 노랫가락이 나올 즈음 아이들도 삼삼오오 모여 소꿉놀이나 버들강아지 물오른 도랑에 가재와 개구리 잡기에 여념이 없었다. 봄날의 아름다움은 눈과 코로만 즐거움이 있는 것이 아니다. 귀로도 멀리서 메아리가 되어 들려오는 새들의 노랫소리는 친구들과 함께 재미있게 노는 장소로는 천국이었다.

그래서 늘 내가 어릴 때 살던 곳을 가보고 싶어 하는지도 모른다. 우리 내외는 5월 어버이날 즈음이면 해마다 산소를 들리게 된다. 부모님께 꽃을 달아드리지 못하는 대신 찾아뵙고 감사한 마음을 전하고자 성묘를 하는 것이다.

산촌에서 칠 남매를 낳아 기른다는 것은 쉬운 일이 아니었을 것이다. 많은 농사거리에 늘 들에 나가서 일하셨기 때문에 집에 계시는 날이 없었다. 동네 친구들과 어울려 놀다가 집으로 돌아왔다. 집에는 아무도 계시지 않는 것이다. 갑자기 외롭고 무서워지며 어머니가 보고 싶었다. 어머니를 따라 가 본 일이 있는 밭으로 어머니를 보러 갔다.

혼자 가는 길이기에 무섭기도 하였지만 볼 것이 너무나 많았다. 길가에는 질경이, 쑥, 구절초, 토끼풀, 민들레, 구절초, 찔레나무,

싸리꽃, 매화, 살구꽃, 개미딸기, 뱀젖 등 그 외에도 이름모를 야생화들이 바람에 흩날리고 있었다. 그렇지 않아도 뱀젖이라는 야생화는 노란 대에 주황색 돌기로 피어난 꽃이 마치 아이스케끼(아이스 케이크)처럼 생겨서 흉하게 보였다. 뱀젖을 먹으러 뱀이 나오지 않을까 걱정을 하면서 가는데 실제로 거기서 뱀을 보게 된 것이다. 뱀은 풀숲에 구불그리며 지나가는 모습을 보고 오금이 떨어지지 않는 것이다. 간신히 용기를 내어 밭에까지 갔는데 엄마가 보이지 않았다.

"엄마!" 하고 불렀지만 아무 인기척을 느낄 수 없었다. 엄마 찾아 이곳까지 왔는데 아무도 없는 이곳은 너무나 무섭고 낙담이 되어 그만 "으아~앙" 큰 소리를 내며 울었다. 그 때 따스한 봄바람이 얼굴을 스치며 엄마와 아빠가 함박웃음을 지으시며 반갑게 맞이해 주시는 것이다. 엄마 아빠는 내가 그곳으로 오는 것을 먼발치로 보시고 일부러 놀려주려고 살짝 숨었다 나온 것이다. 어린 내가 그곳까지 온 것이 무척 대견한 듯 하늘높이 치켜 올려 품안에 꼬옥 안아주시던 어머니….

50여년 만에 그리웠던 고향 집을 찾아보았다. 지금도 내 고향은 매화꽃이 만발하는 아름다운 산촌으로 큰 변화가 없다. 산야에는 온갖 꽃들로 하양과 연분홍을 풀어놓은 것처럼 만산이 만화방창 아름답기만 하다. 면소재지 중앙에 자리한 600년이 넘은 느티나무는 지금도 싱싱함을 잃지 않고 잘 자라고 있다. 느티나무 둥치 안에 친구들과 숨바꼭질을 하며 재미있게 놀던 곳이 아련히 떠오른다. 느티나무를 지나 좁은 골목을 따라 찾아간 우리 집은 돌담장에 둘러싸인 초가집과 추억이 깃든 우물 및 화단은 오간데 없고 벽돌 담장 안에 양옥집으로 멋지게 지어졌다.

뒷동산 오르던 길가에 주차를 하고 먼 옛날의 동심의 세계로 더 들어 들어갔다. 뒷동산은 여전히 고즈넉하면서도 야생화로 뒤덮여 있고, 꽃을 꺾으러 다니던 길은 아지랑이 사이로 아스라이 옛 모습을 아직도 간직하고 있다. 꼬불꼬불한 황톳길과 길옆으로 난 개울과 어우러지며 겹겹이 겹쳐진 몽실몽실한 산들이 정겹기만 하다. 산천은 옛 모습을 아직도 간직하고 있는데, 정겹던 사람들은 찾아볼 수가 없다. 멀리서 들려오는 두견새 소리에 이 아름다운 산야가 갑자기 쓸쓸함으로 다가오기 시작한다. '아! 잔인한 4월이여! 왜 이토록 아름다움만 남겨두고 모두 어디로 갔단 말인가.' 가슴 저 밑에서부터 저미어오는 끝 모를 외로움과 슬픔이 밀물처럼 다가온다. 말할 수 없는 아름답고 가슴 아린 봄날이다.

대전문학 2014 여름호

물의 날을 기리며

금강수변에 꽁꽁 얼었던 대지를 뚫고 가녀린 노오란 새싹이 쏘옥 올라왔다. 그동안 보지 못하던 나뭇가지에 이슬처럼 맺힌 꽃봉오리가 갑자기 커보였다. 밝고 경쾌한 아름다운 새들의 지저귐으로 봄노래를 들으며 산책하는 것은 또 하나의 멋진 삶의 즐거움이다. 그동안 일상에서 무심히 흘려보냈던 주변의 사물과 자연으로 시선을 돌려보면 끊임없이 변화하고 있는 생명의 신비를 느낄 수 있다. 하루가 다르게 변화하고 있는 자연을 볼 수 있는 아름다운 눈을 갖게 된다면 또 하나의 행복을 맛보게 되는 것이다. 전국 방방곡곡 아름답지 않은 곳이 없지 않지만 우리가 살고 있는 가까운 곳에 아름다운 금수강변이 있다는 것은 축복이다.

특히 세종시는 물과 인연이 깊다. 금강을 이용한 호수공원을 조성하고 금강이 세종시를 중앙으로 관통하면서 금강을 중심으로 신도시를 형성하도록 되어 있다. 그러다보니 안개가 자주 끼고 습도가 높아서 불편함을 호소하는 사람도 있지만, 예로부터 문명은 물이 풍부하고 땅이 비옥한 강 유역에서 태동이 되었다는 것을 누구나 다 알고 있는 사실이다. 管子는 이르기를 물이란 만물의 근원이며, 모든 생명체의 근원이고 아름다움과 추함, 어짐과 못남, 운둔함과 현명함을 낳는 장본인이라 하였다. 그러므로 성인이 세상을 다스려 교화시킬 때 그 해답은 물에 있다 하였다.

지난 3월 22일은 유엔이 물의 소중함을 알리기 위해 제정한 물의 날이다. 우리나라는 1990년부터 매년 7월 1일을 물의 날로 지정해 관련 행사를 개최하다가 UN의 요청을 받아들여 1995년부터 3월 22일로 변경해 행사를 개최한다. 유네스코의 '물개발 보고서'에 따르면 세계 인구의 약 20%가 정수 처리된 깨끗한 물을 마시지 못하며, 약 26억 명은 하수처리 시설 없이 물을 받아 사용하고 버려지는 물이 30~40%에 달한다고 한다.

우리나라도 2025년이면 물 기근 국가로 전락할 수 있다고 경고하고 있다. 우리는 '물 쓰듯 하다'라는 말을 아낌없이 펑펑 쓸 정도로 많다는 뜻으로 흔히 사용하였는데, 앞으로는 이 말을 쓰기 어려울 것 같다. 인류의 생활과 물은 매우 긴밀한 관계를 유지해 왔기 때문에, 물을 잘 이용하고자 하는 인류의 노력은 끊이지 않고 계속되어 왔다. 또한, 물에 관련된 민속신앙과 설화 · 신화가 많이 나온 것도 당연한 일로 생각된다. 우리나라 사람들은 예로부터 '산 · 수'와 더불어 삶을 살아 왔다. 거기에는 우리들의 윤리관 · 세계관, 그리고 심미감 마저 담겨 있다. 이처럼 물은 우리 문화사에서 가장 폭넓고 긴 소재로 형성해 오면서 민속신앙적인 상상력이 가꾼 정신적 · 심리적 영향을 받아왔다.

노자는 도덕경에 천하에 물보다 더 연약한 것이 없지만, 강하고 굳센 것을 이기는데 물보다 나은 것이 없다 하였다. 물은 만물을 고루 이롭게 하면서도 다투지 않는다. 뭇사람이 싫어하는 낮은 곳으로 흐르는 겸손, 막히면 돌아가는 지혜, 구정물도 받아들이는 포용력, 어떤 그릇에도 담기는 융통성, 바위도 뚫는 인내와 끈기, 유유히 흘러 바다를 이루는 대의를 물의 육덕이라 했다. 전 국민의 관심이 집중되고 있는 이즈음 대선 후보자들도 물의 덕을 담아야 하지 않을까?

금강일보 2017.03.26. / [2] 2017.03.25. 298

노는 즐거움

이순 중반을 넘어 만나는 대학교 동창생 모임은 떠들썩하고 화통하다. 2년제 교육대학교 졸업을 한 동문은 특히 그러하다. 2세 교육을 담당하며 평생을 교육자로 생활한 후 정년퇴직을 하여 삶의 패턴이 비슷해서 더욱 동질감을 느끼게 되는지도 모른다. 더욱이 초등학교 교사 지원책으로 병역혜택을 주기 위한 RNTC(하사관) 제도가 있어서 2년 동안 주2회 4시간씩 학군단 훈련을 받고, 하계휴가 때에는 3주간씩 군부대 훈련소에 입소하여 훈련을 받기 때문에 일반대학교 동문하고는 또 다른 특성이 있다. 때문에 더욱 소통이 잘 되고 무검열, 무걱정, 무파벌 같은 막힘이 없는 무의 세계에 이른다. 졸업 후 오랜 시간이 흘러서 처음 만나도 그 긴 세월의 시공간을 훌쩍 뛰어넘어 순식간에 한 덩어리가 되는 경이로운 공동체다. 어찌된 셈인지 가족이 아니면서도 피마저 공유한 타인이 이 세상에 있다는 느낌을 주는 집단이다.

만나면 모두가 역사의 증언자가 되고, 능숙한 이야기꾼이 된다. 누군 훈련소에서 재담꾼으로 인기가 많았고, 누군 운동을 잘했으며, 누군 어느 날 술을 많이 먹어서 가장 말술을 다루는 술꾼으로 이름을 남겼고, 누군 이성에 빨리 눈을 떠 예쁜 여학생을 독점했다는 등… 어떤 기록, 어떤 모함, 어떤 질책을 받게 되더라도 걱정 하나 없는 해탈의 세계다. 이렇게 과거가 현재를 지배하지 못하는 동창생 모임이지만 예외도 있다. 너무 잘나서 참석을 하지 않는 친구가 있는가 하면 생활여건이 어려워서 참석하지 못하는 친구도 있다. 또, 건강이 허락하지 못하여 애석하게도 마음으로만 참석하는 친구, 용기가 없어서 참석하지 못하는 친구, 마음이 맞지 않는다며 참석하지 못하는 친구 등등 다양하다.

올해도 동창회에서 추진하는 해외여행에 참석한 친구는 자그마치 33명이나 되었으니 참 많이도 함께한 여행이었다. 원래 동창회 모임은 60여 명이나 되어 좀 더 참석이 가능하리라는 기대를 해 보게 된다. 중국 청도시 여행은 3박4일 코스로 처음에는 배로 일정을 잡았다가 비행기로 일정을 잡게 되었다. 첫날은 청도시의 공원을 위주로 관광을 하였다. 이튿날은 노산 산행을 하였다. 노산은 우리의 자연환경에서는 볼 수 없는 아름다운 바위 암산으로 기이한 형상의 바위들이 많고 거대한 암석 사이의 계단으로 만만치 않은 산행이었지만, 모두가 건강관리를 잘 한 탓인지 무난히 잘 했다. 서로가 어려우면 도와주고 이끌어주면서 건강관리를 필요로 하는 친구들은 서로 응원하면서 산행에 임하게 된 것이다. 이제 동창들의 나이가 60대 중반에 접어들면서 얼마나 더 오랜 기간 함께하는 산행을 하게 되려는지 은근히 계산해 보게 된다.

교육현장에서 평생을 살아온 동창생들은 정년퇴직을 하고 함께 즐길 수 있는 여가활동을 위해 많은 모임을 만들어 왔다. 정기적으로 두 달에 한 번 만나는 우리 모임 열우회(공주교대 10회)는 다양한 놀이활동을 통해 좀 더 자주 만나 즐기기 위해 다양한 모임을 결성하게 되었다. 월요일에는 오후 5시에 배구모임인 열구회, 목요일에는 산행을 즐기는 친구들의 모임인 열목회, 농장에 각종 야채와 밭작물을 경작하며 주로 수요일에 모임을 갖는 열농회, 그 외 열골회(골프)나 열당회(당구) 등으로 모임을 통해 친구들과 즐기고 있다. 아마 공주교육대학교 졸업 동문 중 우리만큼 재직 시에나 퇴직 후에 별나게 활동을 하는 기수는 드문 일이라며 자타가 인정하는 바다. 대체적으로 인생에서 황금기는 공직을 퇴직하고 10여년이 가장 황금기라고 한다. 이 기간을 즐기지 못하면 후회할 것이라는 것을 서로가 공감하고 있다.

취미 및 여가생활은 내가 즐기기 위해 필요하다. 여기에는 아무런 구속도 없다. 내 페이스에 맞춰 좋아하는 대로 기분 내키는 대로 하면 된다. 무엇보다도 즐기고 있다는 자각이 중요하다. 그래야만 정신의 젊음이 유지된다. 마음이 늙지 않으면 몸도 따라 노화가 늦춰진다. 정년 후에 뭔가를 해보려 할 때에는 지나치게 실익을 따지지 않는 편이 좋다. 우선 흥미가 있고 즐길 수 있는 일을 찾아보는 것이 중요하다. 정년은 아무리 좋은 말로 포장을 해도 실직이다. 평생 일만 해온 사람에게 일이 없는 것처럼 괴로운 상황은 없다. 아무리 좋은 말로 포장을 해도 정년은 실직인 동시에 그 자체로 새로운 놀이의 발견이다. 놀이를 찾아 즐겁게 즐기다 보면 의무와 목표에 짓눌려 한없이 찌뿌둥했던 지난날의 인생살이에서 벗어나 이전에 몰랐던 자유와 여유를 맛보게 된다.

은퇴 후 찾게 된 취미생활까지 젊어서 일했던 습관을 되살려 의무로 받아들이게 되면 노는 즐거움이 인생에서 사라져 버리는 비극을 맞이하게 된다. 그러므로 의식적으로 노는 즐거움을 새롭게 익혀둘 필요가 있다. 사람이 늙는 다는 것은 다시 어린이로 돌아간다는 뜻으로도 해석이 가능하다. 아이를 아이답게 만드는 결정적인 증거는 노는 것을 좋아하는 꾸밈없는 솔직함이다. 아이들의 놀이 중 소풍은 얼마나 좋아하는지 손꼽아 기다리며 마냥 즐기는 속에 기쁨이 오랜 동안 간직하게 되는 것이다. 우리도 그냥 노는 즐거움에 적극 빠져들어야만 한다. 정년 이후 삶에서 승패는 중요하지 않다. 세상에 승패가 즐거움으로 승화하는 것은 놀이뿐이다. 그 즐거움을 다시금 찾기 위해 우리는 또 다시 여행을 떠날 것이다. 백세 인생을 향해 함께 떠나는 여행 내년이 벌써부터 기다려진다.

대전문학 2017 봄호

그냥 보내기에는 아깝습니다

세종 솔밭 금강수변공원
개나리, 수양버들, 버들강아지, 벚꽃, 솔밭
금강과 어우러진 풍광이 봄놀이라도 해야 할 것 같아요.
그냥 보내기에는 아깝습니다.
봄 따러 오세요.

노랑과 연두색의 조화가
아련한 동심의 세계로 무지개가 되어
봄의 정취에 흠뻑 젖는 '개나리 축제'라도 열어야 할 것 같아요.
그냥 보내기에는 아깝습니다.
봄 따러 오세요.

세종시닷컴 [4] 2017.04.06. 746

손자 준이

이상한 느낌이 들었다. 심상치 않은 느낌에 뒤를 힐끗 돌아보니 아내가 화장지로 연신 눈물을 훔치고 있는 것이 아닌가. 이제 갓 백일이 지난 아기를 두고 못내 떠나기 아쉬워 몇 번이나 되돌아 와서 보고 돌아서는 아들 내외를 뒤 따라 갔다 들어오더니 편지를 읽으며 흘리는 눈물이다. 슬며시 밀어주는 글을 읽으면서 나도 눈시울이 붉어졌다. 아이를 떼어 놓고 떠나는 어미의 마음을 생각하니 나도 모르게 가슴 저미어 오는 아릿한 슬픔이 밀려오기 때문이다.

어머니 아버지께

저 00입니다. 준이 엄마요. 제가 준이 엄마이면서 어머니, 아버지께 준이를 부탁드리게 돼 너무 죄송하고 또 죄송해서 몇 자 적습니다. 당연히 제가 키우는 것이 도리인데 아직 제 여건이 그러지 못하여 조금이나마 생활에 보탬이 되고자 회사를 계속 다녀야 할 처지입니다. 아무리 고민을 해 보아도 답이 없어서 고민 중이었는데, 어머니 아버지께서 선뜻 도와주신다 하셔서 얼마나 감사했는지 모릅니다. 저희가 잘 해드리고 힘들지 않게 해드려야 하는데, 의지를 할 수 밖에 없는 상황에 저도 속상하고 죄송합니다. 최대한 제가 더 노력하고 잘 할게요. 그리고 준이를 빠른 시간에 데려올 수 있도록 준비하고 마음을 다잡겠습니다. 여러 가지로 부족한 점 많지만 이

해해 주셔서 너무 감사드립니다. 어머니 아버지 고맙습니다.

추신, 혹시 준이가 깨거나 칭얼대면 바로 안아주지 말고 토닥토닥 해주면 또 바로 잔답니다. 놀기는 거울 보여주면 좋아 하구요. 거울 앞에서 서 있는 거 좋아해요. 그리고 까꿍이랑 요즘은 가제수건 주면 그것 물고 잡아당기고 하는 것도 좋아합니다. 쭈쭈도 좋아하구요. 이정도 간단히 준이 생활인데요. 꼭 맞는 것은 아니고 여러 변수도 있으니까 참고만 해주시면 될 것 같아요. 그리고 이 돈은 턱없이 부족하지만 조금이나마 감사의 맘으로 드립니다. 맘 같아서는 더 많이 드리고 싶은데 지금은 이렇게 드릴 수 있을 거 같아요. 준이 필요한 것들은 제가 준비해서 계속 내려 보낼게요. 그리고 카드는 병원이나 제가 생각지 못한 필요한 상황에서 쓰셨으면 좋겠습니다.

다음은 준이의 생활에 대해 간단히 말씀드립니다. 준이에게 준 유량과 횟수 끓인 물의 양과 식힌 물의 양, 하루 5번 3~4시간 간격으로, 기저귀는 보통 분유 먹고 갈아 주셨으면 좋겠어요. 대변은 하루 2번 점심, 저녁타임 목욕 전에 싸는데 간혹 바뀌기도 하구요. 이유식은 시작한지 일주일 정도라서 양도 작고 5~6스푼 어느 정도 익숙해지는 시간 2주 정도씩 잡으면 된다던데, 그것은 준이가 어떤지 보면 될 것 같아요. 잠은 보통 분유 먹고 30분~1시간 정도 놀다가 칭얼댈 때 안아주면 잠들고 30분~1시간 정도 잡니다. 그리고 깨서 놀면 바로 다음 분유 수유시간 입니다. 혹시라도 아이 때문에 우리 내외가 고생을 할까봐 염려스러워 자세히도 써 놓았다.

준이와 함께 생활하면서 우리 집도 엄청난 변화가 왔다. 먼저 모든 생활이 준이의 생활과 맞물려 돌아가고 있다는 점이다. 종교생활과 친구들과의 모임이 잦은 아내는 모든 것을 접기로 했다. 이제 4개월 된 손자를 양육을 하는데 모든 정성을 쏟기로 한 것이다. 그러다보니 아내는 밤잠을 제대로 자지 못하고 아이와 함께 하는 시간으로 힘에 겨운 하루 일과로 지쳐가고 있었다. 나 또한 칭얼대는 아이 때문에 밤잠을 설치게 되어 자유롭던 나의 생활도 바뀌게 된 것이다. 내 아이를 낳아서 기를 때에는 너무나 무심하였던 것으로 기억이 될 뿐이다. 손자의 귀여움에는 자식은 책임이 따르지만 손자는 책임감이 없기 때문이란 말들을 하지만 아무래도 내리사랑은 나이 탓이 아닌가 한다.

시간이 흐를수록 우리 집은 전쟁이 할퀴고 간 폭탄 맞은 집으로 변해가고 있었다. 이제 8개월이 지난 준이가 무엇이든지 잡아당기고 헤집고 다니면서 난장판이 된 것이다. 거실에 있는 내 사무용 책상도 접게 되었고 진열장에 있는 모든 물건들도 아이의 손이 닿지 않는 높은 것으로 이동을 하게 되었다. 전기 콘센트, 옷장, 문갑이나 진열장은 단단한 테이프로 붙여 일체 열지 못하도록 하고 방이란 방은 모두 창고가 되어 버렸다. 아기들은 장난감을 주어도 오래 가지고 놀지 않는다. 한 번 만져보면 내 팽개치고 다른 것에 관심을 가지게 되나보다. 무엇이든지 새로운 것이라면 훑고 내팽개치고 감당할 수 없을 정도이다.

가끔 친구들이 핸드폰에 손자의 모습을 메인 화면에 띄워놓고 가끔 보여줄 때면, 별 관심도 없이 에구 어지간히도 귀여워한다며 손자 바보 할아버지로 무심히 넘겼을 때가 많았다. 그런데 결혼한 자녀를 둔 친구들이 많아질수록 한결같이 핸드폰에 사진을 담고 다니며 자랑을 하는 것이 아닌가. 손자들이 귀엽다는 말을 들으면서도 한 귀로 흘려버리며 유별나게 귀여워 한다는 생각만 해왔다. 그러다가 2년 전에 결혼을 한 큰 놈이 이번에 손자를 안겨준 것이다. 내가 자식을 기를 때 하고는 또 다른 느낌이다. 창조주께서 주신 아름답고 소중한 생명을 사랑으로 보듬어 줄 때 아이가 무럭무럭 자란다는 것을 실감할 수 있었던 것이다. 힘은 들지만 하루가 다르게 자라는 아이의 모습으로 힘든 것도 잊고 모든 정열을 쏟기 때문에 힘들어 고통스러운 신음 소리를 내면서도 혼신을 쏟는지도 모른다.

나는 준이를 무척 귀여워한다. 자고나서 눈만 마주치면 해맑은 웃음을 선사하기 때문에 고단함도 씻은 듯이 사라져 버리는 것이다. 준이는 나를 무척 좋아한다. 왜냐하면 내가 아기가 되어 함께 놀아주기 때문이다. 엄마 아빠가 금요일이면 집에 오지만 항상 시선은 나에게 와 있어서 은근히 질투를 하는 기분이 들 정도다. 내가 밖에 나갔다 들어오면 급하게 오려다가 몇 번이나 넘어지면서까지 반겨주는 것이다. 그리고 눈만 맞으면 연신 배시시 웃는 모습이 너무나 귀엽다. 그리고 준이는 내 방에 들어오는 것을 제일 좋아한다. 다른 방은 마음대로 개방이 되어 있지만 내방만은 마음대로 들어오지 못하도록 하니까 더욱 들어오고 싶어 한다.

요즘은 걸음마 준비 단계에 와 있다. 무엇이든지 잡기만 하면 일어서고 밀고 다니기도 한다. 하루가 다르게 자라고 있는 준이를 보면 나도 놀라게 된다. 장난 감 나팔을 스스로 부는 것을 터득한다든지 말은 하지 못하지만 지시하는 말의 의미를 알고 행동으로 옮기게 될 때에는 희열을 느끼게 된다. 바구니나 빈 상자가 있으면 어둔한 발걸음으로 밀면서 다니다 여러 번 넘어지더니 이제는 넘어질 때도 최대로 몸을 둥글게 하여 충격을 완화하는 방법으로 대처하는 모습을 보면서 인체의 신비함을 다시 한 번 생각해 보게 되는 것이다.

큰 애기가 걱정스러워 눈물지우며 올렸던 준이의 일상생활에 대해 처음에는 어떻게 아이를 양육할 것인가에 대해 걱정을 많이 하였지만, 이제는 생의 무한한 즐거움을 주는 활력소가 되고 있으니 얼마나 고마운 일인가. 집안의 가구가 엉망이 되어도 난장판이 되어도 해맑게 웃는 손자와 함께 재미있게 장난을 즐기는 바보 할아버지, 이제 친구들이 핸드폰에 손주의 사진을 담고 다니는 것은 조족지혈(鳥足之血)이다.

공무원연금 2013. 3월호

리버시티의 봄

리버시티아파트
봄 정경이 싱그럽고
아름답습니다.

연산홍이 만개 할 즈음
더욱 화사한 모습으로
주민들을 반겨주겠지요.

하루가 다르게 변화하는
변화무쌍한 자연을 보면서
활기찬 삶을 기원해 봅니다.

모든 것이 내 마음에서 지어낸다는
'一切唯心造'도 삶의 여유에서 만들어지는 것이려니
늘 긍정적인 마음으로 희망을 꿈꾸어 보세요.

[12] 2017.04.15. 721

기초기본에 충실해야 한다

'4월은 가장 잔인한 달'이라고 시작하는 T.S. Eliot의 유명한 '황무지'란 시가 있다. 이 작품은 1922년에 발표된 신화와 전설이 살아 있는 작품으로 정신적 황폐, 재생이 거부된 죽음 등 불모를 암시하고 있다. 1차 세계대전이 끝나고 엘리어트라는 영국시인이 쓴 황무지라는 싯구절에서 '4월은 가장 잔인한 달, 죽은 땅에서 라일락을 키워내고 잠든 뿌리를 봄비로 깨운다. 차라리 겨울은 오히려 따뜻했다.'라고 표현하고 있다. 어이없이 어른들의 어리석음으로 바다에 수장이 돼 아름다움을 피우지 못한 채 저 세상으로 가버린 아이들의 소리 없는 아우성이 울려 퍼진 올 4월은 우리 국민들에게 그야말로 '가장 잔인한 달'이 돼 버렸다.

요즘 대한민국에서 사는 것이 참 무섭다는 사람들이 많다. 어른들은 삼풍백화점과 성수대교에서 목숨을 잃었고, 어린이들은 부실한 수련원에서, 중고등학생들은 수학여행과 해병대 캠프에서, 대학생들은 신입생 환영 경주 마우나오션리조트 붕괴 참사 사고로 목숨을 잃었으니 결코 틀린 말은 아닐 것이다. 지금 대한민국 국민 모두는 죄인이 된 기분이다. 아무 것도 손에 잡히지 않고 밤에 잠도 이룰 수가 없다. 눈만 뜨면 숨져간 어린 학생들이 불쌍해서 그저 눈물만 난다. 어른들의 말을 너무 잘 들어서 희생된 착한 학생들 때문이다. "그 자리에 꼼짝 말고 있어라, 그래야 안전하다."를 외치는 어른들의 말에 학생들은 그 약속을 믿고 가라앉는 배안에서 그대로 있다가 바다에 수장되어 꽃다운 우리 아이들의 수많은 목숨을 잃고 말았으니 얼마나 원통하고 안타까운 일인가.

그동안 기초가 부실하면 큰 재앙을 초래한다는 것을 우리는 많이 보아 왔다. 기초 자체는 복잡한 것도 아니고 힘이 많이 드는 것도 아니다. 그런데도 그 기초를 등한시 하여 엄청난 재앙을 초래하는 것을 수도 없이 많이 보아왔다. 학교 앞 횡단보도에서 교통사고, 대구지하철 참사나, 성수대교, 상품백화점 무너진 것, 부실한 수련원에서 어린이 사망, 해병대 캠프 사망, 경주 마우나오션리조트 대학교 신입생 환영 붕괴 참사 사고도 모두가 기초 기본을 지키지 않았기 때문이다. 아주 사소한 문제라 여겨 대충하거나 지켜야 할 안전운행 수칙을 지키지 않았고, 나사를 조이고 용접을 부실하게 하여서, 기본적으로 버틸 수 있는 하중을 생각하지 않고 설계 변경을 하였기 때문에 대형 참사를 불러일으킨 것이다.

이와 같이 기초와 기본이 충실하게 이행되지 않는 것은 모두가 그런 것은 중요하지 않다고 생각하고, 그 정도는 다 알고 있는 것으로 안이하게 인식하는데 그 원인이 있다. 기초 기본교육은 대부분 반복적인 연습을 통해서 완전히 자동화되도록 각인, 배운 것이 무의식적으로 행동으로 나오도록 되어야 교육이 된 것이라 할 수 있다. 작금의 상황이 총체적 위기, 즉 시스템의 난맥과 컨트롤 타워가 제대로 서지 않는다는 것도 실은 이 기초 기본을 충실히 지키지 않기 때문에, 부처 간에 서로 기만하고 책임전가 하는 총제적인 부실을 불러 온 것이다. 비정상이 정상으로 묵인을 하고 용납을 해 온 시스템의 문제는 어제 오늘의 문제가 아니다. 이 총체적 위기 상황은 국가의 위기상황 대처에도 엄청난 피해와 시행착오를 거치게 하면서 너무나 많은 대가를 지불하게 하고 있는 것이다. 이는 우리 국민 모두가 반드시 지키고 당연히 해야 할 기본을 제대로 지키지 않았기 때문이다.

기초 기본적인 충실한 삶을 이루기 위해서 가장 중요한 것이 교육이다. 초 · 중등학교 교육은 건전하고 유능한 민주시민으로서의 개인, 사회, 국가 생활을 해 나가는데 있어서 기본적으로 요구되는 지식, 기능, 태도, 가치관을 신장하고, 나아가 심신의 조화 있는 발달을 꾀하기 위한 기초 교육으로 규정하고 있다. 어찌 초중등교육 뿐이겠는가. 우리 국민모두가 기초 질서생활은 물론이거니와 기본 안전수칙을 잘 지켜서 소 잃고 외양간 고치는 일은 없어야 할 것이다.

'아! 싱그러운 아카시아 향이여…. 못다 핀 학생들의 영전에 삼가 명복을 빈다.'

문학사랑 2017 봄호

강마을 리버시티

리버시티는 세종시 금강 변 아름다운 강마을입니다.
강마을은 그림 같은 정겨움으로
강변 둔치와 강물이 어우러져
아름다운 숲 바람 수변공원을 만들어 냅니다.

리버시티는 산으로 둘러싸인 아름다운 마을입니다.
괴화산, 비학산, 전월산, 원수산 산촌 정경으로
병풍처럼 산과 강이 어우러져
운무가 드리운 아름다운 산수화를 그려 냅니다.

리버시티는 삶의 질이 특별한 아파트입니다.
아침에 출근 할 때 아름다운 음악이 흐르고
만나는 사람마다 행복한 웃음으로 상대방을 배려하는
삶의 활기를 불어넣는 살기 좋은 아파트입니다.

리버시티는 솔선수범하는 아파트입니다.
누가 보든지 마든지 공공질서를 소중히 여기고
만나는 사람마다 반갑게 인사하며 의사소통이 잘 되는
전국에서 살기 좋은 아파트로 선정된 복된 곳입니다.

리버시티는 전국에서 가장 아름다운 정원 마을입니다. 이 수목원 같은 정원에 아름다운 꽃들이 만발하여 나태주 시인의 풀꽃이 리버시티 정원에 딱 어울리는 아름다운 시 『풀꽃』 1, 2, 3으로 대신합니다.

풀꽃 1

자세히 보아야 예쁘다.
오래보아야 사랑스럽다.
너도 그렇다.

풀꽃 2

이름을 알고 나면 이웃이 되고
색깔을 알고 나면 친구가 되고
모양까지 알고 나면 연인이 된다.
아, 이것은 비밀.

풀꽃 3

기죽지 말고 살아봐
꽃 피워 봐
참 좋아

[17] 2017.04.24. 803 / 세종시닷컴 [35] 2017.04.24. 4879

키즈카페는 안녕하신가요?

내가 살고 있는 곳이 다른 지역보다는 낫다고 생각하는 것이 일반적인 관념입니다. 그래서 누구든지 자기가 살고 있는 곳을 중심으로 생활의 모든 우선순위를 생각하게 되어 내가 살고 있는 곳이 다른 곳 보다는 낫다고 생각하는 것이지요. 가끔 카페에 자기 아파트의 가치를 높이고자 글을 올리는 분들이 있습니다. 말씀드린 대로 자기중심적인 사고방식과 가치관에 따라 자기가 살고 있는 곳이 다른 지역보다 낫다고 생각하여 글을 올리게 되는 것입니다. 필자도 가끔은 우리 아파트의 아름다운 조경과 생활여건과 주위의 아름다운 자연 경관에 대해 찬양하는 글을 올립니다.

아시는 바와 같이 외모만 반듯하다고 하여 그 사람을 바르게 평가하지 않듯이 사람의 됨됨이를 보고 평가한다는 것은 누구나 다 아는 사실입니다. 우리 아파트가 전국적으로 살기 좋은 아파트로 선정되고 행복청 평가에서 최우수로 선정이 된 것은 시공 중인 공동 주택에 대해 고품격 특화 설계, 시공, 민간 전문가로 적극 참여하였고, 주민 공동시설 및 사용을 통한 통합커뮤니티를 실현하고자 소통이 이루어졌기 때문이라고 봅니다. 아파트에는 공공시설이 많이 있습니다. 체력 단련실, 스크린골프장, 북까페, 독서실, 키즈까페, 노인회관 등 주민들의 여가 휴식 및 건강관리를 위한 훌륭한 문화 시설로 주민들이 문화혜택을 볼 수 있는 시설에 복 받은 주민들이라는 것을 느끼게 됩니다.

그런데 면면히 삶의 모습을 살펴보면 아쉬운 점이 많이 있습니다. 필자는 주위환경이 좋아서 산책을 주로하기 때문에 공공시설을 제대로 활용하지 않고 있습니다만 손자와 함께 가끔은 키즈카페에 들리는 경우가 있습니다. 처음에는 여기 저기 흩어져 있는 공을 주워서 제자리에 넣어주기도 하였지만, 혼자서 하기는 너무나 힘들어서 그만 두기로 하였습니다. 아무리 좋은 시설일지라도 사용하는 사람들이 제대로 활용을 하지 않는다면 그 가치를 상실할 수밖에 없습니다. 키즈카페에 아이를 데리고 온 보호자들은 모두무에 그리도 바쁜 일이 많아서 아이들에 대해 무관심 한 것인지 안타까운 마음을 달랠 수가 없습니다. 아이들은 놓아둔 채 스마트폰 인터넷에 빠져 아이들과는 아무 상관이 없는 분들인 것 같습니다.

내 아이가 사용하고 난 다음에는 분명히 아이에게 이야기를 하여, 제자리에 두고 가야한다고 지도를 하여야 함에도 무관심하게 그냥 집으로 가는 것입니다. 대부분의 부모들이 주위 정리정돈에 관심이 없으니 아이들도 공공시설 사용에 대한 별다른 생각 없이 가버리는 것입니다. 이렇게 하고 가버린 키즈카페 장은 그야말로 지저분하고 엉망인데도 누구하나 관심이 있는 사람이 보이지 않는 것이 문제입니다. 키즈카페가 내 아이의 필요에 의해 왔다가 보호자와 함께 와서 놀이만 하다가 가는 곳은 아니라고 봅니다. 일상생활에서 내 아이에 좀 더 관심을 가지고 아이가 한 행동에 대해서는 아이 스스로 깨끗이 정리정돈하고 가야한다는 것을 지도해 주어야 합니다.

서두에 말씀드린 바와 같이 우리가 외모만으로 사람을 평가하지 않듯이 아파트의 가치가 아파트의 조경과 주위의 생활여건만으로 판단하지 않습니다. 아파트에 살고 있는 사람들의 공동체 의식과 문화풍토에 의해 가치가 결정된다는 것을 유념할 필요가 있습니다. 내 개인적인 일보다도 공동시설 및 물건에 더욱 관심을 가지고 사용해야 함은 물론, 공공질서를 위해 우리 다 같이 노력을 해야 할 것이라고 봅니다.

상대방을 배려하는 문화가 곧 나를 위하는 일이라는 것을 어릴 때부터 꾸준히 습관화하여 버릇이 되도록 해야 아이가 바르게 성장할 수 있습니다. 너무 선생님 같은 말만하여 대단히 송구스럽습니다. 싱그러운 계절의 여왕 5월에 아름다운 아파트의 신록이 꽃보다도 더 큰 감동을 주는 날이기에, 리버시티 아파트의 아름다운 문화풍토로 살기 좋은 아파트에서 더욱 활기찬 삶을 소망합니다.

[8] 2017.05.07. 399

창조경제와 일자리 창출

아까부터 책임을 맡아 달라며 권유하고 있었지만 적막감만 귓속으로 넘쳐난다. 답답한 이 시간에서 훌훌 털고 벗어나고 싶었지만 어찌할 수가 없는 상황이다. 사회를 맡아보고 있는 임시회장은 안타까움으로 협동조합의 이사장을 추천해 주길 기다리고 있다. 서로가 선뜻 나서지를 못하고 눈치만 보고 있는 이 시간은 끝이 보이지 않는 긴 터널을 헤매는 것과 같다.

“지금 당장 그만둘 수는 없습니다. 누군가 이 모임에 책임자를 선출하여 이끌고 가야 합니다.”

“지금 심정은 오랜 기간 희망에 부푼 꿈이 한순간에 무너지는 느낌입니다.”

“우리를 대표하는 이사장이 정해지면 최대한 협조해야 할 것입니다.”

그러나 어느 누구도 앞서서 한다는 사람이 없다. 나에게 또다시 책임을 맡아달라는 제안이 들어와서 거절도 하지 못하고 참으로 난처한 시간이 이어지고 있었다.

오늘은 협동조합 총회 준비를 위해 마지막 회합을 갖는 날이었다. 연금관리공단에서 일자리 창출을 위한 협동조합과 사회적 기업에 대한 기본 교육연수 과정에서 퇴직공무원 열다섯 명이 협동조합을 조직하고자 모임을 가진 것이다. 그동안 여러 차례 모임을 통해 협동조합의 정관과 사업계획을 추진해왔다. 조직의 주된 목적이 자주적·자립적·자치적인 협동조합 활동을 통하여 구성원의 복리증진과 상부상조 및 국민경제의 균형 있는 발전에 기여하기 위하여 직원이 함께 소유하고 관리하며 안정적인 일자리를 늘려가는 것에 중점을 두고 있다. 사업계획도 공직생활에서의 경험과 전문적인 노하우를 최대한 발휘할 수 있는 것으로 사업계획을 세웠다. 또, 협동조합의 멋진 이름을 짓기 위해 많은 토론과 협의를 거쳐 협동조합 총회 일정을 마무리하는 과정이었다.

거의 총회 일정이 확정되고, 예비 이사장의 말씀을 듣기로 하는 시간에 느닷없이 오래전부터 하고자 하는 일이 이제 성사가 되어 이사장직을 맡을 수 없다는 것이다. 모두가 어안이 벙벙할 수밖에 없다. 우리가 하고자 하는 것은 협동조합을 결성하여 실적을 쌓은 후 사회적기업을 하고자 하였는데, 사업 자체에 커다란 문제가 생긴 것이다. 사회적기업이란 사업에 따른 이윤이 창출되어야 한다. 우리가 하고자 하는 주 사업은 예비 이사장이 제안하여 사업계획을 세웠던 것인데 일순간에 무너진 것이다. 어이가 없어서 모두 어떻게 할 것인지 대안을 내놓지 못하고 서로가 표류하는 배의 선장을 찾고 있는 것이다.

실업이 심각한 사회 문제로 대두되는 가운데 퇴직 후에 일자리를 구한다는 것은 결코 쉬운 일이 아니다. 회원들은 퇴직 후 일자리를 찾기 위해 무던히도 노력했던 분들이다. 연령은 60세부터 70세에 이르는 퇴직 공무원으로 근무소속 또한 다양한 분야에서 근무

하였던 분들이다. 평생교육을 통해 여러 해 동안 일자리를 가져야 한다는 일념으로 아무리 어려운 봉사활동도 마다하지 않고 열심히 참여하였던 분들이다. 이들이 협동조합을 결성하여 일자리를 갖고자 하는 것은 100세 시대에 일자리가 있어야만 신체적으로나 정신적으로 건강하다는 신념은 어느 누구도 접을 수 없을 것이다.

협동조합에서 이사장을 맡아달라는 간곡한 부탁을 거절하지 못하고 며칠간의 말미를 주면 확답을 하겠다며 헤어졌었다. 나는 금년에 1인 창조기업을 하기 위해 학습교구에 대해 디자인 출원을 하여 등록을 받았다. 한 가지 교구에 대해 2회에 걸친 실용신안 등록 후에 상품제작을 위해 디자인 등록을 한 것이다. 이때 공무원연금관리공단에서 주선하여 교육을 받는 과정에서 협동조합 이사장을 맡아달라는 부탁을 받게 된 것이다. 협동조합을 하는 것이 바른 것인지 1인 창조기업을 하는 것이 나은 것인지 자문을 얻기 위해 여러 곳을 찾아다니며 상담한 결과 1인 창조기업이 낫다는 자문을 받았다. 그래도 아직 망설이는 이유는 협동조합을 함께하자며 간곡하게 부탁하는 그들의 모습이 뇌리에서 사라지지 않기 때문이다.

올해의 화두는 창조과학 창조경제이다. 창조경제라는 개념이 너무 막연하여 손에 잡히지 않는다는 이야기들을 많이 한다. 창조경제란 국민들의 의식개혁을 통해 그동안 경쟁 위주의 성장 제일주의 의식에서 벗어나 너와 내가 더불어 사는 경제생활로 바꾸려는 것이라고 생각한다. 이제 경제생활의 기초단위인 마을협동조합, 마을기업, 사회적기업을 통해 나와 내 이웃이 함께 행복하게 살아가는 삶의 문제인 것이다. 그래서 각 지역자치단체에서는 관련 기관과 연계하여 실제로 맞춤형 사업을 통해 일자리 창출로 원하는 사람들에게 협동조합이나 사회적 기업을 통해 그들의 뜻을 펼칠 수 있도록 평생교육차원에서 컨설팅을 하고 있는 것이다. 지역사회의 발전을 위해 봉사와 기여를 하면서 주민의 삶의 질을 높이는 협동조합과 마을기업 및 사회적기업이 곧 우리 삶의 미래이자 국가 경쟁력이다.

100세 시대에 우리의 꿈 일자리는 평생교육을 통해 보여주기 위한 스펙을 쌓는 것이 아니라 '살맛나는 세상! 일자리와 함께'하고자 하는 그들의 의욕에 찬 열정에 박수를 보내고 싶다.

대전문학 2014 여름호

스승의 날을 맞이하며

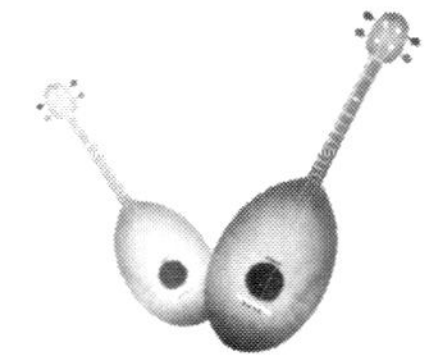

40여 년 전 일이다. 그 당시에는 새마을 운동과 전국적으로 만연되어 있는 부정부패를 일소하기 위해 서정쇄신으로 군대식의 학교운영이었다. 교감선생님들도 학급을 맡아 학생지도를 하였다. 그러나 교감선생님의 업무가 너무 바쁘다는 핑계로 교감 선생님이 맡은 반을 다른 반과 합반을 하여 학생지도를 하였다. 그러다보니 한 학급의 학생 수가 엄청나게 많았다. 그 학급을 경험도 없는 새내기 교사인 내가 맡았으니, 얼마나 힘이 들었을는지는 요즈음과 같은 시대에는 상상조차 할 수 없을 것이다. 장난을 즐겨하고 활동량이 많은 3학년 학생 87명이 좁은 교실에서 공부를 하게 되었으니, 그야말로 콩나물시루 같았다.

공부시간도 시간이지만 쉬는 시간의 생활지도는 더욱 어려웠다. 선생님이 무섭지 않다는 것을 눈치 챈 녀석들은 기고만장하였다. 그러다보니 연신 사고가 나고 다치고 감당할 수가 없을 정도였다. 월요일부터 소리 지르다 보면 금요일쯤이면 목이 쉬어 말을 제대로 할 수도 없었다. 이러한 생활로 힘겨워하던 아카시아 향이 그윽한 5월 어느 날 오후, 글씨를 읽지 못하여 나머지 공부를 하던 녀석이 교장실에 결재를 맡으로 간 사이에 장난을 치다가 유리창을 깨고 말았다. 그것 아니라도 할 일이 너무 많아서 하루해가 모자랄 판인데, 또 유리창까지 깨어 너무 화가 났다. 그래서 의자 위에 올려

세우고 긴 회초리로 종아리를 몇 대 때렸다. 화가 조금은 풀렸다.

"오늘은 나머지 공부 그만하고 집으로 간다. 책보를 잘 챙기도록 해. 그리고 오늘 배운 것 집에서 써 가지고 와. 알았어?"

"……."

"빨리 집으로 가!"

교실 밖을 나갈 때 보니 종아리가 벌겋게 부풀어 올라 있었다. 미안했다. 화가 나기는 하였지만, 안쓰러운 생각이 들었다. 교실 모퉁이를 돌아가는 녀석을 다시 불러서 교실로 들어오도록 하였다. 그리고는 누런 찌그러진 양동이에 찬물을 가득 담고 종아리를 담그게 하였다. 종아리를 주물러 주었다. 녀석은 의아한 듯 놀란 토끼눈으로 내 얼굴만 빤히 쳐다보았다.

"미안하다. 내가 화를 참지 못해서 너를 심하게 때렸구나!"

"선생님 ! , 괜찮아요. 나 별로 아~안 아팠어요."

눈물이 핑 돌았다.

"그래, 앞으로 좀 더 우리 열심히 잘 해 보자."

운동장을 가로질러 교문 밖으로 나가는 녀석의 뒷모습을 보고 있을 때, 교실에 웬 거지가 들어와 있었다.

"웬 일로 오셨지요?"

"아~, 저 철이 애비 되는 사람입니다."

철이 아버지는 남루한 옷에 동냥자루를 등에 메고 있었다.

"아, 그러세요. 그런데 어쩐 일로…."

"선생님, 절 받으셔유."

갑자기 교실 바닥에 큰 절을 넙죽하는 것이다. 나는 당황하여 어찌할 바를 모르고 엉겁결에 엎드려서 같이 절을 하게 되었다.

"선생님, 우리 아이 이야기를 들으니까 너무 마음씨도 착하시고, 공부도 열심히 잘 가르쳐 주신다는 이야기를 듣고 선생님 막걸리 한잔 사 드리려고 왔구먼유~. 저는 아랫동네 동냥을 하러 갔다가 오는 길이구먼유~."

선생님 생각을 해주는 마음이 너무 고맙기도 하고, 자식을 사랑하는 부모의 마음을 알 수 있을 것 같아 흔쾌히 학교 옆 동네 막걸리 집으로 갔다. 그날의 막걸리 맛은 지금까지 먹어본 어떠한 음식보다도 가장 값진 선물이며 향응이었다. 나는 해마다 스승의 날이 되면 교사의 촌지 문제가 매스컴에 보도될 때마다, 항상 새내기 교사 때의 5월이 생각난다.

[2] 2017.05.14. 288

수습교사제 두 마리 토끼 잡는다

충남도교육청이 연초부터 공모사업을 축소해 현장의 교사들이 공모사업으로 인한 업무 부담을 해소하려 노력해 왔고, 주요사업을 중심으로 정책사업의 일몰제를 추진해 불필요한 사업의 과감한 축소와 통·폐합으로 현장의 업무 부담을 줄이고 예산을 효율적으로 관리하도록 개선했다. 특히, 전국 최초로 수습교사를 활용한 '교무행정지원제'를 운영하고 있다고 지난달 31일 밝혔다.

'교무행정지원제'는 임용고시에 합격한 수습교사를 충남 지역 120개 초등학교에 1년 간 배치해 교육현장의 과중한 업무를 돕는 것으로 지난해 20개 초등학교에 수습교사를 배치한 결과 효과가 높은 것으로 보고 도교육청은 올해 배치 인원을 확대했다고 한다. 수습교사들은 배치된 학교에서 기존 교사들의 수업 일부를 돕거나 행정적 업무를 지원한 뒤 정식 발령을 받고 있다. 앞으로도 충남교육청은 학교 교육력 제고를 위해 현장이 체감하는 교원 업무경감 정책을 강력하게 추진함으로써 교육현장에서 모두가 만족하는 근무여건 조성을 위해 지원을 아끼지 않을 방침이라고 한다.

임용고사에 합격해 순위에 따라 임용이 되면 학교여건에 따라 학급담임을 맡게 된다. 물론 교육대학교를 다니면서 이론을 배우고 교생실습을 통하여 경험을 쌓는다고는 하지만 실제로 아이들과 교수학습 활동을 하는 데에는 어려움이 따른다. 아이들의 생활지도는 물론이고 기본학습 훈련과 질서생활 등 아이들이 아침에 등교하면서 하교에 이르기까지 교육과 연관되지 않는 것이 없다. 이러한 일련의 과정은 교직생활을 하면서 익혀지는 것이지 바로 익혀지는 것이 아니다. 따라서 수습교사를 하지 않고 교육현장에 바로 선다는 것은 아이들을 상대로 많은 시행착오를 할 수 밖에 없다. 아이들을 대상으로 시행착오를 최대한 줄이고 현장의 행정적 업무를 줄이기 위해 충남교육청에서 수습교사제를 실시한다는 것은 매우 의미 있는 일이라고 본다.

우리는 흔히 '교육은 교사의 질을 능가할 수 없다'라는 말을 듣게 된다. 이 말은 우수한 인재가 교육자가 되어 학생지도를 하는 것이 교육의 효율성을 올릴 수 있다는 의미일 것이다. 또 교육자는 전문성 신장을 위해 꾸준한 자기연찬은 물론 교과별 동아리별 학년별 연수를 의도적인 교육과정에 의해 실시해야 함을 뜻하기도 한다. 그래서 정책입안자들은 정책적으로 전문과정인 박사과정을 두어야 한다는 주장과 수습교사제를 실시해야 한다는 주장을 펴기도 한다.

그러나 문제는 우수 교사를 확보하는 것도 중요하지만 우수 인재를 유능한 교사로 만드는 것은 더욱 중요한 일이다. 그 중에서도 교육대학교 학생의 교육현장의 실습은 그 어느 것 못지않게 중요하다. 교실현장에서 처음으로 학생들을 관찰하고 함께 생활하면서 시도해 보는 생활지도와 학습지도는 자기의 적성과 능력에 맞는 것인지 실험해 볼 수 있는 중요한 기회인 것이다. 특히 교생을 지도하는 선생님이 더더욱 중요한 자리임은 더 말할 필요가 없다. 졸업한 후에는 교육현장에 임용을 하게 되면 교내장학이 있기는 하지만 교원상호간의 인격적인 문제로 장학지도를 교육실습 때처럼 잘 할 수가 없는 상황이 되는 것이다.

그러나 교육대학교 재학 중에 이루어지는 교생실습은 한계가 있기 마련이다. 일전한 교육실습으로 학급경영상에서 이루어지는 다양한 학습사태를 교육적으로 제대로 처리하기는 쉽지 않은 일이다. 따라서 제대로 교생실습을 받지 않고 임용을 받은 교사들은 교육현장에서 학생들을 상대로 시행착오를 할 수 밖에 없다. 이 시행착오의 기간이 길어질수록 교육의 부실에 대한 책임은 누가 진단 말인가. 이 피해는 모두 수요자인 학부모와 학생의 몫으로 남을 수 밖에 없다. 서두에 언급한 것처럼 우수교사를 확보하는 것도 중요하지만 더 중요한 것은 그들이 교육현장에서 시행착오 없이 우수한 지도력으로 학생교육을 잘 할 수 있는 우수교사를 만들어 내는 것이 중요함을 결코 잊어서는 안 될 것이다.

근자에 교육부와 여러 시 · 도교육청이 '교사! 가르치는 일에 전념하도록 하겠습니다'라는 슬로건 아래 다양한 교원업무경감 방안을 발표하고 있다. 교사의 업무는 교육활동 업무, 교육활동 관련 업무, 교무행정 업무로 구분할 수 있다. 교육활동 업무는 학생 지도와 직접적으로 관련 있는 학습 지도와 생활 지도로 교사 본연의 업무이다. 교육활동 관련 업무는 교육활동 중 발생하는 업무로 수학여행, 운동회, 예술제 등이 이에 속한다. 교무행정 업무는 학생 지도와 직접 관련이 없는 지원활동으로 공문서 관리, 전 · 출입 관리, 학교 행사 추진 등이 이에 속한다. 이 외에 교육활동과 무관한 잡무가 있다. 외부 기관의 협조 요청, 국정 감사 요구 자료, 각종 통계 자료 등이다. 또한, 교원능력개발평가, 학교 평가, 정보 공시, 학부모 서비스, 성과급 등으로 인해 업무가 가중되어 눈코 뜰 새가 없다고 아우성이다.

교육에서 가장 중요한 일은 무엇인가. 아이들을 제대로 잘 가르치는 일이다. 임용고시에 합격한 예비교사를 수습교사로 활용하는 방안은 최고의 투자를 하는 것이며, 교육 수요자인 국민들에게도 시행착오 없이 훌륭한 교육을 제공 받을 수 있는 혜택을 주게 되는 것이다. 충남도교육청에서 실시하는 수습교사제도는 실질적으로 현장에 적용한 바람직한 제도로 교원들의 업무경감 방안과 전문성 신장이라는 측면에서 두 마리의 토끼를 잡는 시책으로 전국적으로 적용하길 간절히 소망한다.

한교닷컴 2013.06.17. / [교원인사행정] 고려대강의자료

부부의 날

산과 들이 연녹색으로 물들어가는 신록의 계절 5월은 청소년의 달이요 가정의 달이다. 그 중 5월 21일은 부부의 날이다. 가장 가까운 인연으로 함께 살아가고 있는 사람들이 서로를 확인하고 서로의 고마움과 은혜에 감사를 하는 날이다. 부부의 날은 이혼율 증가 등으로 인한 가족해체 위기에 대해 사회 전반적인 우려가 높은 가운데 부부의 의미를 되새기고 가족 사랑을 북돋우는 기념일이다.

을지병원 영안실에 위치한 상가에는 많은 조문객들이 빈틈없이 가득 차 있었다. 친상을 당한 친구는 경사에는 참여를 않더라도 애사에만은 열일을 제쳐놓고 꼭 참여하는 좋은 버릇을 가지고 있기에 조문객들이 더욱 많은 것 같다. 들어가는 입구에서 동기들과 만나 문상을 하고 오랜만에 많은 친구들과 만나게 되었다. 상가는 우리 아파트에서 멀지 않은 곳에 위치해 있어서 차는 아파트에 주차하고 걸어서 갔기 때문에 여유 있게 술을 마실 수 있었으나, 다른 친구들은 차 때문에 술을 거의 마시지 않았다. 나는 가끔 친구들을 만나 의기소침해 지면 술을 많이 마시는 경우가 있다. 아마 승진을 하지 못한 원통함을 술로 달래려는 타성이 있는지도 모른다. 그래서 가끔 인사불성이 되어 실수를 하고는 다시 술을 먹지 않는다고 다짐을 하고 후회도 하지만, 또 시간이 지나면 망각을 하고는 같은 일이 되풀이 된다.

모처럼 만나는 친구마다 나의 승진에 대해 가슴 아프다며 위로를 하지만 그렇다고 너무 친구들 앞에 위축이 되면 오히려 서로가 불편할 것 같아 술이나 취하여 큰소리치는 것으로 위안을 삼곤 한다. 이사람 저사람 술 권하고 어울리다 보니 또 술이 취해버렸다. 친구들은 고스톱 방이 있으니 거기서 조금 놀다 가자고 하여 마음 약한 나는 또 같이 어울리게 되었다. 술이 취해 소리 지르고 놀다보니 새벽 2시가 넘었다. 친구들이 핸드폰으로 대리운전을 부탁하는 소리가 들렸다. 그러더니 갑자기 우르르 밖으로 나가는 것이다. 나도 할 수 없이 주섬주섬 옷을 챙겨서 나왔지만 나오고 보니 밖에는 비가 주룩주룩 많이 오고 있었다. 집으로 갈 때는 쓸쓸히 혼자서 갈지자를 걸으면서 헤매게 되었다.

시계를 보니 새벽 두시 반이었다. 비 맞으면서 걸어서 가기가 싫었다. 택시를 잡으려 해도 보이지는 않고, 할 수 없이 집으로 전화를 했다. 술이 취한 탓이다. 비는 오는데 택시는 보이지 않고 어떻게 해야 하느냐고 하니, 그 때까지 잠을 자지 않고 있던 아내는 몇 번 전화를 해도 받지도 않고 사람을 왜 이렇게 신경이 쓰이게 하느냐며 핀잔을 준다. 마음씨 착한 아내는 바로 갈 테니 거기서 기다리라고 한다. 아무리 술이 취했지만 너무 미안했다.

어제 점심을 먹으면서 젊은 여직원들의 이야기가 갑자기 떠올랐다. 자기 남편은 음식물 쓰레기 처리, 무거운 물건, 지저분한 일 처리, 심지어는 밤늦게 시장 봐 오는 것까지 자랑스럽게 이야기하는 소리가 떠올랐다. 젊은 사람들이 자기 신랑을 자랑을 하는 것인지 아니면 자기를 무척 사랑해 준다는 것을 과시하는 것인지, 서로 경쟁적으로 하는 말에 한 귀로 듣고는 모른 체 하고 슬그머니 자리를 피했다. 부끄러운 이야기 이지만 나는 지금껏 내손으로 아파트 음식물 쓰레기통에 버려본 일이 없다. 더군다나 주방에서 설거지나 음식을 조리하는 일을 도와준 일이 거의 없었다. 내가 할 줄 몰라서가 아니다. 아내가 음식쓰레기 들고 다니는 것 보기 흉하다며, 집안에서 여자가 하는 일은 맡기질 않았기 때문이다.

이것을 보고 자란 자식들은 앞으로 어떻게 가정생활을 할 것인지 아내는 가끔 걱정을 하곤 한다. 신세대 젊은이들은 모든 일을 같이 하여야 하고, 또 어렵고 힘든 일 지저분한 일 자질구레한 모든 일을 당연히 하는 것으로 알고 하여야 할 텐데, 우리 집에서 생활하는 방식으로 하였다가는 대접을 못 받는 것은 말할 것도 없고, 자기 아내한테 구박을 많이 받을 것은 당연한 일이기에 걱정이 앞선다는 것이다. 그리고 요즈음 드라마에서 젊은이들이 생활을 하는 것을 보면 남편이 앞치마를 두르고, 조리를 하며 아기돌보기, 빨래하기, 청소하기 등 여자가 하는 일을 하는 것이 당연한 것처럼 이루어지고 있다. 옛날 우리 조상들이 보면 거시기를 떼어내라고 호통을 치며, 집안 망조가 들었다고 할 것이다. 그러나 세상의 변화가 하루가 다르게 변화하고 있음에 삶에 적응하지 못하는 자는 살아남지 못한다는 이치는 만고에 진리가 아니던가.

부부의 날은 '오! 둘이 하나가 된다.'는 부부관계의 소중함을 알고 화목한 가정을 일구는데 있다. 부부의 날 5월21일에 인터넷에 회자되는 부부의 날 '부부생활 십계명'은 화목한 가정을 이루기 위해 부부가 서로 알고 지켜 나아간다면 더 없이 의미 있는 날이 될 것이다.

'두 사람이 동시에 화내지 마세요, 집에 불이 났을 때 이외에는 고함을 지르지 마세요, 눈이 있어도 흠을 보지 말며 입이 있어도 실수를 말하지 마세요, 아내나 남편을 다른 사람과 비교하지 마세요,

아픈 곳을 긁지 마세요, 분을 품고 침상에 들지 마세요, 처음 사랑을 잊지 마세요, 서로의 잘못을 감싸주고 사랑으로 부족함을 채워주도록 하세요.'

그러나 나는 지금 무엇을 하고 있는가.

"내가 술을 먹어서 간덩이가 부었지?"

'요즘 세상에 누가 새벽 두 시가 넘어서 술 취한 사람 맞이하러 나오라 하는 사람이 있는가.'

이제 물은 엎질러 진 상태이기에 술 탓을 하며 비틀거리면서 한참을 기다렸다. 우중에 멀리서 걸어오는 아내의 모습이 보였다.

'여보 미안해!, 또 다시는 밤늦게까지 술 먹지 않을 게!'

'여보! 아는지 모르겠다. 내가 가장 사랑하는 사람이 당신! 이라는 걸….'

〈위 글은 10여 년 전에 지었던 '아내'라는 글을 수정한 글임〉

[4] 2017.05.21. 353

싱그러움이 묻어나는 아침에 금강보행교를 그리다

세종시로 이사를 와서 가장 행복함을 느끼는 때가 금강변을 산책할 때이다. 세종 금강수변공원 아침산책 길에서 본 금계국이 온 수변을 덮었다. 노란색으로 아름답게 산야를 뒤덮는 꽃은 개나리와 유채꽃으로만 알고 있었는데, 금계국이 금강둔치를 아름답게 물들일 줄은 몰랐다. 금계국과 마거리트(나무쑥갓)가 싱그러운 들풀과 어우러져 장관을 이룬다. 간간히 들려오는 까치, 비둘기, 참새, 뻐꾹새와 이름 모를 물새들의 귀를 간질이는 화음에 징을 치듯 꿩 울음소리는 싱싱한 자연 속에서 삶을 느끼게 된다.

한동안은 개나리가 수변공원 보행길 옆과 강 건너 편 둔치에 노랗게 물들어서 새봄을 알리는 금강변의 풍광과 노란 개나리가 색동옷 입은 것처럼 제대로 어울린다며, sns에 올려서 개나리꽃이 지기 전에 아름다운 수변공원을 다녀가시길 소개한 일이 있었다. 꽁꽁 언 대지를 희망에 찬 꿈에 부푼 노오란 새싹이 돋아나며, 아름다운 봄을 알리는 봄꽃은 개화 순서가 있다. 우리가 흔히 산야에서 볼 수 있는 개나리, 진달래, 벚꽃, 철쭉 등의 순서로 피는 데, 금년에는 개나리, 진달래, 벚꽃까지 한꺼번에 개화를 하여 아열대 기후를 실감하게 한다.

숲 바람 장미원에 아름다운 장미가 만개가 되었는데, 찾는 이 없어서 쓸쓸히 손님을 기다리고 있는 것은 아닌지 안쓰러웠다. 아침 산책길에만 들러 보았는데, 저녁에 야간 조명아래서는 색다른 아름다움을 발견할 수 있다는 이야기를 듣고 저녁에 아내와 손자를 데리고 갔다. 형형색색으로 바뀌는 불빛에 따라 그야말로 장미의 색깔이 바뀌는 색채가 경이롭다. 근래 금강 변 보행길에 금남교에서 햇무리교까지 탄성포장을 하여 놀이터와 잔디광장, 분수공원, 가족이 즐길 수 있는 피크닉장 등 공공시설이 갖추어지면서 자연을 즐기기 위해 찾는 사람들이 부쩍 많아졌다. 손자의 재촉으로 수변공원 가로등 불빛을 벗 삼아 보행길을 따라 집으로 오는 길에 이제야 텐트를 철거하는 사람들을 볼 수 있다.

금강보행교가 완공이 되면 이곳 금강수변공원은 관광명소로 인산인해를 이루게 될 것으로 예상을 하게 된다. 지난해까지 교량 기본계획 용역을 완료하고 개발계획 반영 및 교량 기본설계를 완료한 후 '17년 상반기 일괄입찰방식(턴키발주) 등을 통해 사업자를 선정하고 '17년 말 착공하여 '21년 완공할 예정이란다. 금강보행교가 건설되면 3생활권 주민들의 북측 중앙 녹지 공간 접근성이 향상되고 금강변의 남 · 북측 녹지광장을 연결하여 금강 녹지공간을 폭넓게 활용 할 수 있게 되며, 각종 행사 개최 시 축제 · 이벤트의 장소로의 이용이 가능할 뿐만 아니라, 특히, 행복도시 남측 상가 활성화에도 많은 도움이 될 것으로 예상된다. 금강 보행교를 통해 금강 북측에 위치한 중앙공원, 박물관단지, 국립수목원, 호수공원 등과 남측의 금강수변공원이 서로 연계되어 행복도시의 관광자원으로 활용될 것으로 기대되며, 많은 관광객이 방문하여 지역경제 활성화에도 크게 기여할 것이다.

우리 아파트 주위는 금요일부터 일요일까지 강변 쪽 2차선 도로에 한 차선은 차량이 점령을 하고 있다. 될 수 있으면 수변공원 가까이 주차하려고 세워둔 차량들이다. 그 뿐만이 아니다. 벤치에는 음료수나 먹다 만 커피 잔이나 술병 및 쓰레기봉지가 널브러져 있다. 심지어는 가족 피크닉장에 장기간 텐트를 설치하여 무단 점검하는 시민들이 있어서 눈살을 찌푸리게 한다. 상대방은 아랑곳없고 오로지 나만 편하면 된다는 심보다. 살기 좋은 사회를 이루기 위해서는 공공시설물을 아껴 쓰고, 공공질서를 잘 지킬 때 밝고 건전한 사회가 된다는 것을 알고 있지만 실천하지 않는 시민 의식이 문제다.

아름다운 금강수변공원은 지역주민들의 휴식처이기도 하지만 전국적인 휴양 및 관광명소로 발돋움하기 위해서는 무엇보다도 시민의식이 중요하다. 아무리 경관이 아름답고 전국적인 관광명소로 복지 시설이 갖추어진다 하더라도, 상대방을 배려하지 않는 자기 편의주의는 결국 내가 피해를 보게 된다는 사실을 결코 잊어서는 안 될 것이다.

[7] 2017.05.24. 356 / 세종시닷컴 [4] 2017.05.23. 1185

둘이 타는 자전거

주례를 부탁받았다. 부탁을 하면 거절을 하는 것이 상례이나 나는 거절을 하지 못했다. 부탁을 할 때는 아마 나름대로 여러 가지로 번민을 했을 것이라는 점 때문이다. 두 달여 시간을 앞두고 부탁하여 아직은 멀었으니까 안위를 해 보았지만, 시간은 순식간에 다 지나가버렸다. 이제 결혼식을 일주일 앞두고 은근히 걱정이 되었다. 그동안 결혼식에 여러 번 참석은 해 보았지만 눈여겨보지 않았기 때문에 순서도 제대로 모르는 상황이다. 또, 근래에는 개성 있게 결혼식을 하여 예식장 마다 예식순서가 다르고, 주례 없이 결혼을 하는 곳도 많이 볼 수 있다.

불안하여 사납게 바람이 부는 영하의 어설픈 날씨였지만 집 근처에 있는 예식장을 찾았다. 11시부터 한 시간 간격으로 계속하여 결혼식이 이어지고 있었다. 첫 번째 주례는 전문적으로 주례를 서는 분 같았다. 효 교육지원센터에서 오신 분으로 우리의 예절과 법도에 맞게 부모님께 효도하고 형제간에 우애 있게 지내며 도덕적인 삶을 강조하신다. 하객들은 별 관심도 없는 듯 시끄러웠지만 아랑곳하지 않고 지루한 시간이 오래도록 이어졌다. 신부신랑이 잘 마음에 새겨들었을지 궁금하다. 다음은 주례 없는 결혼식이 이어졌다. 혼인서약을 신부신랑이 큰소리로 낭독을 하고 신부아버지가 성혼선언문을, 신랑의 아버지가 덕담을 하는 예식이었다. 이벤트 행사가 많이 있어서 그야말로 결혼식이 결혼을 하는 당사자는 물론 양가 일가친척 및 하객들이 함께 즐기는 나름대로 의미 있는 결혼식이었다.

다음은 목사님이 주례를 보는 결혼식이었다. 예식의 형식은 결혼예식에 따르고 주례사는 설교형식으로 축복을 내리는 식이었다. 신랑이 군인으로 군부대에서 함께 온 행사대원의 절도 있는 행사가 여러 사람의 눈길을 끌었다. 신랑이 잘못하면 시범까지 보여주며 다시 하도록 하여 신랑이 조금은 안쓰러웠지만 성인 성혼의 과정이 쉽지 않음을 느낄 수 있었다. 물론 참석한 하객들은 즐거움을 함께 나누었지만 말이다. 지속적인 관심으로 결혼식의 흐름을 파악할 수 있었다. 그동안 그 많은 결혼식 참석과 우리 아이 둘이나 결혼식을 올렸지만 특별한 관심이 없이 참석하다 보니 수박 겉핥기식으로 제대로 몰랐던 것이다. 예식의 흐름을 알고 프로그램에 따라 시나리오를 작성했다. 두 사람의 청춘 남녀가 축복을 받아야 할 날에 주례의 준비 소홀로 김빠지게 해서는 안 될 일이다.

서울 해군호텔의 예식장은 아담하고 품위가 있으며 고급스러워 보였다. 나는 예식장을 둘러보고 단상 정 중앙 주례의 자리에 서서 주례사를 펼쳐놓고 내용을 쭉 훑어보았다. 사회자와 서로 분담하여 할 일을 의논하였다. 공연히 마음이 설레기 시작한다. 예식은 한 시 정각에 이루어진다. 10분 전인데 예식장은 빈틈없이 자리를 메우고 있었다. 사회자가 곧 예식이 시작된다는 멘트가 방송을 통해 독촉과 동시에 신랑신부 어머니들의 촛불점화와 신랑입장이 이루어지고 신부입장이 연이어 이루어졌다.

신랑은 오른쪽에 서는 것인지 왼쪽에 서는 것인지 헤매는 모습을 보고 나도 모르게 피식 웃음이 나왔다. "결혼경험이 없는 신랑이 실수를 하여 하객들에게 웃음을 준 신랑에게 힘찬 응원의 박수를 부탁한다"는 말을 하였지만, 어이된 일인지 소리가 나오지 않는 것이다. 갑자기 마음이 위축이 되었다. 입에 쥐 난 것처럼 말이 제대로 되지 않는다. 마이크를 테스트 하지 않아 방송사고인 것이다. 마음이 위축이 되며 당황스러웠다. 이동식 마이크를 잡고서야 겨우 진정시키며 진행을 할 수 있었다.

저는 인생에 있어서 가장 아름답고 행복한 결혼식을 맞이한 김00 군과 장00 양의 주례를 맡게 되어 개인적으로 무한한 영광으로 생각합니다. 축복받는 이 자리에 서게 된 것은 신랑 김00 군의 아버지와 특별한 인연으로 주례를 맡게 되었습니다. 신랑의 아버지 김00 시인과는 같은 문단에 등단을 하면서 지금까지 형제의 인연으로 오랜 기간을 살아왔습니다. 신랑의 아버지는 저 지난해에 정훈문학상을 수상하였고, 또 대학원 석사과정을 밟으면서 아직도 식을 줄 모르는 문학에 대한 열정으로 많은 사람의 귀감이 되는 분입니다.

결혼을 하는 신랑 김00 군은 일찍이 00대학교 영문학과와 경영정보학과를 졸업하여 현재 000커뮤니케이션 이라는 교육컨텐츠 개발 프로젝트 매니저로 활동하고 있는 우수한 재원으로 촉망을 받는 젊은이입니다. 또, 신부 장00 양은 00대학교 대학원을 졸업하고 현재 00대학교 학생생활상담연구소 레지던트 상담원으로 활동하고 있는 훌륭한 규수입니다.

저는 촉망받는 이 아름다운 부부에게 인생을 살아가면서 마음속 깊이 새겨둘 덕담을 하기 위해 많은 고심을 하였습니다. 흔히 결혼식 덕담으로 '부부 간에 서로 사랑하라!, 부모님을 공경하라!, 가족 간에 우애 있게 지내라!'는 의례적인 덕담보다는 새로운 삶을 살아가면서 절실히 필요한 한 가지만 이야기 하고자 합니다.

부부는 '두 사람이 타는 자전거'처럼 살아야한다는 말씀을 드립니다. 두 사람이 타고 가는 자전거는 파트너 둘이 양쪽발로 힘차게 페달을 밟아야 앞으로 잘 나아갑니다. 핸들을 잘못 돌리면 둘 다 쓰러지게 되고 너무 느리게 페달을 밟게 되면 넘어지고 맙니다. 또, 힘들다하여 함께 하지 않으면 한 파트너에게 무척 고통이 따르게 됩니다. 따라서 상대방을 배려하지 않는 나만의 자전거는 앞으로 나아가지도 못한 체 중도에서 포기하고 말 것입니다.

따라서, 서로 배려하며 살기를 간절히 바라는 것입니다. 배려란 서로 관심을 가지고 도와주거나 마음을 써서 보살펴 주는 것을 말합니다. 이렇게 하기 위해서는 역지사지로 서로 입장을 바꾸어 상대방의 처지에서 생각해 보아야 합니다. 삶의 과정에서 어려움에 처할수록 역지사지로 처신한다면 상대방을 이해할 수가 있으며 아무리 어려운 난관이 닥친다 해도 무난히 잘 헤쳐 나아가리라 믿습니다.

'두 사람이 타는 자전거'처럼 부부가 중심이 되어 서로 상대방을 배려하며 삶을 살아간다면 부모님에 대한 효와 형제간의 우애, 친지간에 도타운 정 및 이웃과 더불어 사는 아름다운 삶이 여기에 있다고 보는 것입니다. 상대방을 배려하며 베푸는 삶은 가정의 화목은 물론이거니와 평안한 생활로 삶의 활기를 찾으며 행복한 가정이 될 것임을 의심치 않습니다.

부부로 산다는 것은 서로 삶의 방식도 성격도 다른 남녀가 고락을 함께하며 아주 조금씩 닮아가는 것입니다. 생각하는 것, 좋아하는 것, 말투, 얼굴까지 비슷해지며, 서로의 결함과 상처까지도 받아들이면서 말로 설명할 수 없는 교감이 쌓이는 것입니다. 그래서 옛 어른들은 서로 닮아야 잘산다고 하지 않습니까? 일생을 함께 가는 길에는 배려가 필수입니다. 따라서 신랑 신부는 '둘이 타는 자전거'를 결코 잊어서는 안 될 것입니다.

오늘은 양가 축복받는 날 입니다. 신부 장00 양 부모님께서도 딸을 시집을 보내면 딸을 잃는 것이 아니라 딸이 사랑하는 남편 즉 사위를 얻었으니, 아들을 얻는 것이며, 또, 신랑 김00군의 부모님은 아들을 장가보내면 아들이 사랑하는 아내 즉, 며느리를 얻는 것이니 이 또한 얼마나 경사스러운 일이겠습니까? 오늘은 양가에 더 없는 축복이고 영광입니다. 이 영광과 축복이 오래도록 자자손손 이어지길 소망합니다.

이 자리에 참석하신 친지 및 축하객 여러분께서도 새내기 부부에게 인생의 선배로서 앞으로 많은 지도 편달을 부탁드립니다. 바쁘신 중에도 귀한 시간 내시어 이 머나먼 곳까지 참석해 주신 친지 및 축하객 여러분께 양가 어른을 대신하여 다시 한 번 깊은 감사의 말씀을 드립니다. 감사합니다.

문학사랑 2013 여름호

PART 4

여름

아이가 신나는 나라

아내가 한사코 퇴직 후에 사업은 절대로 안 된다며 신신 당부를 한다. 하지만 건성으로 듣고 바로 흘러버렸다. 곧장 대전공무원연금공단 연수 장소로 갔다. 연수장에는 다양한 퇴직공무원 30여명이 퇴직 후 일자리 창출을 위한 협동조합과 사회적기업에 대한 강의를 열심히 듣고 있는 중이다. 나는 퇴직 후 100세 시대에 걸맞게 활동이 가능한 때에 10여년을 활동하고 난 이후 취미나 여가 생활이 합당하다고 생각하며 꾸준히 강의를 신청하여 들어왔다. 누구든지 본인이 배우려고만 한다면 언제든지 훌륭한 강의가 너무나 많았다. 그래서 거의 1년 동안 은퇴 후의 삶에 대한 강의에 열심히 다녔던 것이다.

퇴직 후 벌써 나는 두 번째 직장을 가지게 되었다. 첫 번째는 퇴직공무원지원센터에서 일자리지원 기본교육을 받는 과정에서 뜻이 맞는 사람끼리 퇴직공무원협동조합을 결성하여 이사장 자리를 맡게 되었다. 처음에는 다른 사람이 이사장으로 선정이 되어 추진하다가 갑자기 그만 두는 바람에 우여곡절 끝에 맡게 된 것이다. 퇴직공무원협동조합은 퇴직공무원들의 일자리 창출을 위한 활동으로 상부상조의 정신으로 경제적 이익을 추구하기 위한 조합인 것이다. 다양한 직종의 퇴직공무원들이 지역사회를 위한 사회공헌사업, 국가.지방자치단체의 위탁사업, 체험학습 및 토요 방과후학교 사업, 아름다운 짝맺기 사업, 퇴직공무원 복지증진과 권익 보호를 위한 사업 등 업무 또한 방대했다. 이를 체계적으로 관리하기 위한 협동조합 규정을 만들고 업무분담 활동 등 할 일은 태산이었다.

그러나 6개월의 과정을 거치며 나는 그만 두었다. 왜냐하면 중소기업청에서 실시하는 창업맞춤형 사업에 지원을 하여 선정이 되었기 때문이다. 창업맞춤형 사업은 7,000여만 원의 사업으로 집중연수와 해야 할 일이 10개월 동안에 너무나 많았다. 조합에서 열심히 하고 있는 이사님들 보기가 미안하여 그만둘 수밖에 없었다. 창업맞춤형 사업은 주로 젊은 사람이 참여하고 있으나 나처럼 나이든 사람도 가끔 눈에 띄었다. 12월에 시작한 사업은 이듬해 10월에 끝났다. 이 10개월은 세상에 태어나서 가장 새로운 경험을 많이 해본 기간이었다. 생판 알지도 못하는 제조업의 제품제조 과정과 홍보를 위한 홈페이지제작 및 영상자료, 홍보전단지 제작 그리고 마케팅을 위한 과정이 그야말로 하루도 그냥 편하게 지낸 날이 없었다. 이를 제대로 수행하기 위해 관련 서적도 10여권 구입하여 주경야독하면서 보낸 세월이었던 것이다.

나는 현직에 있을 때 수업에 관심이 많았다. 특히 놀이를 중심으로 한 수업으로 수업연구대회에 참여하여 1등급을 연속 5회나 받았다. 아이들이 서로 도와가며 놀이활동을 통한 수업이야말로 가장 학습의 효율성을 높일 수 있었던 것이다. 이와 관련한 노작활동 학습교구에도 많은 관심을 가지고 꾸준히 연구하여 지식재산권을 확보하였다. 그동안 다용도 화첩, 교습용도형기, 휴대용공작판, 판화인쇄기 등 10여 개를 등록하였다. 지식재산권으로 10여 개를 등록한다는 것은 공무원의 박봉으로 쉽지 않은 금액이었지만, 그래도 교실수업 개선을 위한 일이라며 환희에 찬 교육자의 삶으로 자부했다.

20여 년 전에 다용도 화첩이라는 스케치북을 제작한 일이 있었다. 아이들이 미술시간이 되면 준비를 해오지 않아서 수업을 제대로 할 수가 없었다. 특히 미술시간에 수채화와 한국화 및 서예를 할 때마다 화선지와 연습을 위한 신문지, 받침판 등을 챙겨오기란 아이들에게도 부담스러웠지만, 부모님들 또한 경제적으로 부담스럽기는 마찬가지였다. 그래서 하나의 스케치북에 수채화, 한국화, 서예를 할 수 있는 다용도 화첩을 제작하였던 것이다. 그러나 홍보가 되지 않았고 신제품에 대한 인식이 없었기 때문에 판매가 이루어지지 않았다. 5000부를 제작하여 제대로 팔지도 못하고 심한 스트레스로 대학병원에 한 달 동안 입원한 일이 있었다. 결국 남은 화첩은 충청도 군청소재지 교육청 내 농촌학교에 기부하고 말았다.

교직생활이 아이들과의 행복한 삶이었기에 퇴직 후 아이들을 위해 봉사하는 것이 꿈이었다. 아이들이 공부를 할 때 즐겁고 신나는 학습준비물이 비치된 공작판을 만들어 주고 싶었다. 아이들이 공작판을 활용하면서 "아이, 신나라!"라는 이야기를 듣고 싶었던 것이다. 그래서 아이들이 신나는 나라, 아이들이 신나는 세상을 위해 '아이신나라' 상표등록을 하고 회사 이름도 '아이신나라'로 하였다. 아이들이 즐거워하며 신나는 모습을 보면 얼마나 흐뭇하고 즐거운 일인가. 그래서 창고형 사무실을 임대하고 제품을 제작하여 오늘도 학교 교장선생님을 찾아뵙고 활용해 주시길 기대하며 셀러리맨으로 힘찬 출발을 하는 것이다.

밤이면 밤마다 노심초사하며 제대로 밤잠을 이루지 못하면서도 이 일이 우리나라에서뿐만 아니라, 전 세계 모든 어린이들이 즐겁고 신나는 활동이 이루어지기를 기원하며 제품제작에 혼신을 다하였다. 교실현장에서 제품 사용 후 개선점을 반영하여 금년에도 지식재산 창출사업 지원기업과 중국 제품디자인출원에 선정이 되었다는 반가운 소식을 받았다. 국제경시대회나 국내경시대회에 많은 수상을 하였지만 기뻐할 수만은 없었다. 왜냐하면 거금을 들여서 제작한 제품이 아직도 창고형 사무실에는 많은 제품이 팔리지 않은 채 쌓여있기 때문이다. 아내는 왜 그렇게 사서 지지리 고생을 하느냐며 입이 부어있지만, 그래도 아이들이 즐거워하며 체험학습에 신나는 모습을 생각하면, 내가 조금은 어렵더라도 많은 아이들에게 언젠가는 훌륭하고 멋진 학습교구로 탄생 될 것임을 확신하기에 열정을 쏟아 붓는다.

아이들이 신나는 나라를 위해….

금강일보 2014.06.19

개구리 울음소리

요즈음 개구리 울음소리 듣는 재미로 밤을 기다린다. 그것도 한 두 마리의 울음소리가 아니다. 떼를 지어 울어대는 개구리 울음소리는 협연을 하는 듯 멀어졌다가 가까이 다가오고 끊어졌다가 다시 이어지는 울음소리는 내게 편안한 안식처로 다가 온다. 이 개구리 합창소리는 얼마 만에 들어보는 소리인지 아주 까마득하다. 맑은 밤 둥근 달이 중천에 걸리면 몇 번이고 창문을 여닫는다. 강바람에 찬바람이 들이닥치면 창문을 조금 닫았다가 또 개구리소리가 멀어지면 열개된다. 잠자리에 들어서도 아내가 창문을 닫을까 물어보면 그대로 두라고 한다. 어떻게 이곳 세종시 우리 아파트 단지 내에서 개구리 울음소리를 듣게 되었는지 알다가도 모를 일이다. 오랜만에 들어보는 개구리 울음 소리는 내게 아련한 고향을 그리게 한다.

우리 동네는 황간에서 추풍령쪽으로 2km 정도 가면 들 가운데 있는 동네이다. 태백산맥에서 소백산맥으로 이어지는 고개 추풍령은 영남에서 충청도로 올라오는 고갯길로 좁은 골짜기로 김천에서부터 직지사를 지나며 가파른 오르막길로 지대가 높아진다. 추풍령에서 황간으로 넘어가는 좁은 골짜기에 넓은 들이 있다하여 광평리라 하였는데 실은 우리가 알고 있는 넓은 들은 아니다. 동네에서 서쪽을 보면 달도 머물고 간다는 월류봉과 황간 향교 앞 가학루가 동양화처럼 멋진 풍경을 자아내고 있다. 특히 황혼녘이나 새벽

녘에 초승달이 월류봉에 걸려있는 모습은 지금도 아련한 그리움으로 늘 다가온다. 남쪽에는 마을 앞으로 경부선 기찻길과 고속도로가 지나고 넓은 들이 펼쳐지며, 6.25전쟁 때 숱한 사람이 죽어서 피로 들을 물들였다는 매곡면 유전리 피뜰로 이어진다. 그 너머에 물한계곡과 삼도봉에 이른다. 북쪽과 동쪽은 가파른 산세로 구름도 잠시 쉬었다가 간다는 추풍령으로 이어지는 산 앞쪽으로 경부선 국도가 지나고 있다. 동네 앞쪽으로 자그마한 동산에는 검붉은 적갈색의 해묵은 조선 소나무가 몇 그루 있다. 휘늘어진 소나무에 황새가 둥지를 터는 전형적인 농촌 마을 70여 호가 옹기종기 모여 사는 정겨운 동네이다.

우리 집은 동네 서쪽에 위치하고 있었는데 앞에는 두어 마지기 정도 되는 논이 있었다. 동네 가운데 들어있는 논인데 집으로 드나들 때마다 논을 거치게 되어있다. 이 논에서 동네 아이들이 모여서 노는 일이 많았다. 겨울이 되면 얼음이 얼어서 재미있게 노는 얼음판이 되어 썰매도 타고 팽이치기, 연날리기 등 동네 놀이터였다. 또, 얼음이 녹을 즈음에는 고무얼음판 건너뛰기를 하면서 진흙으로 신발과 옷이 다 젖어서 어머니한테 꾸지람을 들었지만, 개구쟁이들은 신나는 놀이에 빠져 되풀이 하곤 하였다. 봄이 되면 새까맣게 먹물을 던져 놓은 것 같은 올챙이 떼는 장난감 이었고, 여름이면 개구리는 닭장 속의 닭 먹이로 수난을 겪었다. 어떤 때에는 친구들과 어울려 개구리 뒷다리를 삶아서 소금에 찍어서 먹기는 하였지만 닝닝한 맛이 별로였다. 모내기가 이루어지면 그 때부터는 개구리 울음소리와 함께 생활을 했다. 벼 베기가 끝나면 논은 여전히 아이들의 변함없는 놀이터로 재잘거리는 시끄러운 소리로 넘쳐났다.

우리 가족은 내가 초등학교 4학년이 되던 해 2월에 매화골에서 이곳으로 이사를 왔다. 부모님이 농사를 지으며 두 살 터울의 7남매 자식들을 양육한다는 것은 결코 쉬운 일이 아니었을 것이다. 먹거리도 워낙 식구가 많다보니 웬만한 것은 감당하기가 쉽지 않았을 터이다. 너나 할 것 없이 어려운 때이기에 음식의 양을 늘려 먹는 것이 많았다. 갱시기나 국수는 그 당시에 음식을 늘려 먹는 방편으로 자주 해 먹었다. 어머니는 국수 만드는 솜씨가 일품이었다. 많은 식구들이 국수를 먹이려면 밀가루 반죽도 적은 양으로는 어림도 없다. 넓은 자리를 깔고 반죽한 밀가루를 여러 번 밀가루를 뿌려가며 커다랗게 밀어서 펼치는 솜씨는 그야말로 예술이었다. 넓은 원판으로 펼친 밀가루 반죽을 여러 번 길게 접어서 칼질을 하는데, 얇고 가늘게 칼질 하는 것이 기술이었다. 국수 칼질이 끝날 즈음에는 국수 꼬투리는 잘라서 우리에게 주면 그것을 구워먹는 재미로 동그마니 옹기종기 바라보고 기다리며 앉아 있었다. 고르게 칼질을 하여 채반에 펼친 후 멸치를 우린 물에 애호박과 호박잎에 감자까지 채로 썰어 넣은 후, 풋고추로 양념을 하여 양념장으로 입맛을 돋우게 하였다. 가마솥에 각종 양념으로 우려낸 후 국수를 넣어서 끓여낸 국수는 그야말로 최고의 맛이었다.

국수를 만들 즈음에 아버지는 마당에 멍석을 깔고 베어 놓은 풀을 가지고 오셔서 불을 피울 준비를 하신다. 집 앞에 논이 있어서 달려드는 모기를 쫓기 위한 모기향과 같은 방식으로 연기를 피우는 것이다. 멍석위에 상을 펴고 커다란 스테인리스 국그릇에 그득 안겨 받은 구수한 국수는 마파람에 게 눈 감추듯 먹고, 또 비운 그릇을 내 놓으면 어머니는 흐뭇한 미소를 지으며 퍼 주시던 모습이 아련하다. 식사 후에 멍석 위에 나란히 들어 누워서 본 하늘은 수많은 별들로 빼곡이 박혀있었다. 별 하나 나 하나, 별 둘 나 둘…. 금가루를 뿌려놓은 듯 별들은 개구리 울음소리에 맞추어 별빛이 바뀌는 모습은 그야말로 환상적인 우주쇼 이었다. 개구리 울음 소리는 우리 삶의 일부분으로 받아들였기에 조금도 시끄럽다는 생각을 가져 본 일이 없다. 맹꽁이 소리와 교대로 울어대던 개구리 소리가 갑자기 멈추게 되면 우리 집에 손님이 온다는 것을 감지하고 밖을 내다보게 되는 것도 개구리 소리와 함께하였기 때문이다. 고등학교를 이웃 소도시로 유학을 가면서 개구리 소리도 나에게는 멀어지면서 까맣게 잊고 오랜 동안 세월이 흘렀다.

퇴직을 하고 대전의 아파트를 정리하고, 이곳 세종시 금강변 자그마한 새 아파트로 이사를 왔다. 아파트에서 토요일이나 일요일에 틀어주는 분수를 보며 시원하고 아름답다고 느낄 즈음, 우연히 손자 준이와 함께 물이 고여 있는 분수대 아래 웅덩이에서 소금쟁이를 보게 되었다. 준이는 신기한 듯 소금쟁이를 잡아서 집에서 키우겠다는 거다. 분수대 아래 고여 있는 물에서 소금쟁이와 물매암이를 본다는 것은 건강한 토양과 수질임을 보여주는 증거가 아니겠는가. 동심으로 돌아가 준이와 함께 가벼운 몸놀림으로 팔딱 팔딱 튀어 오르는 소금쟁이를 종이컵으로 잡는다며 따라다녔다. 아마 지금은 보이지 않지만 개구리가 오늘 밤에도 이곳에서 합창을 할 것이라는 생각에 마음이 흐뭇해진다. 먼 옛날 고향집에서 듣던 아련한 개구리들이 오늘 저녁에도 합창을 하며 그립고 정겹던 고향의 향수를 불러일으킬 것이다. '개굴 개굴 개굴 개굴, 굴개 굴개 굴개 굴개, 개~굴….'

[5] 2017.06.12. 456 / 세종시닷컴 [10] 2017.06.12. 805

돌아온 탕자

북유럽 여행을 다녀왔다. 자그마치 10박 12일이다. 해외여행을 다녀온다는 것은 결코 쉬운 일이 아니다. 경제적인 여건과 건강 그리고 여유로운 시간의 3박자가 맞아야 한다. 즐거운 여행을 위해서는 누구와 함께 가느냐가 중요한 변수가 된다. 퇴직을 하면서 오랜 동안 내조로 고생을 한 아내와 함께 여행을 한다고 벼르던 것이 벌써 5년째다. 퇴직을 하고 바로 가려던 여행은 동행을 하기로 약속한 친구들이 퇴직을 하고 난 후 같이 떠나기로 하여 이렇게 늦어진 것이다. 지난해에 떠나려던 서유럽여행은 프랑스 IS 폭탄 테러로 가지 못하고 이번에 떠나게 되었다. 지난해에 같이 여행을 가려던 친구는 아내가 몸이 불편하여 이번에 함께 여행을 하지 못하여 건강이 얼마나 소중한 것인지 새삼 깨닫게 된다.

처음에는 서유럽의 문화유적을 관광하고자 하였으나 건강이 여의치 못한 친구들이 서유럽의 문화유적지보다는 북유럽의 자연경관을 보는 것이 낫겠다는 의견에 여정을 잡게 되었다. 여행 일정은 덴마크 코펜하겐, 스웨덴 예테보리, 노르웨이 오슬로 비겔란의 조각공원과 롬스달 계곡, 페리호를 타고 게이랑에르 피오르드 관광, 세계에서 가장 오래된 빙원 요스테달, 노르웨이 산악열차 관광, 스웨덴 스톡홀름 노벨 시상식이 열리는 시청사를 관광하고 스웨덴에서 핀란드 헬싱키로 가는 길은 실자라인 여객선으로 이동을 하였다. 헬싱키에서 시벨리우스 공원을 관광하고 러시아 상트 페테부

르크 까지는 고속열차를 이용하였다. 러시아 수도 모스크바에서 크렘린 궁과 붉은 광장, 아름다운 성 바실리 성당 관람은 이색적이었다.

그 중에서도 감동적인 자연 경관은 노르웨이 롬스달계곡이다. 노르웨이 골든 루트라고 불리는 요정의 길 주변 풍경은 환상적이었다. 5월의 하순경에 노르웨이 빙하가 녹기 시작하면서 연두색의 새싹 사이로 하얀 거품을 내품으며 줄줄이 쏟아져 내리는 폭포는 그야말로 상상을 초월한다. 거대한 자연의 경관에 매료되어 이미 감탄사는 메마른 상태였다. 요정의 길은 무척이나 험하고 높아서 마치 요정들이나 다니는 곳으로 붙여진 이름 일듯 하다. 가파른 계곡을 따라 줄줄이 흘러내리는 다양하고 거대한 폭포를 보며 버스 양쪽으로 스마트폰 사진 찍기에 정신없던 차에 노란 유채꽃이 골짜기 사이로 펼쳐지는 아름다운 평원에 이끌려 버스를 정차하고 사진 찍는 시간을 갖게 한다. 도깨비 길이라고도 하는 요정의 길은 해발 50m에서 시작하여 850m까지 오르는 총길이 18km로 영화 반지의 제왕 촬영 장소로도 알려져 있다. 가파른 길은 갈지자로 오르며 지나온 길을 보면서 경이로운 자연에 온몸을 떨었다. 아찔한 스릴 속에 아름다움은 잠시 엄청난 양과 굉음을 자랑하는 폭포를 보고 잠시 길을 쉬었을 때, 폭포수 사이로 무지개가 펼쳐지며 주위 아름다운 자연과의 조화는 누구에게나 탄성으로 이어지게 한다.

아름다운 도시로는 러시아 상트 페테르부르크는 우리에게 레닌그라드로 익히 알려진 도시이다. 이곳은 여름궁전과 겨울궁전이 있다. 여름궁전은 표트르대제가 파티 장소로 쓰기 위해 만든 것으로, 당시 러시아 제국의 위엄과 황제의 권위를 과시하기 위한 목적이었다. 표트르대제의 명령으로 1714년 착공된 이래 9년이 지난 후 완공되었다고 알려져 있지만, 실제로는 150년이나 지난 후에야 공사가 끝이 났다. 러시아와 유럽 최고 건축가들과 예술가들이 총동원되어, 20여 개의 궁전과 140개의 화려한 분수, 7개의 아름다운 공원이 만들어졌다. 궁전의 정원 여러 곳에 분수들이 있지만 그중에서도 제일 화려하고 아름다운 곳은 대궁전의 삼손분수가 있는 곳이다. 우리가 입장을 하여 분수가 가동이 될 즈음에는 삼손분수 주위에는 관광객들로 그 넓은 분수대 주위가 들어설 자리가 없다. 음악과 함께 쏟아지는 분수는 주위 황금 조각상들과 어우러지며 환상적인 정경에 모두가 넋을 잃고 말았다. 위대한 인물은 생존해서도 국민에게 큰 혜택을 주지만 그의 눈부신 업적은 사후에도 자긍심과 부를 안겨준다.

겨울궁전은 세계 3대박물관 중 하나인 에르미타쥐 박물관은 300만점의 전시품이 소장되어 있는 세계 최고의 박물관이다. 궁전광장 한 편에는 제정 러시아 황제들의 거처였던 겨울 궁전이 네바 강을 따라 쭉 뻗어 있다. 담록색의 외관에 흰 기둥이 잘 어울리는 로코코 양식으로 이 궁전은 1762년 라스트렐리에 의해 건축된 것으로 총 1056개의 방과 117개의 계단, 2000여개가 넘는 창문으로 이루어져 있다. 게다가 건물 지붕 위에는 170개가 넘는 조각상이 장식되어 있다. 겨울 궁전은 총 6개의 건물로 연결되어 있는 에르미타쥐 국립 박물관 건물 중의 하나이다. 1764년 예까쩨리나 2세가 서구로부터 226점의 회화를 들여왔던 것을 계기로 수많은 전시품이 소장되어 있는 세계 최고의 박물관으로 잘 알려져 있다. 에르미타쥐 박물관에서 놓치지 말고 봐야 할 것은 125개의 전시실을 차지하고 있는 서유럽 미술관으로 레오나르도 다빈치, 라파엘, 미켈란제로, 루벤스와 램브란트 등 유명한 화가들의 작품들이 전시되어 있다.

'돌아온 탕자'는 누가복음 15장에 등장하는 에피소드를 소재로 삼았다. 성서에 따르면 한 아들이 아버지에게 자신의 몫의 재산을 미리 달라고 요청했고, 그 재산을 모두 탕진하고 난 다음 집으로 돌아와 용서를 구한다. 그 새 늙어버린 아버지는 그런 아들을 나무라는 대신 좋은 옷과 신발, 가락지를 끼워주라 말하며 잃어버렸던 아들을 다시 찾은 것을 축하하기 위해 살찐 송아지를 잡아 잔치를 벌인다. 렘브란트의 '돌아온 탕자'는 집으로 다시 돌아온 아들이 아버지에게 무릎을 꿇고 있는 장면을 묘사하고 있다. 렘브란트는 이 그림에서 돌아온 아들의 시선과 감상자의 시선을 일치시킨다. 감상자가 초라한 모습의 아들을 자애로운 눈빛과 손길로 맞아주는 아버지를 아들의 시선으로 바라볼 수 있도록 배치한 것이다. 누더기 옷과 다 헤진 신발을 신고 늙은 아버지의 품에 안긴 아들의 얼굴을 정확히 볼 수는 없지만, 뒷모습만으로도 그가 깊은 회한에 잠겼음을 감지할 수 있다. 특히 시커먼 발바닥을 드러낸 채 무릎을 꿇고 있는 아들의 모습은 오갈 데 없는 그의 처지를 압축적으로 보여준다.

그 많은 박물관의 전시품 중에서도 유독 이 작품 앞에서 감동을 느끼는 것은 나 자신을 반추해 보기 때문이다. 나 또한 '돌아온 탕자임'에 틀림없다. 나는 어릴 때 심한 엘러지로 인해 피부병을 오랜동안 앓게 되어 이름난 의원을 찾아다녔지만 낫지를 않아서 엄청 고생을 하였다고 한다. 피부병이 낫지 않자 오랜 동안 어머니의 피를 뽑아서 내게 넣어 주는 어머니의 헌신적인 사랑이 아니었으면 이 세상에 살아남지 않았을 것이란다. 또, 많은 농사일로 힘에 겨웠지만 그 고통을 오롯이 혼자서 감내하셨던 어머니의 삶은 유별나게도 힘들었다. 어려운 살림에 7남매를 양육한다는 것은 쉽지 않은 일이었을 것이다. 그 와중에 대학교까지 진학을 시킨다는 것은 어렵고 고달픈 삶을 어떻게 필설로 표현을 하겠는가. 그래도 그 고통을 잊은 채 자식들의 먼 훗날을 위해 모든 것을 희생과 봉사로 활동하며 사랑으로 감싸 안으며 살아오신 부모님의 사랑이 가슴 시리도록 아리고 아픔으로 다가온다. 그동안 나만 편히 삶을 살아온 것 같은 회환에 '돌아온 탕자'의 명화 앞에서 나 자신을 반성한다.

"이제야 '돌아온 탕자' 주님 앞에 무릎 꿇고 용서를 빕니다. 전능하신 아버지! 저의 부모님에 대하여 불효한 언행으로 저지른 잘 못과 저 자신도 알아내지 저의 잘못을 용서하여 주십시오. 가장 인간적인 모습 안에 드러나는 모습처럼 황금빛의 옷에 붉은 망토를 두르고 돌아온 자식을 어루만지는 아버지 모습처럼 절대적인 자애와 조건 없는 사랑, 영원한 용서로 보살펴 주시길 사랑이 충만하신 우리 주 예수 그리스도의 이름으로 기도드립니다. 아멘."

[4] 2017.06.09. 523 / 한밭수필 2017

인월에서 금계까지

"왜? 이렇게 조용한 거야!"

"벌써 출발한지 한 시간도 더 되었는데, 한 사람도 볼 수가 없으니 나 원 참~."

"날씨가 워낙 무더워서 그런가?"

"이건 뭐 말이 둘레길이지 등산이구만 그래."

말없이 묵묵히 따라오던 아내는 그냥 뒤도 돌아보지 않고 앞으로만 나아간다. 그 흔한 매미소리, 새소리, 바람소리, 물소리도 들을 수 없는 적막감이 감도는 가운데 바람 한 점 없으니 땀만 비오듯 흘러내리고 있었다. 내가 이 길을 선택한 것은 삶을 살아오면서 아내한테 미안한 점이 한 두 가지가 아니었다. 그래서 이 아름다운 지리산둘레길 3구간을 아내와 대화를 하면서 나의 고집으로 창업을 하면서 얼룩진 고달픈 삶을 넌지시 사과하고 싶었기 때문이다.

땀을 쓸어내리는 아내의 얼굴엔 이제 굵은 주름과 잔주름살로 세월의 흔적을 실감하게 한다. 아내는 벌써 만 3년 동안 손자 준이를 돌보고 있다. 가끔 시간이 날 때면 너무 힘들어 하는 아내를 생각하여 손자를 데리고 함께 놀아주기는 하지만, 이것은 어디까지나 미안한 마음에 인사치레로 적당히 하는 것일 뿐이다. 네 살이 된 준이는 근래 활동량이 많아지면서 더욱 할머니를 어렵게 하고 있다. 그 뿐만이 아니다. 금요일 저녁에는 아들내외가 서울에서 내려오면 돌아갈 때까지 음식준비로 그야말로 이중의 고통을 받고 있는 것인지도 모른다. 처음에는 못마땅하여 그렇게 하지 말라고 하였지만, 스스로 하는 것이 마음이 편하다며 모든 것을 배려하며 챙겨주고 있는 것이다.

아내가 삼십대 중반쯤에는 내 아우의 딸을 2년 동안이나 키워준 일이 있었다. 아우 내외는 부부교사로 아이를 돌볼 사람이 없었다. 어려운 처지를 알고 4개월 된 갓 난 아기를 우리 집에 데리고 와서 보살펴 주었던 것이다. 자라는 모습이 너무 귀엽고 예쁘기도 하여 가끔은 보살펴준 일은 있었지만 아이를 돌봐준다는 것이 얼마나 힘든 것인지 나이 들어서 손자를 돌보며 깨닫게 되었다. 아기는 사랑을 먹고 자란다는 것을…. 그렇게 하기 위해서는 얼마나 많은 몸과 마음이 헌신적으로 투자해야 하는 것인지를 이제야 깨닫게 된 것이다. 직장생활을 할 때에는 아이를 돌보는 것이 그냥 저절로 이루어지는 것으로만 알았는데 말이다.

시원한 계곡을 찾아 쉬고 싶었지만 뙤약볕 아래 숲속도 더운 바람으로 쉴 곳이 마땅치 않았다. 폭염주의보가 내려져 있다는 것을 실감하며 숲속에 오른 곳은 황매암이라는 암자에 닿았다. 바람소리 한 점 없는 한 낮에 암자에 둘러보기로 하였다. 산사 오붓한 뒷길을 따라 경내로 들어서니 석천정자 돌 항아리에 시원한 물줄기가 외로움을 쏟아내고 있었다. 물 한 모금 마시고 둘러본 암자에는 적막감 속에 뜨거운 빛으로 가득했다. 그야말로 고독과 적막감으로 이렇게 조용한 세상도 있는 것인지 사람이 사는 공간으로 믿기지 않는다. 이 적막감에서 벗어나고파 외로운 등산길을 재촉하였다.

아무리 생각을 하여도 지리산둘레길 3구간은 가장 아름다운 구간이라고 하여 왔는데, 이렇게 사람이 보이지 않는 것이 이상하기만 하였다. 올라 올 때 백련사로 향하는 푯말이 있기는 하였지만 다시 되돌아오기가 겁이 나서 백련사를 들리지 않고 바로 산길로 올라왔던 것이 생각났다. 우리가 가는 길은 완전히 등산길이었다. 아내도 둘레길이라 하여 등산화를 신지 않고 운동화를 신고 왔고, 나 또한 등산용 슬리퍼를 신고 왔기 때문에 등산하기에는 마땅치는 않았다. 땀은 비 오듯 하는데 이상할 정도로 적막감만 감도는 바람 한 점 없는 산행 길을 걸으며 제주올레길이 생각났다.

지난 5월에 가족여행을 갔다. 우리 가족은 해마다 가족여행을 간다. 근래에는 아직 손자들이 어리기 때문에 국내여행으로 해왔고, 금년에는 제주도로 함께 여행을 하게 된 것이다. 가족과 함께 하는 여행은 가족 간의 정을 듬뿍 나눌 수 있는 최고의 시간이다. 차를 렌트하여 함께 다니는 동안 이제 손자들이 번갈아가며 노래를 불러주어 즐거움은 흥에 겨웠고, 아내와 나는 올레길 위주로 다녔다. 아내는 손자를 맡기 전에는 자주 등산을 하였으나 근래에는 등산을 하지 못하여 둘레길 걷는 것을 너무 좋아했다. 그늘은 없었지만 시원한 바닷바람과 탁 트인 아름다운 바다의 정경을 보며 걷는 즐거움이 무엇보다도 좋았던 것이다. 그 때에도 내 속에 담아 둔 말을 하고 싶었지만 하지 못해서 늘 개운치 않았었다.

온몸이 땀으로 미역을 감을 즈음 내려온 곳이 수성대이다. 길가

다리 위 한편에 천막을 치고 아주머니가 간식과 막걸리를 팔고 있는 곳이다. 시원한 막걸리 한 잔을 먹을 수 있느냐고 하였더니 아래 계곡으로 내려가라고 한다. 그렇지 않아도 계곡물이 그립던 차에 내려가 자리를 잡았다. 깨끗한 물에 발을 담그니 세상이 모두 내 것인양 부러울 게 없다. 가스가 떨어져서 부침개를 먹으려면 조금 기다려야 한단다. 쉬었다가 갈 요량으로 그렇게 하겠노라 하였더니 서비스로 식혜를 한 그릇 준다. 푸근한 마음씨에 마음이 들떠 막걸리 한 잔을 마파람에 게 눈 감추듯 마시고, 아내 것까지 마시고 나니 얼얼한 취기가 온몸을 감돈다. 또, 심심풀이로 옥수수도 먹어보란다. 훈훈한 인정에 취해 발길을 옮겼다. 술기운으로 더위도 잊은 채 아름다운 둘레길을 걸으면서도 아내한테 하고 싶은 말 한마디 전하지 못한 체 걷고 있는 나를 발견했다.

아내가 힘들어 하는 것은 육체적인 고통보다도 나 때문에 더욱 고통을 많이 받고 있다. 아내는 내가 하는 일에 대해서는 웬만하면 거절하지 않고 지원해 주는 편이다. 30여 년 전에 다용도화첩을 제작하여 판매를 할 때에도 거금을 들였다가 실패한 경험이 있다. 또, 그림을 그리다가 말고 수필작가로 활동을 한다면서 세 번이나 수필집을 발간하였다. 맞벌이도 아니면서 혼자 수입으로는 만만치 않은 것이었다. 정년퇴직을 하고 방과후 학교 운영을 한다며 투자를 하였고, 또 퇴직공무원협동조합을 설립을 하여 운영한다고 투자를 하였다. 뿐만 아니라 이제는 아이들이 신나는 학습공작판을 제조하여 판매를 한다며 공작판 제조에, 판매를 위한 사무실 임대 등으로 적지 않은 금액을 투자하여 여러 모로 고통을 주는 상황에 이르게 된 것이다.

나는 교육자적인 사명감으로 아이들 교육을 위해 꼭 필요한 사업이라며 고집을 세워 기어코 창업을 하였지만, 퇴직 후에 창업은 죽을 각오가 아니면 하지 말라는 말이 이즈음에 피부에 와 닿는 것이다. 이와 같은 상황은 팍팍한 살림에 말로 표현은 하지 못하고 그동안 아내를 얼마나 옥죄었을 것인지는 굳이 말을 하지 않아도 뻔하다. 이번에도 여행에도 사과 한 마디 제대로 못하고 그냥 돌아왔다.

'여보 미안해!, 당신한테 무엇이라 할 말이 없다.'

대전문학 2015 가을호

명품아파트를 그리며

아침에 눈을 뜨면
창밖으로 싱그러운 연녹색의 파아란 잎들이
활기찬 손짓을 하며 산책하길 유혹합니다.

시중에 리버시티는 조경이 잘 되어 있는 아파트로,
주위 환경여건이 잘 갖추어진 살기 좋은 아파트로,
투자가치가 있는 아파트로 뭇 사람의 입에 회자되기도 합니다.

어떤 이들은 부동산이나 KB시세를 들먹이며
거품이다 일시적이다. 나름대로 판단을 하며
장기적인 투자할 가치가 있는지 의심을 갖기도 합니다.

그만큼 리버시티는 뭇사람들 관심의 중심에 있다는 것만으로도
세종에서 의미 있는 아파트로 회자되고 있다는 점에서
이곳에서 살고 있는 사람으로서 자부심을 갖기도 합니다.

명품아파트는 외관만으로 평가를 하지 않는다는 것도 잘 알고 있습니다.
거기에 살고 있는 사람들의 삶의 질이 명품아파트와 어울리게
격에 맞게 잘 살고 있는가 하는 것이 문제입니다.

상대방을 배려하지 않는 삶,
나만의 편안함을 위하여 공공질서를 지키지 않는 삶,
이웃 간의 불화로 정이 메마른 아파트를 명품 아파트라 할 수 없습니다.

오늘도 산책길에서 아름다운 이웃과 정을 나누며,
정겹게 살아가는 인간미가 넘치는 살기 좋은 아파트를 생각하며,
리버시티 주민들이 신나는 일 많으시길 기도합니다.

[6] 2017.06.28. 648 / 세종시닷컴 [27] 2017.06.28. 3327

잠 못 이루는 그대에게

나이가 들면 불면으로 고통을 받는 사람들이 의외로 많다. 젊은 시절에 어르신들이 건강은 잘 먹고, 잘 자고, 잘 싸면 건강한 것이라는 이야기를 듣고, 그것이 무에 그리 대단한 것인가 하고 귓등으로 흘려버리곤 했다. 그런데 그야말로 60대 중반에 이르니 무관심하게 듣던 그 말씀이 살갑게 와 닿는다. 먼저 잘 먹는다는 것이 쉽지 않다. 입에서는 당기는데 제대로 소화를 감당하지 못한다는 점이다. 젊을 때야 돌이라도 소화를 시킬 듯이 아무리 먹어도 소화를 잘 해 냈지만, 이제는 많이 먹으면 소화한다는 것이 쉽지 않고 오랜동안 부닥치는 고통을 겪어야 한다. 잠은 어떠한가. 새벽 두어 시 정도 잠을 깨면 잠을 이루지 못하고 텔레비전 채널만 돌리다가 뜬눈으로 세우는 날이 많아진다. 또, 젊었을 때는 대소변이 조절 잘 되던 것이 제대로 되지 않는다. 왜 하필 새벽 두어 시 정도 되었을 때 깨야하는지 참으로 야속하다. 의도하지 않은 대소변으로 불편함을 겪는 사람들이 참으로 많다는 것을 알게 된다.

친구들과 모임에서 나이가 들수록 건강과 관련된 이야기를 많이 나누게 된다. 아무래도 건강이 예전 같지 않아서 매일 부닥치게 되는 생존의 문제이니 화두로 담는 것이 당연하다고 할 수 있다. 밤잠을 잘 자기 위해 아내가 하는 일을 도와주고 청소도 하며 쓰레기 버리는 것도 하루에 여러 번 나누어 버리기도 하면서 시간을 최대한 활용한다며 자랑을 하는 친구도 있다. 직장생활을 할 때에는 그렇게나 바쁘게 생활하던 사람들이 퇴직 후에는 의외로 남아도는 시간 때문에 절절매는 친구들을 많이 본다. 시간은 자신과 만나는 일이다. 시간이란 '있느냐 없느냐'의 문제가 아니라 내가 그것을 얼마나 '활용하느냐 못하느냐'에 달려있다. 자신의 역량을 어떤 방향으로 길러나갈 것인가 고려해 보아야 할 때이다.

퇴직을 앞두고 퇴직 후에 생활을 어떻게 할 것인지 고민이 참으로 많았다. 자아실현을 위해 나의 취미와 자아 계발을 위해 노력을 할 것인지, 아니면 100세 시대에 걸 맞는 노후생활을 위해 좀 더 경제활동을 할 것인지 갈등이 많았다. 관련한 연수도 많이 받았지만 확신이 서지 않았다. 오랜 동안 문학 활동을 하는 지인을 찾아 갔다. 함께 직장생활을 하던 선배가 퇴직 후에 서각의 대가로 신문에 소개된 것을 보고 깜짝 놀란 일이 있다. 직장생활 할 때에는 술도 좋아하고 동료들과 어울려 농을 즐기며 생활하시던 분이었는데, 서각의 대가로 칭송을 받게 된 그 분의 퇴직 후에 활동에 대해 부러움으로 이야기를 하였더니 김난도 교수의 저서 『아프니까 청춘이다』 중 기적은 천천히 이루어지는 진다는 '1만 시간의 법칙'을 이야기 해준다.

말콤 글래드웰의 〈아웃 라이어〉라는 책을 보면 '1만 시간의 법칙'이 나온단다. 비틀즈나 빌게이츠 같은 비범한 인재들, 즉 아웃라이어(정상을 벗어난 특정한 사람 의미)의 성취는 모두 1만 시간의 연습을 통해 이루어졌다는 사실이다. 우리가 알고 있는 타고난 천재 모차르트도 실은 1만 시간의 연습을 통해 재능을 발휘했다는 것이다. 1만 시간은 하루에 3시간씩 1주일에 20시간 10년을 모아야 이룰 수 있는 시간이다. 아무나 이룰 수 없는 실천하기 어려운 연습량이다. 이러한 연습량을 소화한 사람에게 어느 누가 감히 경쟁이 되겠는가. 앞서 말한 서각의 대가를 이룬 직장 선배도 마찬가지다. 미래의 달콤함을 위해 기꺼이 현재의 고통을 감수하는 행위가 뒤따라서 이루어진 것이다. 세상에서 가장 큰 즐거움은 성장하는 즐거움이다.

한 밤 중에 일찍 일어나 잠을 이루지 못하고 고통을 받는 분들은 누워서 고통의 시간을 보낼 것이 아니라 이 시간을 어떻게 활용할 것인가 고려해 보아야 한다. 전문가에 따르면 잠 못 이루는 밤으로 스트레스를 받을 것이 아니라, 차라리 일어나 활동을 하는 것이 더 좋다고 한다. 활동하다가 지치면 또 잠을 자면 될 것이 아닌가. 잠 못 이루는 그대에게 자신과 만나는 '1만 시간의 법칙'을 권장한다. 비범한 인재가 아니면 어떠한가. 나름대로 못 다한 자신의 역량을 신장시키기 위한 시간으로 활용하면서 살갑게 사는 것이 진정 행복한 삶이 아니겠는가.

금강일보 2014.04.23

도서관에서 놀아야 한다

도서관에서는 지난 4월 12일부터 18일까지의 '도서관 주간'과 4월 23일 '세계 책의 날'을 맞이하여 지역 주민에게 도서관을 알리고 도서관과 가까워질 수 있도록 다양한 행사를 마련하고 있다. '도서관 주간'은 도서관의 가치와 필요성을 널리 알려 국민의 활발한 도서관 이용을 도모하기 위해 전국적으로 시행하고 있는 행사로 올해로 벌써 53회라고 한다. 4월 23일 '세계 책의 날'은 스페인 카탈루냐 지방에서 책을 사는 사람에게 꽃을 선물하는 축제일인 '세인트 조지의 날'과 세르반테스와 셰익스피어가 사망한 날에서 유래하여, 독서 출판을 장려하고 저작권 제도를 통해 지적 소유권을 보호하고자 1995년 유네스코에서 정한 날이라고 한다.

필자가 세종시로 이사를 오면서 가장 활용을 많이 해보고 싶었던 곳이 국립세종도서관이었다. 이사 온지 채 일주일도 지나지 않아서 도서관을 찾았다. 국립세종도서관은 세종호수공원 수변광장을 바라보는 위치에 있다. 금강수변공원에서 세종도서관을 바라보면 책 모양으로 펼쳐져 있어서 앞으로 도서관을 자주 드나들면서 생활을 해야겠다고 벼르던 참이었다. 승용차로 도서관에 찾아갔지만 공교롭게도 시청 행사하는 날과 겹쳐서 주차불편으로 교통안내하는 안내원한테 잠깐 도서관에 다녀오겠다며 양해를 구하고 허겁지겁 허둥대던 모습이 첫날의 내 모습이었다. 급한 마음에 대충 1층에서 3층까지 휘 둘러보고 1층 도서열람실로 갔다. 도서진열장에 가서 도서를 훑어보고 읽고 싶은 도서를 3권 빌려서 나왔다. 실은 제대로 내가 보고 싶은 것을 검색하지도 않고 즉흥적으로 선택하여 대출을 하게 된 것이다.

퇴직한 친구들의 여행 모임에서 세종시 여행계획이 있다는 연락을 받았다. 정부청사 옥상, 대통령 기록관을 들려서 세종국립도서관을 관람을 하고 4층에서 점심을 먹는 것으로 일정이 짜여졌다. 필자가 세종시에 살고 있으니 안내를 하면 좋겠다는 이야기를 하였지만, 실은 나도 문외한이나 마찬가지였다. 그때까지 도서관 식당에서 식사를 해 본 일이 없기 때문에 어디로 올라가야 하고 또, 어떤 과정을 거쳐야 하는지 모르는 상태였다. 주차를 하고 뒤늦게 왔더니 1층에서 엘리베이터를 타려고 몇몇이 줄을 서 있는 친구들이 보였다. 나는 구경도 할 겸 걸어서 올라가자고 제안을 하였다. 몇몇 친구들이 나를 따라 올라 왔는데 4층 식당으로 올라가는 길을 찾지 못하고 쩔쩔매는 모습을 보고 각자 흩어지게 되었다. 자세히 알지도 못하면서 앞장섰던 일을 생각하면 지금도 등줄기에서 땀이 흐른다. 그 후 오래도록 도서관에 가는 일은 잊어버리고 있었다. 그렇게 도서관을 가까이 하고자 하였던 내 생각은 멀어졌던 것이다.

나는 지금까지 도서관에서 내가 필요한 자료를 찾아서 독서를 한 것이 아니라 구경꾼으로 참관하였다가 되돌아오곤 한 것 밖에 없다. 도서관 활용법을 제대로 알지도 못하면서 잘 아는 것처럼 점잖게 열람실과 독서대에 앉아서 적당히 독서를 하다가 돌아오는 식이다. 그동안 이렇게 도서관 관람자로 생활해 왔다. 가식을 벗어버리고 도서관 활용방법을 익히기로 단단히 마음먹고 도서관을 방문하였다. 입구에 안내하는 젊은 친구에게 도서 검색하는 방법을 알려달라고 하였다. 홈페이지에서 회원 로그인을 한 다음 도서 검색을 하여 도서 대출을 하면 된다고 한다. 국립세종도서관 어플을 핸드폰에 깔면 언제든지 검색을 하여 도서 대출을 하면 서고에서 도서를 찾아서 1층 데스크에 비치되어 있다는 연락과 함께 대출자료의 반납예정일도 문자로 안내해 준단다. 반납할 때에도 반납대에 도서를 올려놓으면 자동 반납과정이 이루어진다. 이렇게 쉬운 일을 체면치레 때문에 불편한 활동을 하였던 나 자신이 부끄럽다.

도서관에도 많은 변화가 있었다. 나 같이 바쁜 사람한테는 필요한 도서를 대출하기 위해 굳이 내가 꼭 도서관에 가지 않아도 된다. 세종국립도서관 모바일 어풀에서 도서 대출은 물론 도서를 연장을 하고 싶은 경우에 연장을 하면 1주일 연장을 해 줌으로써 도서관을 직접 찾아가지 않더라도 해결할 수 있다. 바쁜 사회생활 속에서 이렇게 편리하게 대출하고 연장 및 반납을 할 수 있다니 얼마나 편리한 세상인가. 세상이 아는 만큼 보인다는 말이 이를 두고 하는 말일게다. 어디 이뿐이겠는가. 세종국립도서관에서는 알림서비스를 통해 좌석예약, 대출연장, 비치희망도서, 온라인자료, 도서관 이용정보 등 문화시민을 위해 다양한 정보를 제공하고 있다. 제대로 알고 도서관을 최대한 이용하여 문화시민으로 혜택을 누리시길 기원해 본다.

이제 지식정보화 사회에서 도서관은 지식을 체험하는 공간, 도서관 메이커 스페이스로 변화되고 있다. 메이커스페이스(Maker Space)란? 도서관에 3D프린터, 메이저 카터 등 이용자가 원하는 사물을 즉석에서 만들어 낼 수 있는 디지털 기반 중심의 작업공간을 말한다. 궁극적으로는 이러한 공간을 도서관에 조성하여 체험을 통해서 지식을 확장시키는 개념을 포함하는 것이다. 도서관 속의 메이커 스페이스는 기존에 없던 새로운 트렌드라기보다는 도서관이 전통적으로 해왔던 창의적 글쓰기 강좌들과 공예워크숍, 북메이킹 강좌 등과 같은 서비스들에 IT 장비와 기술을 접목해 재해석된 형태로 봐야한다. 전통적으로 도서관은 이용자 스스로 새로운 지식을 찾아내고 창조할 수 있는 능력, 즉 문재해결능력을 높일 수 있는 역할을 수행해 왔다.

이러한 메이커 스페이스는 세계 각국의 창업열품과 맞물리면서 새로운 글로벌 트렌드로 자리 잡고 있다. 그래서 우리는 도서관 공간을 통해 메이커스페이스 문화가 확산되고 있다는 사실을 주목할 필요가 있다. 현대의 도서관은 인쇄매체에 대한 이해력을 넘어 IT 기기들과 디지털 매체에 대한 새로운 지식을 창조하고, 다양한 지식을 융합해 새로운 가치를 창출할 수 있도록 도움을 주고 있다. 이러한 도서관 서비스의 연장선상에 '지식을 체험하는 공간 메이커 스페이스'가 자리 잡고 있다는 '호수가 보이는 도서관 4월호' 기사가 살갑게 와 닿는 이유이다. 조용하게 독서하는 곳이란 이미지를 벗어버리고 즐겁게 나의 취미와 특기를 기를 수 있는 메이커 스페이스로 즐기면서 놀아야 할 곳이 바로 도서관이다.

대전문학 2017 가을호

얼굴

나는 닮은 사람이 많은 것 같다. 가끔 일면식도 없는데 지나치다가 인사를 하는 사람들을 볼 수 있다. 어떤 때에는 기차를 타고 가는데 손짓을 하며 오라고 하여 가까이 다가가면 자기의 친구라고 생각했는데 잘 못 보았다고 한다. 지나는 길에도 내가 알지 못하는 다른 사람 이름을 대며 인사를 하는 경우를 가끔 보게 된다. 내가 그 흔한 한국적인 얼굴이라는 것을 삶에서 가끔 느낄 때가 많다. 군대 훈련을 받으러 가서 훈련을 받다가 부대원 모두가 군기가 빠졌다며 기합을 받을 때에도 교관한테 불려나갔다. 지난번에도 고문관 짓을 하더니 또 한다는 것이다. 나는 결코 고문관으로 주의를 들은 일이 없는데도 억울하게 구타를 당한 일이 있다. 이 또한 얼굴로 인한 삶의 한 단면이다.

얼굴은 그 사람의 간판이다. 우리가 일상생활에서 매일 만나는 모든 사람은 서로 얼굴을 대하며 의사소통을 하기 때문에 첫인상을 무시하지 못한다. 첫 인상의 느낌은 처음 만났을 때 5~6초 사이에 인식을 하게 된다는 것이다. 이태백이 구직난으로 몸살을 앓고 있는 이즈음 면접에서 여러 번 떨어진 응시생들은 첫인상이 좋지 않아서 낙방하게 되었다는 인식 때문인지, 성형수술을 하는 사람을 많이 볼 수 있다. 성형수술은 여자만 하는 것으로 알고 있었는데, 근래에는 남녀 구분 없이 성시를 이룬다고 하니 그야말로 얼굴이 삶의 척도가 된 세상이다. 근래에는 고등학교를 졸업하고 대학교에 입학을 하면 선물로 얼굴성형을 해 준다고 하니 그야말로 한국이 인구 대비 성형수술 비율이 세계에서 가장 높다는 것이 상상이 된다.

얼굴의 '얼'은 영혼이라는 뜻이고 '굴'은 통로라는 뜻이 있다고 한다. 얼굴은 그 사람의 삶의 모습을 정직하게 그대로 나타나는 것이다. 삶을 살아가면서 베풀면서 바르게 산 사람의 얼굴과 거짓과 위선으로 찌든 사람의 얼굴은 다르다. 사람의 얼굴은 우리 마음의 상태에 따라서 달라지게 마련이다. 얼굴의 모양이 예쁜 것 하고 사람의 얼굴에서 은은하게 풍겨 나오는 인상은 서로 다른 것이다. 첫 대면에서 풍겨오는 첫인상은 순식간에 결정이 난다. 특히 첫인상을 결정하는 것은 얼굴 생김보다 표정이라는 점에 주목할 필요가 있다.

첫인상이 결정이 되는 요소는 외모, 표정, 제스처가 79%, 목소리 톤, 말하는 방법이 13%, 그리고 나머지가 8%가 인격이라고 한다. 얼굴의 표정이 그 사람의 인생을 결정한다고 보아도 과언이 아니다. 사람의 얼굴에는 80개의 근육으로 7000가지의 표정을 지을 수 있다고 한다. 첫인상이 좋은 얼굴로 보이는 것은 감정으로 좌우되기 때문에 매일 즐거운 일이 없다고 할지라도 일부러라도 즐거운 일을 만들 수 있어야 한다. 생활을 하면서 매일 즐거운 일을 일부러 만든다는 것은 결코 쉬운 일이 아니다.

첫인상이 삶에서 끼치는 영향은 우리가 생각하고 상상하는 이상으로 많은 영향을 미치고 있다. 우리 주위에서 볼 수 있는 경제적으로 혹은 사회적으로 성공한 사람들의 대부분의 공통적인 특징은 인상이 좋다는 점이다. 그들이 인상이 좋은 것은 그냥 자연스럽게 이루어진 부분들이라기보다는 상대방을 배려하며 오랫동안 그들 스스로 성공하기 위한 여러 가지 노력덕분이라는 것이다. 인상이 좋다는 것은 대인관계에 있어서 유리한 점이 매우 많을 뿐만 아니라 그 사람에 대한 좋은 느낌이 오랜 동안 지속된다는 것이다.

지금도 얼굴하면 떠오르는 이야기는 초등학교 도덕교과서에 읽은 '큰 바위 얼굴'이 생각난다. '큰 바위 얼굴'은 아시는 바와 같이 소년은 위대한 대통령이나 장군의 얼굴만이 큰 바위 얼굴로 대상이 되는 것으로 알았으나, 이웃과 더불어 베풀면서 사는 착하고 바른 사람으로 본인이 큰 바위 얼굴이 되었다는 이야기 말이다. 지천명의 나이가 되면 자기 얼굴에 책임을 져야 한다는 말을 한다. 첫인상이 좋은 얼굴은 감정이 평화스러워야 하기 때문에 매일 평온하고 즐거운 일을 만들어야 한다. 연전에 '9988234, 일, 십, 백, 천, 만세'라는 건배사가 유행하던 때가 있었다. 99세까지 88하게 살다가 2일 앓고 3일만에 4망하기 위해서는 하루에 한가지 씩 착한 일을 하고, 열사람을 만나며, 글은 백자를 쓰고, 독서는 천자 이상을 읽으며, 만보를 걸으면 가능하다는 것이다. 이 또한 인상이 좋고 건강한 삶을 위한 건배사로 간략하게 잘 표현하였다는 생각을 한다.

이와 같이 우리는 첫인상이 좋은 얼굴로 생활하기 위해서는 평상시에 베풀면서 바른 삶으로 최선의 노력을 기울여야 할 것이다. 보자마자 마음이 끌리는 사람이 있는가 하면 주는 것도 없이 얄미운 사람도 있는 것이다. 이런 느낌은 그 사람의 속성이나 성격과는 무관하게 상대방에게 자연스럽게 전달되는 것이다. 첫인상이 좋다는 것은 단순히 예쁘고 잘생겼다는 것이 아니다. 아무리 예쁘고 잘생겨도 첫인상이 좋지 않은 사람이 있고, 예쁘거나 잘생기진 않았지만 첫인상이 좋은 사람이 있는 것이다. 우리는 건강한 몸으로 살아있다는 자체만으로도 무한한 은총을 받은 것이기에 감사하는 마음으로 이웃에게 베풀면서 살면, 우리의 간판인 얼굴은 인상이 좋은 만인의 사랑을 받는 얼굴이 될 것임을 확신한다. 나도 많은 사람을 닮았다는 것보다도 첫 인상이 좋은 사람으로 살고 싶다.

[4] 2017.07.19. 511

이제 적폐청산이 아니라 적폐개선이다

필자는 정치에 대해 글쓰기를 좋아하지 않는다. 공연히 이념이 다르다 하여 사람들 입에 오르내리는 것을 좋아하지 않기 때문이다. 그들의 생각과 성향이 다르다 하여 그토록 미워하는 것인지 도저히 이해가 되지 않는다. 새 정권은 국민의 뜻을 받들어 전 정권의 부정적인 요소들을 깨끗이 씻어 버려야 촛불시위에서 이루어낸 국민들의 뜻을 제대로 반영하는 것이라고 생각할지도 모를 일이다.

적폐청산을 위한 개혁이나 혁신이란 사전적 의미로 오랫동안 쌓였던 잘못된 폐단이나 제도 따위를 새롭게 바꾸는 것, 묵은 풍습, 관습, 조직, 방법 따위를 완전히 바꾸어서 새롭게 하는 것을 말한다. 그간 이런 풍토로 우리나라는 정권이 바뀔 때마다 개혁이나 혁신을 부르짖으며 지난 정부의 시스템을 완전히 뜯어 고치려하였다. 그래서 정권이 바뀔 때마다 엄청난 고통과 시련의 연속이었으며, 거기에 해당하는 많은 사람들이 보복정치라며 반감을 갖게 되어 더욱 반목의 골은 깊어지게 마련이다. 어디 그 뿐인가. 새 정부의 입맛에 맞추다 보니 이전 정부에서의 국책사업을 부정하게 되고 그에 따른 재정 낭비가 엄청난 것 또한 사실이다.

이제는 이와 같은 단기 처방식 시스템이 바뀌어져야 한다. 일전에 북유럽 여행을 다녀온 일이 있다. 그들은 세계에서 부러워하는 복지국가이며 삶의 질이 높은 나라들이다. 그들의 아름다운 자연경관과 깨끗한 환경 및 주민복지는 그야말로 지상낙원이라 할 만큼 너무나 보존이 잘되고 관리도 잘하고 있다는 데에 놀라움을 금할 수밖에 없다. 특히 그들의 주택을 보면 옛것을 존중하며 200여 년 가까이 관리하며 거주한다는 데에 참으로 신기할 수밖에 없다. 어디 그 뿐인가 세계적인 명물인 정부청사나 시청사 박물관이나 고궁 성당 같은 곳을 보아도 몇 백 년에 걸쳐서 지어진 건물의 고풍스러움에 숭고함을 느끼게 된다. 우리나라 같으면 정부가 바뀔 때마다 버티어 내기가 쉽지 않았을 것이다.

필자는 아침마다 금강변을 산책하며 나 자신을 반성하고 삶의 의미를 되새기며 감사한 마음으로 살아가는 사람이다. 산책길에는 많은 사람들이 자연의 아름다움에 끌려 산책을 하며 건강관리를 하고 있다. 어디 그 뿐인가. 보행길 옆에는 자전거 도로가 설치되어 있어서 자전거를 타는 사람들의 활기찬 모습을 보면서 세상 참 많이 변했다는 것을 실감하게 된다. 금강변의 아름다움은 숲과 수목들의 경관이 강물과 잘 어울려 한 폭의 그림과 같다는 것을 매일 아침마다 느낀다. 강에 물이 없다면 얼마나 삭막한 풍경일 것인지는 생각하기도 싫다. 가끔은 환경단체에서 강물이 오염된다며 항의성 압력이 들어올 때마다 보의 수문을 열어 강바닥이 보일 때마다 강변을 찾지 않았다.

환경단체에서는 4대강의 보를 건설하여 물이 오염되었기 때문에 해체하고 복원해야 한다고 주장을 한다. 필자는 환경전문가가 아니기 때문에 전문적인 지식은 없으나 이것은 아니라고 생각한다. 하천을 자연 그대로 두었을 때 장점과 단점이 있듯이 4대강 사업도 장점과 단점이 있을 것이다. 그들은 4대강 사업으로 만들어진 보를 해체하고 복원해야 하며, 엄청난 재정을 투자하여 국가에 막대한 피해를 준 관련자들의 처벌을 주장하고 있다. 보를 해체하고 복원하는 일 또한 건설하는 것 못지않게 엄청난 국가재정을 쏟아 부어야 한다는 것을 모르지는 않을 것이다.

우리 국민은 현명하고 위대하다. 굳이 설명을 하지 않더라고 어떻게 하는 것이 현명하고 바르게 하는 것인지 잘 알고 있다. 지난 대선에서 역대 정부의 잘한 점은 인정하고 잘못한 것은 분명히 따져서 우리의 정치가 나아가야 한다고 주장했던 분이 같은 당원의 문자 폭탄으로 곤욕을 치르고 하소연 하던 모습이 지금도 짠하다. 우리는 당파와 계층 간의 정쟁을 넘어서 오로지 국민만을 보고 개선해 나아가길 기대하고 있다. 세상은 하루가 다르게 변화하고 있는데 언제까지 정쟁으로 과거에 매달려 있을 것인가.

금강일보 2017.07.23

속이 보이니 속상하네요

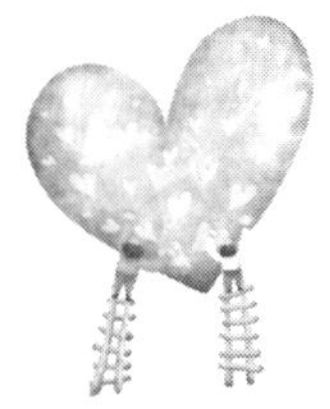

우리 아파트 조경은 자타가 공인하는 아름다운 수목원 같은 정원이다. 지난 가뭄에도 관리하시는 분들의 노고로 식물들이 고사하지 않고 잘 관리가 되었다. 가뭄이 심할 때에는 밤새 스프링쿨러를 작동시키며 관리에 혼신을 다하여 큰 피해 없이 많은 수목들이 잘 자랐다. 가뭄으로 나무가 시들게 되면 집중 관리를 하여 나무들이 생기를 찾게 된 것이다. 아침산책 길에 아파트 정원에 새벽부터 물을 주며 봉사하는 사람이 있어서 궁금했다. 가까이 다가가 보니 아파트 동 대표 회장이었다.

꼭두새벽부터 나무에 물을 주며 나뭇가지 전지하는 모습을 보며, 직책을 맡게 되어 아파트 발전을 위해 노력과 봉사활동을 하는 모습에 고마움을 느낀다. 너 나 없이 바쁜 생활 중에 아파트에 관심을 가지고 봉사활동을 한다는 것이 얼마나 힘든 일인지 새삼 깨닫게 된다. 대체적으로 사람들은 아파트에 일어나는 사안에 대해 잘 한 일에 대해서는 별로 말하지 않다가도 잘못한 것은 꼭 짚고 넘어간다. 평소에 아파트에 대해 관심이 없다가도 본인에게 불이익이 있으면 상대방을 의식하지 않고 툭툭 내뱉는 말로 동 대표나 회장은 마음의 상처를 받는 일이 많을 것이다.

장마철에 내린 폭우로 정원의 짙푸른 숲은 더욱 싱싱한 기운이 하늘을 찌른다. 그간 아파트 관리에 노고를 아끼지 않은 분들이 생각난다. 분리수거장 앞에 만든 하치장 설치는 너무나 보기 좋게 잘 만들었다. 그야말로 전문가 수준이다. 업체에 맡겨서 할 수도 있는 일이지만 관리비 절약차원에서 설치하였다니 고마운 일이다. 아침 일찍 일반쓰레기와 음식쓰레기 소각장 앞에 지저분한 것을 정리하는 분, 뙤약볕 아래 쉬지 않고 수목관리와 청소하는 분, 경비와 아파트 관리를 위해 수고를 하는 관리사무소 직원들의 노고 또한 크다. 그들이 한결같이 아파트 관리를 위해 열심히 노력을 하였기에 더욱 우리 아파트가 아름답고 활력을 갖게 된다고 본다. 그들에게 필요한 것은 수고한다는 칭찬의 말이다. 고맙다는 마음을 느끼는 것도 좋지만 더욱 중요한 것은 고마운 마음을 표현하는 것이다. 예절이란 무엇이든가? 자기 마음속에 있는 고운 마음씨를 겉으로 드러내는 것이라고 생각한다. 찜통더위에 열심히 활동한 그들에게 감사한 마음을 말로 표현하자. 또, 주민들끼리도 서로 따뜻한 마음을 표현하자. 예절 중에 으뜸이 인사예절이 아니던가.

304동 앞 분수대에 들렀다. 오늘따라 연못주위에 놓인 바위 뒤쪽으로 흙이 흘러내려서 큰 바위만 덩그렇게 보인다. 거기에 연못 바닥에 물이 새지 않도록 비닐 같은 것이 깔려 있는 모습이 속살을 드러내고 있는 것 같아서 보기에 흉하다. 암석으로 쌓아올린 동산에 지난겨울에 얼어 죽은 눈향나무를 걷어내니 화분만 덩그렇게 동산에 놓여 속살을 보는 것 같아서 이 또한 눈에 거슬린다. 외부인들이 이곳 금강수변 공원을 왔다가 우리 아파트 조경이 잘 되었다며 구경하는 사람들이 많다. 그들에게 속살을 보여 주는 것 같아서 부끄러움을 느낀다. 아름답게 조경하였던 곳에 속이 보이니 그야말로 속상한 것이다. 그리고 나 편하자고 길이 아닌 풀밭으로 길을 내어서 다닌 자국이 비오고 난 다음에 샛길이 오늘따라 유난히 돋보이며 눈에 거슬린다. 아무리 잘 꾸며진 조경이라도 사용하는 사람에 따라 아파트 품위가 달라진다. 입으로만 살기 좋은 아파트, 명품 아파트라고 외치면 무슨 소용이 있겠는가.

눈향나무 심는 것은 늦은 가을이나 겨울철이라야 심는다 하지만 연못주위 큰 바위덩어리 사이에 파여진 부분은 흙으로 덮고 잔디를 입혀야 할 것 같다. 정원 곳곳에 샛길 만든 곳은 깃발이라도 세워서 길이 아님을 표시하면 조금 편하자고 다니는 사람들도 굳이 다닐 이유가 없을 것이다. 산책길에 아파트 정원을 걸으며 속이 보이니 속상한 마음이 앞섰으나, 그래도 오랜 가뭄 속에 많은 분들이 다 함께 협동하여 아름다운 정원 관리를 잘 한 분들을 생각하니 그들의 고마움에 금 새 기분이 좋아졌다.

살기 좋은 아파트는 서로 감사한 마음을 가지고 서로 정답게 인사를 나누며 정겨움을 나누는 곳이 아닐까? 엘리베이트 안에서 만난 이웃사촌 아침 출근길에 멀뚱하게 먼 곳만 쳐다보고 민망해서 그냥 내리는 것보다는 서로 반갑게 인사를 하자. 필자는 아침에 아이들을 만나도 먼저 인사를 한다. 아이들이 인사를 안 한다고 화를 내어 기분을 나쁘게 하는 것보다도 먼저 인사를 하면 마음에 담아둘 것이 없어서 좋다. 누구든지 먼저 보는 사람이 활기차고 명랑한 아파트를 위해 인사부터 먼저 실천을 하자. 내가 어른이니까, 내가 나이가 많으니까, 내가 남자(여자)니까 …. 먼저 하는 사람이 용기 있는 사람이며 예의바른 사람임을 알고 바로 실천을 하자. 그래서 옛 어른들은 "성공을 하는 사람은 다른 사람을 칭찬 많이 하고, 행복한 삶을 사는 사람은 매사에 감사한 마음을 가진다."하지 않든가.

[6] 2017.07.13. 838 / 세종시 닷컴 [14] 2017.09.01. 1,541

신문고를 두드리다

─ 세종시 금강변 저류지를 주차장으로 활용하자

아침마다 금강수변공원 산책길에 엄청나게 넓은 공간이 파여 있어서 무척 궁금했다. 나중에 알고 보니 여름철 홍수가 나면 넘쳐나는 금강의 물 부담을 줄이기 위해 저장해 두는 곳, 저류지라는 것을 알게 되었다. 금남교에서 햇무리교까지 다섯 개나 되는데 그 면적이 너무나 넓어서 늘 신경이 쓰였다. 보람동 주민센터에서 시장과 대화시간에 집단농원이나 주민체육시설 활용방안으로 제안도 하였지만 마뜩치 않았다. 오랜 기간 고민 끝에 아래와 같은 내용으로 활용을 하면 좋을 것 같아서 신문고 국민제안으로 행복청에 신청하였다.

세종시 3생활권의 경우 세종시와 대전테크노파크 중간 사이에 신동지구와 둔곡지구가 위치하고 있어 향후 이쪽에 종사하는 분들로 인해 3생활권에 주민이 급증할 것으로 보인다. 인근에 금강 수변공원과 보행교, 법원, 검찰청 예정지역, 연구기관, 산학연클러스트 등의 모든 시설이 인근에 위치하고 있어서 더욱 교통량이 많아질 것으로 예상된다. 지금도 토요일과 일요일에는 금강수변공원과 상가를 이용하기 위한 손님들의 주차로 인해 주변의 도로는 한 개의 차선을 점령하여 지역주민의 불만이 고조되고 있는 상태다. 앞으로 금강수변의 관광객과 금강변 상업지역의 많은 인원을 수용하려면 가장 시급한 것이 주차와 화장실 문제이다. 이를 해결하기 위한 방안으로 금강변에 저류지가 여러 곳이 있는데, 이곳을 주차장으로 활용하면 일거양득의 효율성과 투자되는 재정적인 엄청난 절감효과를 볼 수 있다고 보기에 아래와 같은 제안을 한다.

1. 제안 주제: 세종시 금강변 저류지 주차장 활용방안

2. 현　　황(문제점)

가. 행복청에서 관심을 가지고 조성하고 있는 세종시 3생활권 금강수변공원과 수변상가지역을 찾는 외래 많은 관광객의 수요가 점차 늘어나고 있다.

나. 금강수변공원과 수변상가 주차장이나 화장실부족으로 시민들의 불편함이 많다.

다. 평일에도 금강수변공원 주변에는 방문객의 불법 주정차로 1개 차로 점유로 지역주민 불만을 제기하고 있다.

라. 주차장과 주차시설과 화장실미비로 원근에서 찾아온 외지인들의 불만이 많다.

마. 세종금강변에 저류지는 대홍수를 대비하여 상당히 넓은 저류지를 여러 곳에 조성하였으나 평소에 방치되고 있는 실정이어서 외관상 보기 흉하다.

3. 해결 방안

가. 세종금강변 저류지는 대홍수를 대비하여 엄청난 재정을 투자하여 저류지가 여러 곳에 조성되어 있다. 이곳에 큰 기둥을 여러 개 세워서 주차시설(주차타워)을 만든다. 저류지는 그대로 활용을 하면서 1층부터 주차시설을 하여 주차장으로 활용한다.

나. 방치되어 있는 저류지는 대홍수 때에는 저류지로 활용을 하면서 주차시설을 함으로써 해마다 증가하고 있는 외지인들의 주차난을 해소할 수 있다.

다. 금강변에 여러 곳에 저류지가 매우 넓은 면적으로 조성이 되어 있어서 주차타워를 미관상 아름답고 감성적인 디자인으로 설치하여 아름다운 금강수

변공원과 어울리게 시공한다.

라. 평소에 활용이 되지 않는 저류지를 활용하여 주자타운을 만들었기 때문에 주변 주민들의 민원도 줄 일 수 있다.

4. 기대 효과

가. 저류지를 활용한 주차시설로 부지확보에 대한 재정적인 절감 효과가 매우 크다.

나. 평소에 활용을 않고 방치되어 있는 저류지를 주차장으로 활용함으로써 환경미화와 절감된 재원으로 세종시 랜드마크인 금강보행교와 어울리는 새로운 형태의 디자인으로 감성적인 주차장을 확보할 수 있다.

다. 앞으로 관광객이 늘어날 것에 대비하여 주차장 시설을 미리 대비함으로써 세종시의 랜드마크인 보행교 건설을 앞두고 협소한 주차장 문제와 시급성을 요하는 화장실 문제도 해결 할 수 있다.

라. 주차시설의 확보로 지역주민들의 불만을 해소할 수 있고, 수변상가 활성화에도 많은 도움이 될 것이다.

〈 제 2안 〉

금강수변공원의 장점은 아름다운 자연 그대로의 모습이다. 아무리 좋은 의도로 주차장을 설치하여도 주차장을 활용하지 않으면 무용지물이다. 따라서 저류지에 시설은 자연을 최대한 보호하면서 자연과 연관이 있는 테마가 있는 시설로 가족이 체험학습을 할 수 있도록 적극적인 주차를 유도하면 더욱 좋을 것이다. 그래서 금강수변 저류지를 자연의 소재 즉, 태양(우주), 흙(토양), 물(수자원), 공기(바람), 돌, 숲과 관련한 소재를 체험학습의 장으로 1층을 활용하고, 2층 이상은 주차장으로 활용한다. 이 때 저류지 마다 자연의 소재 하나를 선정하여 아이들 체험학습용 체험장으로 저류지 1층에 시설한다. 이는 저류지를 단지 주차장으로 활용하는 것 보다는 테마가 있는 학습의 장으로 설치함으로써 적극 주차를 유도하게 되는 시스템으로 상당히 효과가 있을 것으로 본다.

세종시가 젊음의 도시, 전국에서 출산율이 가장 높은 도시, 어린이 친화형 도시에 걸맞는 아이들이 신나는 체험학습 놀이시설을 저류지에 설치함으로써 의미 있는 체험학습의 장으로 만들고자 하는 것이다. 아이들이 신나는 장소가 희망의 터전이기에 곧 체험학습과 연계한 다양한 교육활동도 이루어진다고 본다. 이와 관련한 일자리 창출 또한 많이 늘어날 것이다. 단, 저류지 주차 시설의 외형 디자인은 선택한 자연소재 관련 이미지를 형상화하여 설치함으로써 금강 수변공원과 어울리게 한다.

제2안을 간단히 요약하면, 테마가 있는 저류지 활용 주차장은 지하는 저류지로 활용, 1층은 자연의 소재를 한 가지 선정하여 체험학습의 장으로, 2층 이상은 주차장으로 활용한다. 따라서 세계적인 명품을 염원하며 조성하고 있는 중앙공원, 수목원과 세종시 3생활권에서 금강을 가로지르는 세종시의 랜드마크인 금강보행교 설치로 인해 전국적인 아니 세계적인 명소가 될 것임을 확신한다. 이에 발맞추어 본 제안자가 주장하는 주변 금강수변공원 저류지를 활용한 주차장 겸용 자연친화적인 테마형 학습체험관 또한 고품격을 갖춘 명소로 세종 랜드마크인 보행교와 함께 품격에 맞는 아름다운 주차장으로, 관광명소로도 일익을 담당할 수 있다고 보는 것이다.

[7] 2017.07.26. 486 / 세종시닷컴 [27] 2017.07.19. 2149

〈결과〉
2017.08.11.11:45
추진상황: 제안추진

검토내용

1. 안녕하십니까? 행복도시건설에 대한 관심과 제안 참여에 감사드리며, 귀하의 제안(신청번호 1AB-1707-001107, 접수번호 2AB-1707-002012)에 대해 다음과 같이 회신하여 드립니다.

2. 귀하께서 제안주신 금강변 저류지를 주차장 조성 관련하여

가. 금강 수변공원의 연속성 확보 및 경관 개선 등을 위해 국민안전처와 사전재해영향성검토를 재협의하였으며('16.12),

나. 3생활권 내 저류지 2개소*(R43, R44)를 폐지하여 되메우기 후 상부를 기 조성된 수변공원과 연계한 공원 · 녹지, 주차장, 주민편의시설 등으로 개발계획 변경할 예정('17.09)입니다.

* R43 : 3-2생활권 3단지 신동아아파트 맞은 편
* R44 : 3-3생활권 4단지 LH아파트 맞은 편

다. 향후, 개발계획 변경 및 저류지 상부 설계 시 제안해주신 의견을 참고하여 계획 수립토록 하겠습니다.

3. 그 외 궁금하신 사항은 행복청 도시특화경관팀 000 주무관(044-200-3144, sujini***@korea.kr)문의하시면 성심성의껏 답변해 드리겠습니다. 감사합니다.

붙임 국민의견신청서 1부. 끝.

위의 내용은 행복도시건설청 국민신문고 국민제안을 하여 필자의 제안이 채택되어 제안자로서 자부심을 갖는다. 1차 제안 후 일주일 이내에 2차 제안을 하였다. 이는 어디까지나 내가 살고 있는 곳의 이권이나 이기심에서 제안한 것이 아니며, 우리 행복도시 세종시를 생각하여 좀 더 멋진 아름답고 살기 좋은 세계적인 명소가 이루어지길 바라는 마음이 간절했기 때문이다. 그간 세종시닷컴에 올린 필자의 글(296971,2017.07.19)에 댓글로 많은 의견과 응원을 해주신 존경하는 회원님께 진심으로 감사의 말씀을 드린다. 개인적인 사정으로 제안 채택 후 한 달이 지난 다음에 올리게 되어 대단히 송구스럽게 생각한다.

세종시닷컴[26] 2017.07.19. 2186

酒저리酒저리

나는 술을 좋아한다. 집에서도 아내가 맛있는 음식을 하면 술안주로 혼자서 먹기를 즐겨한다. 술을 너무 좋아해서 체중관리가 되지 않는다며 아내한테 잔소리를 듣기도 하지만, 그래도 한 귀로 듣고 바로 흘러 버린다. 또, 거기에다 음식을 가리지 않고 무엇이든지 잘 먹는다. 술을 먹으면 더군다나 좋지 않은 버릇이 있다. 술을 마시는 만큼 안주를 계속 먹는 버릇이 있다. 모임이 잦은 나에게는 위를 비워들 시간이 없기 때문에 포만감으로 위는 무척이나 고생을 한다. 어찌되었던 술을 먹고 나서 다음 날은 다른 사람보다 숙취에서 빨리 깨어나는 것이 안주를 많이 먹어서 그렇다며 내 스스로를 대견스럽게 생각한다.

해가 거듭될수록 선친을 닮아간다는 것을 문득문득 느낄 때가 많다. 선친도 무척이나 애주가 이셨다. 선친은 술을 담배 태우듯이 수시로 잡수시곤 하셨다. 대학을 졸업하고 취직이 되지 않아 1년 동안 농사일을 도와드린 일이 있었다. 그 중에서도 가장 힘든 일은 김매기였다. 요즘처럼 더운 여름철에 모를 심은 후 팔뚝 만하게 벼가 자라면 논바닥에서 자란 풀을 제거하는 일이다. 그것도 기계로 하는 것이 아니라 손으로 골골이 다니면서 풀을 뽑아 진흙에 쑤셔 넣는 일이다. 그런데 더운 날씨로 열을 받은 논바닥에서 올라오는 열기와 목과 가슴 그리고 팔뚝을 스치는 벼 잎으로 얼마나 쓰라리고 따가운지 모른다. 일을 하면서 그만두고 싶은 생각이 하루에도 몇 번이나 났는지 모른다. 고생하는 부모님을 생각하면 그만둘 수도 없고 그렇다고 계속하자니 심신은 고달프고 김매기를 하느냐 마느냐가 문제였다. 이때 이를 달래주던 것이 농주였다.

새참으로 가지고 온 국수와 막걸리가 유일한 낙이었다. 처음에는 막걸리를 먹지 않으려 하였지만, 일을 할 때는 먹어야 기운도 나고 시간이 잘 지나간다며 은근히 권하시는 선친의 권유로 마지못해 먹었다. 그나하게 술이 취한 채 하는 일은 근심걱정을 잃게 하였다. 그냥 술기운에 논바닥에 머리 처박고 일을 하다보면 시름도 잃고 작업에만 몰두하게 되었던 것이다. 이제는 은근히 새참 때가 되면 마을 어귀에 어머니 모습을 기다려지게 되는 것이다. 농주 덕분에 그해 농사를 짓는데 하루하루 해를 잘 넘길 수 있었다. 매일 먹는 술로 술의 양도 많이 늘기도 하였다. 하얀 눈이 내리는 날 초등학교 교사로 임용을 받아 시골학교로 부임하게 되었다. 환영하는 술자리에 조그마한 잔으로 먹는 모습이 가소롭게 보여 과하게 먹었다가 엄청 고생을 한 일이 지금도 생생하다.

술자리 중에서도 가장 불쾌하였던 일은 술자리에서 술자리 예절을 지키지 않는다며 지적을 받았을 때이다. 오래 전 일이다. 승진을 하여 온 교감선생님과 술자리를 한 일이 있었다. 받아 놓은 술잔이 여러 잔 있어서 나이가 많은 선배한테 먼저 술잔을 권했다. 그랬더니 예절을 모른다며 그 자리에서 벌컥 화를 내며 핀잔을 하는 것이다. 술잔이 많아서 나이가 많은 선배한테 술을 권하였다고 하였지만, 노여움을 풀지 않고 노골적으로 화를 내던 모습이 지금도 생생하게 떠오른다. 하긴 근래에는 술자리의 예절이 자작문화로 바뀌었으니 젊은이들이 생각할 땐 도저히 이해가 되지 않을 것이다. 그러나 요즈음도 술자리 예절로 인해 살인까지 하는 상황이니 이 또한 그냥 무시할 수는 없는 일이다. 예절은 지식으로 익히는 것이 아니라 예절이 몸에 배도록 하기 위해 반복적인 훈련이 필요하다.

내가 술을 좋아하기 때문에 자식들에게 술자리 예절에 대해 이야기를 하였을 것 같지만, 나 또한 술자리 예절에 대한 교육을 제대로 하지 못했다. 술자리에서 이래라 저래라 이야기 하는 것 자체가 모처럼의 술자리에서 잔소리하는 것처럼 보이는 것 같아 될 수 있으면 이야기를 하지 않는다. 내가 먹는 모습을 보고 은근히 따라 주기를 바라는 것인지도 모른다.

자식이 둘 결혼을 하고 술자리를 종종 함께하는 경우가 있다. 집에서 술을 먹어도 아내와 함께 하던 술이 이제는 여섯이 함께 하는 자리가 되었다. 명절이나 생일 및 모임에서 술을 먹게 되면 건배사를 내가 하는 것보다 자식이나 자부에게 부탁을 한다. 내가 하는 경우에는 설 명절에나 덕담으로 하는 정도이다. 특히 설 명절에 부모님께 세배 드린 후 형제들끼리 서로 맞절을 하며 덕담을 나누는 것은 보기에도 좋고, 서로 형제간에 우애를 돈독히 하는 데에는 그만이다. 덕담이란 남이 잘 되기를 바라는 마음을 빌어주기 때문에 부모에 대한 효심과 형제간에 우애와 관련된 말을 함으로써 가정의 평화와 화목한 가정을 위해 아주 좋다고 생각한다. 이제 손자까지 상호 맞절을 하며 덕담으로 형제간에 우애를 나누도록 하고 있다.

술을 따를 때에는 첫잔만 공손한 자세로 따르게 하고 그 이후는 앉은 자세로 편한 마음으로 따르게 한다. 술을 권하는 순서는 나이가 많은 분부터 권하는 것이 예의 이지만, 직장에서는 대표자에게 먼저 권한 후 연장자 순으로 따르도록 한다. 술병을 잡을 때에는 상표가 있는 쪽을 손바닥으로 잡고 오른손으로 따를 때 왼손은 오른손을 받치듯 따르도록 한다. 따르는 술은 술잔에 7할이나 8할 정도 따른다. 술잔을 받을 때에도 연장자가 따를 경우에는 오른손으로 술잔을 잡고 왼손은 오른 손을 받쳐 받도록 한다. 술을 못 먹는 사람도 조금만 달라고 하여 받는 것이 예의에 어긋나지 않는다. 술을 그만 따르게 할 경우 상사나 연장자인경우에는 술잔을 치켜들면 그만 따르라는 뜻이지만 손아래 사람은 "조금만 주세요." 또는 "됐어요." 등으로 의사를 표시한다. 또, 술잔에 술이 남아있는 상태에서 술을 또 받는 것도 첨작이 되어 좋아 보이지 않는다. 술을 마실 경우에는 상사나 어른이 정면으로 보지 않는 약간 비껴서 마시는 것이 예의다.

흔히 술로 인해 가정은 물론이고 개인의 파멸을 이르는 경우를 종종 본다. 이에 너무나 안타까운 마음에 술자리 예절과 관련하여 酒저리酒저리 생각나는 대로 쓴 글이다. 요즈음 술로 인해 사회가 혼란스럽고 가정파탄과 성폭력 등 너무나 피해가 크다. 지난 번 박 대통령이 미국방문 시에 청와대 수석이 술로 인해 나라망신은 물론이거니와 본인도 파멸의 길로 이르는 것을 전 국민이 똑똑히 알고 있다. 술을 잘 다루면 함께하는 사람과의 정을 돈독히 하는 삶의 활력소가 되지만 잘못 다루면 패가망신 또한 순간이다. 얼마나 많은 사람들이 술로 인해 권좌에서 나락으로 떨어지는 것을 보아왔는가. 타산지석으로 삼아야 할 것이다.

[4] 2017.08.01. 460

죽음의 계곡

"선생님! 창업 쉽지 않습니다."

"……."

"사업을 한다는 것은 쉽지 않은 일입니다. 선생님은 매달 연금이 나오니까 취미생활이나 여가생활을 즐기시면서 여생을 보내는 것이 좋을 것 같습니다. 그동안 그림도 그리고 글도 쓰시면서 활발하게 활동해 오시지 않으셨습니까?"

"그래도 건강할 때 좀 더 하고 싶은 일을 하는 것이 낫다고 생각하는데…."

"사회는 선생님이 생각하는 만큼 호락호락 하지 않습니다. 아무리 고위 공직자라 하더라도 퇴직을 하게 되면, 수위도 떠날 때는 쳐다보지 않는 게 현실입니다. 좀 더 신중히 생각하고 결정을 하셨으면 합니다."

"……."

"그래, 다음에 또 들릴게."

창업을 하기 전 변리사와 변호사를 겸임하고 있는 제자를 찾아가 상담하던 일이 엊그제 같은데 벌써 2년이라는 세월이 흘렀다. 이제와 생각하니 제자는 젊은 나이이지만 이 분야에 업무를 맡아서 창업과 관련해 생활하는 사람들의 모습을 너무나 잘 알고 있던 터라 나를 그렇게 간곡하게 말렸는지 모른다. 집에서도 아내는 "왜 사서 고생을 하려고 하느냐"라며 극구 반대를 했지만 "창조경제에 동참해 조금이라도 국가경제에 도움이 되는 일을 한다는 것이 그간 국가로부터 받은 혜택에 보답하는 일"이라며 1인 창조기업에 동참하게 됐다.

매일 아침마다 산책을 하며 사업에 관한 구상으로 하루를 기도하는 마음으로 살아갈 수 있도록 묵상과 기도로 흐트러진 마음을 추스르며 생활했다. 잠을 이루지 못해 한밤중에 잠을 깨고 나면 새벽까지 컴퓨터 앞에서 지쳐서 쓰러질 때까지 사업과 관련해 검색을 하며 밤을 지새운 일이 한 두 번이 아니었다. 그래도 모든 어려움을 잊고 버틸 수 있었던 것은 열악한 교실 현장의 수업 개선을 위한 값진 일을 한다는 생각 때문이었다.

미술 · 학습용 공작판도 일련의 과정을 거치며 활용도 면에서 큰 진전을 보게 되었다. 공작판의 앞면은 찰흙공장판과 뒷면은 판화 및 학습판으로만 활용할 수 있던 것을 공작판 내부에 필수 학용품을 비치하여 학습준비물에 대한 부담을 줄이고 편리하게 학습활동을 할 수 있도록 하였다는 점이다. 한국문구에서는 올 1월에 '아이들이 신나는 공작판'에 특집으로 소개를 해줬고, 아이신나라 브랜드로 창업을 해 시제품 시판하게 됐다. 대전지역 초등학교를 방문해 지난해 11월과 12월 2200만 원의 매출을 올리기도 했다. 이제 제품 판매만 제대로 이뤄지면 모든 것이 순풍에 돛을 달고 순항하는 사업이 될 것이라 생각하고 있었다.

매출이 향상되고 있는 이즈음, 공장에 제작품을 쌓아 놓을 순 없었다. 그래서 창고형 사무실을 임대로 빌리고 그동안 공장에 있던 공작판을 옮기게 됐다. 사무실 보증금, 월임대료에 새학년을 대비해 아이들이 좋아하는 캐릭터를 공작판에 반영하고, 제품 생산과 공작판에 들어갈 학용품 구입, 학습공작판에 학용품을 넣는 일, 포장을 하는 일 등 모든 것이 돈과 관련되지 않은 것이 없었다.

그런데 새학년도에 접어들었는데도 생각처럼 제품이 판매가 되지 않자 근래에는 자금 관련 문제로 잠을 이루지 못하게 됐다. 창업을 하게 되면 '죽음의 계곡'이라는 단계가 있다고 한다. 창업 후 자금 조달과 판로 확보에 가장 어려움을 겪는 고비에 이른 때를 바로 죽음의 계곡이라고 하는데 이때를 슬기롭게 극복하지 못하면 창업은 실패한다고 한다.

나를 가장 고통스럽게 하는 것이 '교육비 예산 절감'에 관한 뉴스다. 학교에서는 예산이 삭감돼 학습준비물을 구입할 여유가 없어서 학습·미술용 공작판을 구매할 수가 없다는 말을 종종 전해 듣는다. 아무리 좋은 취지로 창업한 사업이지만 이러한 사안을 알고 학교를 방문하기란 참으로 난감한 문제다. 몇 번이나 망설이다가 전화를 간신히 연결이 되면 죄인인양 머뭇거리다가 전화기를 슬그머니 놓게 된다.

"선생님, 창업 쉽지 않습니다." 제자의 말이 귓가에 아련하다. 하지만 오늘도 교실수업 개선을 위해 다시 기운을 내 이 힘겨운 죽음의 계곡을 넘어보려 한다.

금강일보 2015.04.09

‘문인화’를 배우며

참으로 우연한 기회에 문인화를 배우게 되었다. 대전에서 교육공무원으로 정년퇴직을 한 후 1인 창업으로 바쁜 생활로 여유가 없이 살다가 도망치듯 이곳 세종시 금강변으로 이사를 왔다. 웬만하면 사업과 관련된 일은 신경 쓰고 싶지 않았다. 전화도 메일이나 문자도 모두 사업과 관련된 일이면 무시해 버렸다. 시간만 나면 금강변으로 산책을 나갔다. 그리고 손자를 돌보느라 힘들어 하는 아내를 도와주며 함께 생활하기로 하였다. 늘 밖에서 활동하는 모습을 보다가 집안에서만 생활하는 모습을 본 아내가 주민자치프로그램을 신청하러 가는데 보람동주민센터에 같이 가자고 한다. 그냥 운동 삼아 동행하기로 했다.

아르바이트로 일하는 대학생이 다양한 프로그램을 안내하며 접수를 하고 있다. 아내는 라인댄스를 신청하였다. 나는 멀뚱하게 쳐다보고 있으니까 어르신도 한 번 신청해 보란다. 나이가 65세 이상이면 수강료 없이 3개까지는 할 수 있단다. 워낙 바쁜 생활로 여유가 없었기 때문에 신청을 하여도 ‘제대로 참여할 수 있을까?’ 나 자신을 반신반의 하면서 프로그램을 살펴보았다. 한솔동에 문인화 프로그램이 있다. 다른 동에서 하고 있어서 소용없다고 하였더니 신청해도 된다고 한다. 다른 것도 두 개의 과정을 더 할 수 있다고 한다. 하지만 하나만 신청하고 돌아왔다. 신청한 것도 그냥 제대로 다닐 수 있으려나 반신반의 하면서 돌아왔다. 한 곳에 몰두하면 잡념에서 벗어나 몰입을 할 수 있을까? 실은 조금은 쉬고 싶은 심정이었다.

공주교육대학교에 다닐 때였다. 동아리 활동으로 서양화 빌리쟌이란 써클에 가입을 했다. 지도교수님이 대한민국미술대전 심사위원으로 활동하셨던 조영동 교수님이었다. 교수님은 언제나 자상하면서도 유머를 잘 하셨다. 경상도 말투가 섞인 내 목소리 흉내를 내며 사제지간에 가까운 정을 느끼도록 배려를 많이 하셨던 분이다. 화실 내에서도 선생님의 영향으로 언제나 유머와 위트로 늘 즐거움이 넘치는 분위기로 활기찼다. 아름다운 복사꽃이 화사하게 핀 토요일 오후 나를 데리고 은행사로 갔다. 은행사는 교육대학교 여학생 기숙사로 금남의 집이었다. 은행사 옥상에서 본 금학골의 모습은 너무나 아름다운 계곡으로 농촌의 정경을 풍경화로 담기에 안성맞춤이었다. 선생님은 "오늘 자네가 교대 남학생 중에는 금남의 집에 들어온 첫 사내일 게다. 허허허" 빙긋이 웃으시며 큰 화폭에 스케치를 해 주시는 거다. 그 후 방학 때가 되면 선생님과 함께 동아리 활동을 하며 그림을 그렸다.

교대 다닐 때에 선생님의 자상한 손길로 많은 가르침이 있었지만 열심히 하지 못한 아쉬움에 문득문득 후회를 할 때가 많다. 교육현장에 부임을 하여 가장 아이들 지도를 많이 하였던 것이 미술지도였다. 여름 방학이나 겨울 방학이 되면 희망하는 아이들을 선발하여 3주 정도 미술지도를 하였다. 그 당시에는 무료지도로 봉사활동을 하시는 분들이 많았다. 지금에야 특기적성 활동 지도를 하면

당연히 수익자 부담으로 유료가 당연시 되고 있지만 말이다. 이렇게 하는 것이 선생님의 고마움 대한 나의 봉사라고 생각한다. 그 후 그릴회에 가입을 하여 대전시 미술교육동아리전시회에 10여 년간 참여하여 활동을 했다. 이 모든 것이 선생님의 가르침 때문이었다는 것을 알면서도 찾아뵙지 못하여 늘 미안한 마음을 달고 다닌다.

그 후 바쁜 생활로 그림을 접었다. 직장생활도 바빠지면서 그림을 그릴 짬이 없었다. 더욱이 유화는 그림을 그리려면 준비하는 시간도 많이 걸리지만 작업시간도 만만치 않았다. 팔레트 위에 짜 놓은 유화물감이 굳어지고 정리하지 못한 채 작업실에서 내 팽개친 모습은 아내에게도 늘 불만이었다. 유화의 기름 냄새와 지저분한 작업실 정리되지 않은 일상들이 바쁜 일정과 겹치게 되면서 스트레스가 되어 그림 그리는 것을 접기로 하였다. 이와 함께 아이들 미술지도도 멀어졌다. 대신에 연구하면서 글쓰는 것에 관심을 갖고 노력을 했다. 2006년에 시사문단에 수필로 등단을 하여 수필집 3집까지 발간하게 되었다. 그래도 늘 그림에 대한 그리움은 마음 한편에 지니고 있었기에 퇴직 후에 아이들이 신나는 학습활동을 위해 미술학습판 제작으로 1인 창업을 하여 엄청나게 바쁜 생활로 나 자신을 여유 없는 생활로 몰아갔던 것이다.

한솔동주민센터 문인화반에 처음 가는 날 모두가 반갑게 맞이해 주었다. 작업대로 안내를 하며 담요도 펼쳐주시고 자상하게 대해 주어서 첫 인상이 무척 좋았다. 지도 선생님 또한 조용한 가운데 개개인의 특성을 알고 지도를 잘 해주시는 분이다. 선생님의 영향을 받은 탓인지 문인화반 학습풍토도 선비의 정신을 이어받은 듯 서로 상부상조하며 자아 발전을 위해 노력하는 모습이 무척 보기가 좋다.

인간의 욕구에는 치열한 경쟁 속에서 살아남으려는 생존 욕구부터 시작해서 자아실현 욕구에 이르기까지 끝이 없다. 매슬로우는 인간의 욕구를 생존의 욕구, 안정의 욕구, 참여의 욕구, 존경의 욕구, 자아실현의 욕구 5단계 이론으로 우선순위가 있어서 차례로 만족하려 한다는 것이다. 이는 인간은 무엇을 위해 사는가에 대한 의식을 깨닫게 하고, 인생을 어떻게 살아갈 것인가를 자문하게 한다. 이제 문인화를 배운지 6개월이 지났다. 문인화를 배운다는 것도 나 자신을 성찰하고 삶의 여유와 멋을 즐기기 위해서다. 문인화는 문인화의 기법에 얽매이거나 사물의 세부 묘사에 너무 치중하지 말아야 할 것이다. 단지 그리고자 하는 사물의 진수를 표현할 수 있을 만큼 학문과 교양, 그리고 서도로 연마한 필력을 갖춘 상태에서 그리고자 하는 대상을 마음속에서 완전히 준비하여 영감을 받아 그림을 그려야 할 정도로 나 자신을 담금질하며 매진할 일이다.

세종문인화 밴드 2017.07.25

비정상이 정상인 사회

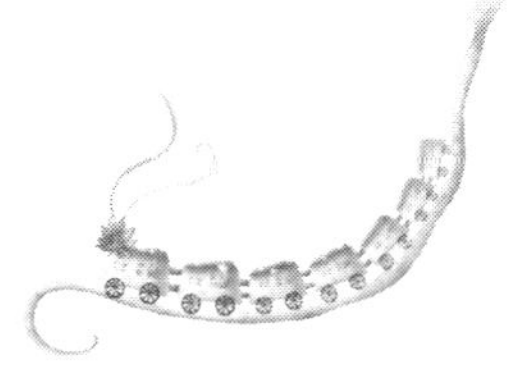

"괜찮으세요? 큰일 날 뻔 했어요."

"……."

"왜 그렇게 빨리 속도를 내고 오세요?"

"…….

백미러에 비치는 오토바이가 엄청난 속도로 달려오고 있었다. 아무래도 불안하여 천천히 비상등을 켜고 천천히 나아갔다. 급정거를 밟는다 했더니 내 차 가까이에서 여지없이 나뒹굴었다. 일단 차량 진행을 원활하게 하기 위해 주차 위치를 표시하고 도로 가상자리로 옮겼다. 먼저 상대방의 몸 상태를 살펴보니 손등이 까지고 다리를 약간 절룩이고 있었다. 급하게 타고오던 오토바이도 약간 부서져서 손잡이 부분이 덜렁거린다. 그야말로 순식간에 일어난 일이었다. 길바닥은 비가 온지 얼마 되지 않아 습기를 머금은 채 반들거리고 있었다. 뜻하지 않은 곳에서 교통사고가 났다. 어떻게 처리를 해야 할지 순간 여러 가지 생각에 머리가 복잡해진다. 일단 보험회사에 연락을 하고 나중에 경찰서에 신고를 해야 하겠다는 생각을 하였다.

사고가 난 후 30여 분만에 보험회사 직원이 왔다. 오토바이 운전자는 인상이 험악한 친구들도 두어 명 부르고 보험회사 직원도 왔다. 사고가 난 차량의 위치를 살펴보고 아무래도 상대방 차량에 사고를 낼 수 있는 단서를 제공한 것으로 결론을 몰아가고 있는 상황이다. 나는 분명히 진입하기 전에 충분히 살펴보고 우회전 신호를 넣고 천천히 진입하고 있었는데, 상대방이 너무 급하게 운전을 하면서 일어난 사고라는 점을 강조하였다. 그래도 나오자마자 2차선으로 진입을 하였다는 점에서 사고의 단서를 제공하였다는 것이다. 상대방이 너무 급하게 운전을 하여 일어난 사건이 분명한데도 일정부분은 책임을 져야한다는 데에 억울했던 것이다. 오토바이 운전자는 다리를 절룩이며 별 말없이 멀거니 쳐다보고만 있었다.

내가 자주 드나드는 곳은 시니어 1인창업 지원센터에 입주하고 있는 대전문화산업센터에 사업차 자주 드나드는 곳이다. 교육공무원으로 퇴직을 하고 국가창조경제에 동참하여 그간 교직생활을 하면서 교실수업개선을 위해 꼭 필요한 학습교구를 제작하여 아이들에게 도움을 주고자 시작한 사업이다. 그날도 서울국제문구.사무기기 전시회 신제품 우수제품상을 받고 무척 고무된 상태로 출근을 하여 지원센터에 상황을 알리고 퇴근하는 길이었다. 지원센트에서 대전북부소방서 옆길을 따라 가다가 대덕대로 길에서 유턴을 해야 우리 집으로 가게 되는 것이다. 상대방은 사고 처리과정에서 경찰서에 신고를 하면 서로 벌금만 맞게 된다며 신고를 하지 말자고 한다. 나는 어리석게도 그렇게 하겠다고 하였다.

그 이후 연락이 왔다. 진로 방해에 해당이 되어 60%정도 가해차량으로 부담을 해야 한다는 것이다. 사업을 위해 대차를 해야 하고 무릎을 다쳐서 치료를 받아야 한다는 이야기를 듣고 흔히 말하는 보험사기단에 걸린 것이 아닌가 의심을 하게 되었다. 기본적인 교통규칙을 철저히 잘 지키며 평소에 운전을 해 왔다고 자부하면서 생활했는데, 억울하게 가해 차량이 되었다는 점에서 무척 속상했다. 경찰서에 신고를 하여도 공연히 교통벌점만 받고 별 도움이 되지 않는다는 이야기만 귓전에서 맴돌았다. 그 후 여러 차례 담당 보험회사 직원과 전화로 상담을 하였지만 인사사고와 대물사고 담당자가 이야기 하는 내용이 서로 달랐다. 거의 형식적인 절차에 의해 사고 처리가 되었다. 내가 너무 억울하다는 이야기를 하면 다시 경찰서에 신고하라는 무성의한 보험회사 직원의 말에 다시는 이 보험회사에 보험가입 않겠다는 생각만 굳히게 되었다.

언제인가는 고향 친구 아버지가 사망하였다는 부고를 받고 가게 되었다. 내가 산 차량은 이제 갓 두어 달 정도 된 새 차로 애지중지하며 타고 다니던 때였다. 황간 인터체인지를 빠져나오는 순간에 대형트럭이 엄청난 속도로 진입하고 있는 것이다. 순식간에 내 앞 범퍼 부분에 트럭 앞바퀴가 올라타고 있었다. 사고 난 차량에서 간신히 나는 빠져나오기는 하였지만 새 차량이 망가졌다는 점에서 너무 안타까웠다. 트럭운전자는 젊은 친구였는데, 올갱이국으로 유명한 00식당에 저녁을 먹기 위해 진입해서는 안 되는 길에 진입을 하다가 그대로 내 차량을 들이받게 된 것이다. 너무 억울하여 경찰에 신고를 하였다. 이 사고로 보험을 처리한 내용을 살펴보니 엉뚱하게도 전라북도 무주지역에서 일어난 사고로 처리를 한 것을 보고, 너무나 엉터리로 사건처리를 한다는 데에 놀랐다.

또 차량을 정비하는 서비스센터도 보험회사와의 연결고리가 석연치 않다. 내가 다니는 성당은 조금 먼 곳에 있어서 가끔은 차량을 가지고 갈 때가 있다. 그날도 아침 일찍 미사를 보고 같은 아파트에 살고 있는 어르신 형제자매님께 내차를 타고 함께 집으로 가자고 제안을 하였다. 벌써 건너편에 기다리면서 손을 흔들고 있다. 이른 아침이고 별로 차도 다니지 않는 곳이기 때문에 크게 신경을 쓰지 않고 유턴을 하는 순가 직진하는 차량과 접촉사고가 났다. 상대방 차량이 긁히고 나의 차량은 차량번호가 떨어지고 범퍼가 긁히는 사고였다. 상대방은 나에게 교통사고에 대해 다른 말을 하지 못하도록 하기 위해 엄청난 불만을 표시하였다. 잘못했다고 몇 번 되풀이 하여 사과를 하였지만 계속하여 나의 잘못을 지적하는 것이다. 긁힌 차량에 대한 안타까움으로 속상해서 하는 말이라는 생각에 모든 것을 꾹 참았다. 거래하는 서비스센터에서 부서진 부분을 고치면 보험처리를 해주기로 하였다.

처음에 견적은 90만 원 정도 예상된다고 연락이 왔다. 두어 시간 후에 170 만원 된다고 다시 연락이 왔다. 왜 갑자기 이렇게 많이 나왔느냐고 하였더니 보험처리 하는데 무얼 그렇게 신경을 쓰느냐며 오히려 나에게 훈계를 한다. 이와 같은 방법으로 보험사와 자동차 정비센터에서 부실한 처리는 바로 보험료의 인상요인이 된다는 점을 그들도 모를 리는 없을 것이다. 보험사고 처리라도 자기 일처럼 제대로만 해 준다면 보험료 인상한다는 말이 보험가입자들에게 그렇게 기분 나쁘게 들리지는 않을 것이다.

이와 같이 타성에 젖은 비정상적인 관행으로 먹고 먹히는 부정부패의 사슬고리를 끊는다면 우리 모두에게 엄청난 혜택으로 돌아온다는 사실을 왜 모른단 말인가. 어디 이뿐이겠는가 사회 곳곳에 비정상적인 타성이나 관행으로 오늘도 얼마나 많은 비효율적인 비용이 낭비되고 있을 것인지….

대전문학 2016 봄호

운무에 젖은 전월산

머물다 간 자리에서 짙푸른 빛 바람은 옅고
지나간 자리에서 짙푸른 빛 잎새가 피어난다.

떠난 자리에서 금강수변과 전월산이 피어나고
두고 간 자리에선 망초꽃, 금계국이 피어난다.

운무는 그냥 떠나지 않는다. 먼 강변이나 산녘에 기대어
한과 사랑을 귀퉁이에 남겨두고 떠난다.

승천하지 못하고 버드나무가 된 이무기의 한이 서리고
아이를 업고 마을시댁을 못 잊어 바위가 된 착한 며느리

불사이군의 절의를 지키며 대장부의 애절한 마음이
떠난 님 가슴 아린 사랑과 그리움으로 상여바위 되어 애잔하다.

[5] 2017.08.10. 440

명품아파트

2017년 8월 10일이면 모아미래도 리버시티 아파트 입주 1년이 된다. 1주년을 맞이하여 리버시티 입주자대표회에서 주민들의 의견을 수렴하여 화합과 발전을 위하여 다양한 행사를 마련했다는 공지가 있다. 리버시안 작은 도서관에서는 북엽서 만들기, 리버시안 2층 센터 마켓데이, 리버시안 주민회의실 영화 상영 등 다양한 행사가 이루어지고 있다. 그동안 아파트 주민들과 입주자 대표 및 아파트 관리 및 지원을 해주는 분들의 노고가 많았다. 리버시티 아파트가 과연 세종특별자치시 아니 전국에서 자타가 인정하는 살기 좋은 아파트로 자리매김을 하고 있는 것인지 궁금하다. 이에 명품아파트란 어떠한 아파트인지 살펴보고자 한다.

대체적으로 새 아파트에 입주하는 사람들은 입주하는 아파트가 명품아파트로 매매가가 상승이 되고 살기 좋은 아파트로 평판을 받기를 원한다. 우리가 흔히 이야기 하는 명품아파트는 어떤 것이 명품아파트인지 알아보기 위해 인터넷에 검색을 하여도 제대로 명료하게 제시된 글이 없다. 오랜 검색 후에 명품아파트에 대해 올린 글을 찾을 수 있었다. '부동산 힐링캠프'에 까페지기로 활동을 하는 박창훈님의 '한국에서 명품아파트의 조건' 이란 글에서 명품아파트에 언급한 글이 가슴에 와 닿는다. 아래의 글은 '한국에서 명품아파트의 조건'을 참고하여 쓴 글임을 밝혀둔다.

부동산 하면 거품 논란이 있는 것 또한 사실이지만, 강남의 일부

아파트들은 명품아파트라고 평가받으면서 여전히 그 가치가 높다. 또한 많은 주부님들이 자신이 아파트를 명품아파트로 가꾸기를 원하고 명품아파트로 진입하기 위하여 많은 노력을 하고 있다. 명품주거지는 하루 아침에 이루어지는 것이 아니다. 명품을 만들기 위해서는 기본 인프라 위에 주민들의 적극적인 참여가 있어야 정말 살기 좋은 명품아파트로 거듭날 수 있다. 명품아파트는 주민들의 의지와 노력으로 살기 좋은 명품 아파트로 변화시킬 수 있다는 것이다.

명품아파트가 되기 위한 조건으로 아래와 같이 몇 가지 사항을 제시하고 있다. 명품아파트라고 하여 특별한 내용이 있는 것은 아니며, 기본에 충실한 아파트가 명품아파트라고 본다는 것이다. 부동산에서 중요하게 생각하는 요인을 정리해보면 명품아파트의 특징은

첫째, 대단지 아파트이다. 대단지 아파트라 함은 1000가구 이상의 아파트를 말한다. 한 정보업체 조사에 의하면 1000가구 이상의 대단지 아파트가 가격이 높을 수밖에 없는 이유는 거주 주민이 많으면 다양한 활동 및 인프라 구축을 할 수 있으며, 단지규모에 맞게 다양한 편의시설 등을 두루 갖추고 있기 때문이다

둘째, 단지설계 및 내부 평면이 우수한 아파트이다. 판상형 아파트 보다는 탑상형아파트 구조가 실거주자들의 선호도가 높다. 탑상형 아파트의 경우 동간거리가 넓고, 녹지율이 높으며 조망권 확보가 용이하다는 점이다. 아파트 향(向) 역시 중요한데, 정남향, 남동향, 남서향 순으로 선호도가 높다.

셋째, 무형의 가치가 높은 아파트이다. 유망아파트의 조건으로 자주 거론되는 것 중 하나가 아파트 브랜드이다. 예전엔 어느 회사

가 아파트를 더 튼튼하게 짓느냐를 기준으로 좋은 아파트를 구분 지었으나, 이제는 각 시공사별로 아파트 브랜드를 전면에 내세워 아파트 홍보에 열을 올리고 있다. 명품 브랜드 아파트에 사는 것이 사는 사람의 품격과 수준을 가늠하는 기준으로 자리 잡아 가고 있다.

넷째, 조망권의 가치가 시간이 지날수록 극대화 되고 있다. 예전엔 남향이냐 동향이냐 등에 초점을 맞추었다면 지금은 향이 다소 좋지 않더라도 우수한 조망권을 확보한 아파트가 높은 가격을 형성하고 있다. 조망권의 대표적인 것은 강 조망권, 산이나 공원 조망권 등을 들 수 있으며 최근 외곽지역의 경우 그린 조망권 등도 우수하게 평가받고 있다. 강이나 산이 보이지 않더라도 앞이 가려져 있지 않고 탁 트여 시원한 개방감을 누릴 수 있는 아파트의 경우 높은 가격을 형성하고 있다.

명품아파트가 일반사람들에게까지 훨씬 많은 돈을 지불하고도 구입하려는 욕망을 자극하는 것은 삶의 질 때문이다. 명품아파트라고 불리우는 아파트들은 수요자가 항상 있다는 사실은 무엇인가 매력을 가지고 있다는 것이다. 명품아파트는 외부적인 환경과 내부적인 환경으로 구분할 수 있는데, 외부적인 환경요인으로

1) 걸어서 모든 것이 해결될만한 아파트이다. 교통이 복잡해지고 시간이 매우 중요하게 여겨지는 시점이기 때문에 걸어서 학교, 버스주차장이나 지하철이 가깝고, 걸어가면 운동을 할 수 있으며, 걸어서 쇼핑을 할 수 있는 곳이면 최상이다.

2) 학군이 좋은 아파트이다. 교육을 가장 귀하게 여기는 한국에서 학군이 좋은 곳이 명품 주거지의 기본이라는 것은 누구나 알고 있는 사실이다. 서울의 아파트 가격의 여러 가지 요인들을 분석해

보았더니 강남아파트가 학군 때문에 앞선 것이라는 사실도 잘 알려져 있다.

3) 환경이 우수한 아파트이다. 도시지만 산속 같은 곳에서 사는 아파트, 앞면에 강이 보이고 뒷면에는 숲으로 싸인 아파트, 공원 속에 아파트가 있는 형식으로 된 아파트들이 명품아파트로 강하게 자리 잡을 것이다.

내부 환경요인으로는

1) 입주민과 취미 생활을 공유할 수 있는 아파트이다. 입주민과 함께 취미를 공유할 수 있고, 커뮤니티 활성화를 극대화하여 모든 취미활동을 가능하게 하는 아파트

2) 넓은 공간 안에 수목원 같은 정원이 있는 아파트이다. 아파트가 아닌 숲속에서 사는 기분이 느껴지는 아파트가 좋은 아파트

3) 초고속 정보통신 등급이 확보된 아파트이다. 에너지효율이 뛰어난 아파트로 생활에 필요한 시설물을 꼼꼼하게 챙긴 것이어야 한다. 예를 들어 음식물쓰레기를 수송관로 시스템으로 채택하여 청결하고 위생적인 환경을 만드는 것이 살기 좋은 아파트의 한 요소로 포함될 수 있다는 것이다.

위에서 언급한 바와 같이 명품 아파트는 일반 아파트와는 구분이 되는 특화된 장점과 인지도가 뒤따라야 한다. 명품 아파트의 정의를 내리는 것은 결코 쉽지 않지만, 명품 아파트란 건물만 좋은 게 아니라 그곳에 사는 사람들이 좋아야 진짜 명품 아파트로 불릴 수 있다. 삶에 만족감과 행복감을 안겨주는 아파트라야 한다. 우리 아파트는 내・외부적인 요인으로는 이미 평가를 받은 상황이다. 단지 명품아파트의 가장 중요한 핵심은 아파트 입주민이 어떠한 사람들인가 하는 것이다. 즉 명품아파트의 격에 맞는 입주민들이 얼

마나 많은 가에 달려있다.

자기의 권리만 주장하고 이웃을 배려하지 않으며 공공질서를 지키지 않는 입주민이 많으면 아파트 시설이 아무리 좋아도 명품아파트라 할 수 없다. 자신의 생각과 지식만이 맞고 다른 사람의 생각과 지식은 틀린다는 고정관념에 빠져서 자신의 생각과 다르게 진행되면 무조건 항의하고 민원을 제기하는 입주민이 많다면 명품아파트와 거리가 멀어진다고 볼 수 있다. 아파트는 여러 가구가 모여 사는 공동체 생활로서 아파트 입주민의, 입주민에 의한, 입주민을 위한, 권리와 의무가 제대로 이루어질 때, 살기 좋은 아파트로 풍토가 조성이 되며 이것이 곧 명품아파트라고 본다. 공동체 생활에 맞춰 품격 있는 행동과 양심으로 공공질서를 잘 지키며, 예의바른 생활과 이웃을 배려하는 멋진 입주민들이 많은 명품 리버시티로 다 같이 함께 가야 할 것이다.

[5] 2017.08.17. 728 / 세종시닷컴 [18] 2017.08.18. 3,504

호려울 강변

운무에 젖은 호탄리
마을 앞의 금강이 여울져 흐르기에
호여울 또는 호탄이라 불렀다 한다.

호려울 강변에서 바라 본 금강
한국화로 그린 실경산수화를 그려 보여주는 듯
아름다움이 넘쳐 난다.

시린 햇볕에 물안개 걷히기 전에 발걸음을 재촉하며
운무에 젖은 호탄리 금강 모습을 담아
세종시민 모두 아름다운 가을에 흠뻑 젖어 보시길 축원한다.

※ 壺(병, 단지 호), 灘(여울, 물가 탄)

마을 앞에 병처럼 생긴 여울이 있어서 붙여진 이름으로, 강에 수심이 깊지 않고, 너비가 좁으며, 경사가 있어서 물살이 약간 빠른 곳으로 여울져 흘러가는 아름다운 모습을 호탄리 또는 호려울이라 불러다고 전함.

[17] 2017.09.01. 1932

시민 의식이 문제다

아침마다 산책길에 신경이 쓰이는 곳이 있다. 아무리 외면하려고 해도 그곳에만 가면 나도 모르게 시선이 간다. '에이! 잘 좀 하지.' 지난 해 우레탄 포장으로 금강수변 보행길 주민들이 산책하기에 너무 좋다는 글을 쇼설네트워크(SNS)에 올린 일이 있다. 채 1년도 되지 않아서 포장길이 흠집이 났다. 막대한 예산을 투입하여 주민복지를 위해 시설한 곳이다. 이제 흠집이 난 곳은 얼마 지나지 않아서 망가지게 될 것이다. 주민들이 사용을 하다가 망가진 것이라면 할 말이 없다. 그런데 이것은 보행길 옆 잔디를 보식하고 뒤처리를 편하고 쉽게 하려고 포크레인으로 우레탄 포장위에 작업 후 남은 흙을 정리하다가 일어난 일이라 추측한다. '내 것이라도 그렇게 하였을까?' 금강수변공원에 '쓰레기 버린 만큼 내가 낸 세금 버린다.'는 현수막 문구가 오래도록 오버랩 되어 잔상이 맴돌고 있다.

이와 같은 일들은 우리 주위에서 다반사로 일어난다. 금강수변 보행 길을 걷다 보면 비정상적인 행위를 한 것들을 볼 수 있다. 국책연구단지 앞 저류지에는 불법으로 버린 퇴적물을 볼 수 있다. 저류지는 대홍수에 물을 가두어 놓는 곳으로 저류지에 쌓아두면 안 되는 곳인데도 몰래 버리고 간 것이리라. 아마 이 퇴적물을 제거하려면 많은 예산이 투입되어야 할 것이다.

어디 그 뿐인가. 풀벌레 소리 요란한 이즈음 금강수변공원에 많은 사람들이 강바람을 쐬러 온다. 자연을 즐기러 나온 분들이 버리고 간 금강수변공원에는 여기저기 흩어져 있는 담배꽁초와 음료 및 먹다 남은 음식찌꺼기로 꼴사납게 널브러져 있는 모습은 남을 배려하지 않는 비양심적인 시민 의식을 보는 것 같아서 마냥 부끄럽기만 하다. 음식을 먹고 난 후 쓰레기는 본인들이 잘 처리를 해야 한다는 것은 상식인데, 먹고 난 다음에는 슬쩍 모른 체 버려두고 그냥 가는 것이 문제다. 그래도 자식한테는 자연보호 잘 하고 쓰레기 정리를 잘해야 한다고 하지 않을까?

또, 불안하게 하는 것은 공원 내에 어린아이들의 자전거와 킥보드, 다양한 아기 전동차, 스쿨비온바이크, 전동킥보드, 전동휠 등 아이들이 탈 수 있는 각종 라이딩기구들 대여로 하루가 다르게 성시를 이루고 있다. 이 공원에는 유아뿐만 아니라 임산부들도 자주 보게 되는데 음식배달하는 오토바이와 타고 다니는 각종 라이딩 기구들이 넘쳐난다. 넓은 공간이 있는 곳에서 타면 좋겠는데, 이 좁은 공원 내 쉬는 곳 사이를 아슬아슬하게 곡예 하듯 타고 다니기 때문에 여간 불안한 것이 아니다. 어린 아이들이 있어서 가까이 오지 마라 하여도 워낙 많은 아이들이 타고 다니기 때문에 불안한 마음을 떨쳐버릴 수 없다. 안전사고를 미연에 방지하기 위해 관계당국은 관심을 가지고 꼭 점검이 필요한 사항이다.

매일 산책 중에 보게 되는 금강수변 저류지가 방치되어 미관상 보기가 흉했다. 효과적인 활용방안을 오랜 동안 궁리하고 연구하여 저류지도 활용을 하면서 1층부터는 학습체험장을 활용한 주차타워를 세우는 것이 좋겠다는 아이디어를 국민신문고에 올린일이 있다. 한 달여의 제안에 대한 검토 후에 채택되었다는 연락을 받았다. 필자가 제안한 아이디어가 채택이 되었다는 점에서 자부심을 가지며 예산절감에 조금이나마 도움이 된다면 더 이상 바랄게 없다.

세상이 많이 바뀌었다. 한 때는 부정비리를 보고도 모른 체 입을 닫고 살아왔다. 서로 좋은 게 좋은 것이라는 허울 속에 나와 직접관련이 없으면 모른 체 사는 것이 편하다는 인식에서다. 내 주위에서 불법이 이루어지고 있는데도 모른 체 덮어주는 시민 의식이 문제다. 이와 같은 부정 비리의 결과가 세월호와 같은 대 재앙을 불러온 것이 아니던가. 이제 전 국민이 올바른 시민 의식을 가지고 세종의 마음이 되어 내 주위에서 일어나는 사소한 일일지라도 파수꾼이 되어 사회가 좀 더 나은 방향으로 나아갈 수 있도록 제안하고 실천하는 용기가 필요하다. 시민의식도 사회정화 차원에서 시민 모두의 용기가 필요하지 않을까?

금강일보 2017.08.21.

꿈은 삶의 희망이다

나는 늘 짐을 지고 다니는 느낌으로 산다. 그것은 국가에 부채를 지고 삶을 살아가고 있다고 생각하기 때문이다. 2년 전에 사업을 하면서 교육현장에 선생님들의 의견을 수렴하여 학습공작판을 개선하기 위해 대전테크노파크에서 고객 맞춤식 제품개선`을 위한 '제품디자인 개발 및 권리화'를 신청하여 3,000여만 원을 지원 받았다. 또, 다음 해에는 제품의 고객반응 조사와 시제품 제작을 위한 '상품화 기획 컨설팅 과정'으로 1,000여만 원을 지원 받았다. 그간 창업으로 지원을 받은 것을 제대로 따지자면 창업맞춤형 사업 5,000여만 원에 제품 개선을 위한 금액을 합치면 9,000여 만원이나 된다. 그 중에서 나에게 직접 지원을 해 준 것은 중소기업벤처부에서 지원한 5,000여만 원이고 나머지는 대전테크노파크 지식재산지원센터에서 업자 선정을 하여 지원해 준 사업이다.

서두부터 장황하게 큰 액수의 금액을 말씀드리게 되는 것은 많은 지원을 받고도 시제품을 생산하지 못하고 있다는 점에서 심적인 부담을 안고 삶을 살기에 개운치 않다. 이 지원금은 내 개인을 위한 사적인 용도로 준 것이 아니고, 어디까지나 제품제작을 제대로 하여 일자리 창출과 해외에 제품을 수출하여 국가경제에 도움이 되도록 하자는 취지에서 국민의 혈세로 지원해 준 것이라는 것을 잘 알고 있다. 그래서 3년여 동안 현장에 제품을 판매하면서 더 나은 제품 개선을 위해 연구하면서 꾸준히 노력을 해 왔다. 제품이 제대로 제작이 되지 않은 상태에서 마케팅은 시련과 고통이 따른다.

제품 개선을 위해 지원해주는 지원금은 쉽게 이루어지는 것이 아니다. 많은 경쟁자들과 경쟁을 통하여 제품과 관련된 서류심사 및 전문가들의 평가에 의해 선정이 되면, 제품관련 상담과 많은 심사위원들 앞에서 발표를 통해 최종 선정을 하게 된다. 선정이 되면 지원 금액의 10~30% 는 본인 부담을 해야 한다. 또, 제품 생산과 관련한 일체의 부담금액은 본인이 부담해야 하기 때문에 본인 부담금액도 만만치 않은 것이다. 그래도 고객의 취향에 맞는 제품이 제대로 만들어져서 판매가 잘 이루어진다면 순풍에 돛단 듯 그야말로 대박을 터뜨릴 수 있다. 하지만 하나의 제품이 제작이 되어 성공하기란 어디 쉬운 일이던가.

제품이 출시되는 일련의 과정은 고객이 필요로 하는 아이디어, 아이디어를 제품화하기 위해 기구설계, 디자인, 금형설계, 목업, 시제품 제작으로 이루어진다. 제품만 만들어 진다고 모든 일이 해결되는 것이 아니다. 제품홍보를 위한 제품 카다록 제작, 홍보영상제작, 홈페이지 제작 및 운영, 제품 포장 디자인 및 박스제작, 지식재산권 등록, 사업자등록, 온라인 홍보, 사무실 임대, 각종 세무업무 등 사업을 한다는 것은 쉽지 않다는 것을 깨닫게 된다.

세종시로 이사를 오면서 대전에 있는 사무실과 남은 제품도 일단 정리를 하였다. 나이 60대 후반에 1인 기업은 여러 가지 면에서 무리가 따르기에 일체의 제품관련 지식재산권을 일괄 판매하거나, 성실하고 열정이 있는 동지가 함께 하고자 한다면 다시 시작해 보고자 때를 기다리고 있는 중이다.

제품도 많이 개선이 되었다. 이는 현장에 선생님들의 지도상 불편사항과 아이들의 활용상 불만 사항을 수렴하여 개선을 하게 된 것이다. 1차 제작 시에는 교실현장에 학습활동 공작판이 없다는 점을 개선하기 위해, 학습판의 앞면은 찰흙공작판으로 뒷면 노작활동을 할 수 있는 학습판으로 하였으며, 공작판의 가운데 부분은 필수 학습용구를 비치하여 편리하게 활용을 하도록 하였다. 특장점으로 책상 위 앞면에 공작판을 걸치면 장착이 되어 아이들이 정서적으로 안전하게 학습활동을 할 수 있도록 한 점이다.

현장의 문제점으로 규격이 너무 커서 관리하기가 어렵다는 점과 활용도면에서 교육적인 활용빈도가 낮다는 점이다. 그래서 앞면은 교실에서 활용도가 많은 화이트보드를 설치하고, 뒷면은 찰흙공작판으로 대체하였으며, 내부에는 학습용구를 비치하고, 가운데 부분에 독서대 세움대를 장착하여 높낮이를 조절하는 독서대겸용 다용도 학습판으로 탄생하게 된 것이다. '독서대에 학습용구를 비치한 실기 학습판' 그야말로 기발한 제품이 아닌가?

위와 같은 제품으로 지식재산지원센터에서도 그 가치를 인정하였기에 제품개선 지원금을 지원해 주게 된 것이다. 이는 오랜 기간 교육현장에서 교실수업개선을 위해 아이들을 교육하면서 필요에 의해 만들어진 학습교구다. 그간 각종 국내외 전시회에서 많은 수상도 하였지만, 더 중요한 것은 교육현장에서 필요로 하는 제품으로 고객만족도 조사에서 높은 지지를 받고 있다는 점이다.

그간 40여 년 간 지식재산 확보를 위해 실용신안 등록 10건, 디자인등록 3건, 중국디자인등록 1건, PCT 출원 1건, 상품등록 2건 등 17건을 획득했다. 이는 교실현장에서 아이들이 신나는 학습활동이 이루어지길 바라는 필자의 간절한 소망이며, 재직 시에 아이들과의 행복하였던 삶에 대한 보답이라 생각한다. 내가 만든 제품이 당장 성공을 하지 않더라도, 언젠가는 누군가 더 많은 아이디어로 멋진 제품이 출시되지 않겠는가. 아이들이 신나는 '아이신나라'는 나의 꿈이며 삶의 희망이다.

▣ 독서대 겸용 체험학습 EDUBOX

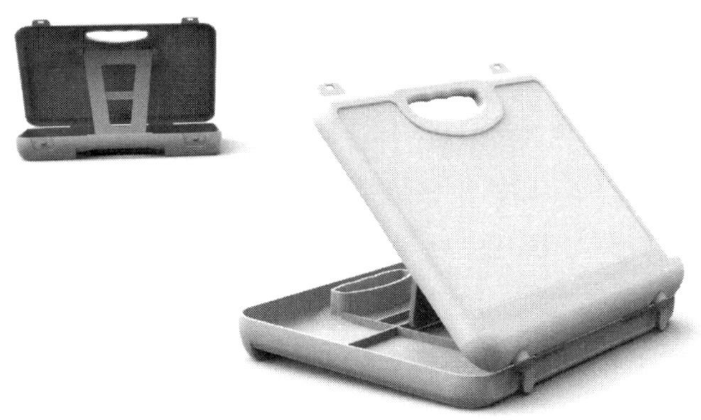

♣ 감성적인 디자인 제품, 맞춤식 규격
♣ 가방 내부 필수 학습용구 비치
♣ 가방 앞면 화이트보드, 뒷면 클레이 활동 공작판
♣ 높낮이 조절 독서대 겸용 실기학습 가방
♣ 걸림턱 장착으로 안정적인 실기 학습활동

닫는 말

금강(錦江)에 살어리랏다

현대사회의 가장 절박한 문제는 사회적인 접촉부족과 공동체 의식의 결여에 있다. 가정의 윤리가 무너지면 사회전체의 공공질서가 무너진다. 가족구조의 붕괴와 가치관의 혼란이라는 악순환 속에서 공동체 의식과 삶이 병들어가고 있다.

공동체 안에서 소통이 이루어지는 곳은 그렇지 않은 곳보다 훨씬 행복하고 안정적이며 안전하다고 한다. 나와 내 이웃이 생각하고 있는 바를 함께 공유하면서 소소한 이야기를 통해 아름다운 자연과 문화적인 정서를 나누며 살기 좋은 공동체 삶의 풍토를 조성하기 위해 다 같이 함께 가야 한다.

사람은 누구나 행복하기를 원한다. 하지만 안타깝게도 행복하기를 원하면서도 진정으로 행복해지는 방법을 모르기에 불행하다. 진정한 행복은 이웃과 더불어 공감할 때 다가온다. 아무리 풍족한 환경을 갖추고 있다 할지라도 함께 기뻐하고 슬퍼해 줄 이웃이 없다면 행복할 수 없다.

나도 행복하고 너도 행복한 모두가 행복한 세상, 내 이웃들과 함께 정겨운 삶으로 살기 좋은 아파트 생활이 이루어지길 소망한다. 그간 80여 편의 글을 올리면서 주민들과 문화적인 공감대를 형성하였다. 일상생활에서 아름다운 마음씨와 정서를 공유함으로써 공동체 생활에서 삶의 희망과 아름다운 풍토를 조성하고자 입주민 모두가 한 마음으로 동참하고자 노력한 주민께 응원의 박수를 보낸다.

정든 대전에서 40여 년을 살다가 이곳 세종시로 이사를 오면서 삶의 변화가 무척이나 많았다. 새로 입주를 한 곳은 세종시 금강변 자연환경이 아름다운 아파트로 이사를 하게 되었다. 아름다운 금강변으로 이사를 오게 된 것은 축복이다. 아침마다 산책하면서 묵주기도와 나 자신을 반성하면서 기도를 하게 된다.

세종시 아름다운 금강변에 살면서 금강의 아름다운 사계를 담고 싶었다. 단순히 아름다운 자연만을 담는 것이 아니라 내 이웃과 삶을 살아가면서 보고 듣고 느끼면서 그들과 소통을 하면서 아름다운 정서를 담은 수필집이다.

청명한 가을이다.
하늘은 높고
가을빛은 곱다.

풀벌레 소리
밤이 깊을수록 잦아지는데

개구리 울음소리 뜸해진다.

앉은 자리 맑고 깨끗하니
안 읽던 책도 읽고
글도 쓰고 싶어진다.

내 이곳에서 자연에 묻혀
새소리 풀벌레소리와 벗을 하니
온 세상이 내 것인 것을.

금강(錦江)에 살어리랏다.

강마을 월봉서재에서

같이 가시쥬

최수룡 수필집

발 행 일 | 2017년 10월 25일
지 은 이 | 최수룡
발 행 인 | 李憲錫
발 행 처 | 오늘의문학사
출판등록 | 제55호(1993년 6월 23일)
주 소 | 대전광역시 동구 대전로 867번길 52(한밭오피스텔 401호)
전화번호 | (042)624-2980
팩시밀리 | (042)628-2983
전자우편 | hs2980@hanmail.net
카 페 | cafe.daum.net/gljang(문학사랑 글짱들)
| cafe.daum.net/art-i-ma(아트매거진)

공 급 처 | 한국출판협동조합
주문전화 | (070)7119-1752
팩시밀리 | (031)944-8234~6

ISBN 978-89-5669-857-1
값 15,000원

* 이 책은 세종특별자치시 SEJONG CITY 와 

에서 지원금을 지원받았습니다.